KB176215

샤를 피에르 보들레르(1821~1867)

〈들라크루아 예찬〉 오른쪽에 앉아 있는 사람이 보들레르. 팡탱 라투르. 파리, 오르세 미술관. 1864.

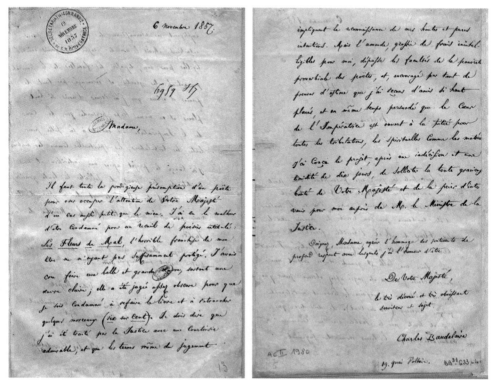

항의에 대한 답장 《악의 꽃》 시집이 불건전하다는 이유로 보들레르와 출판업자들은 풍기문란죄로 고소당하고 벌금까지 물게 되었다. 법적 제재를 당한 뒤 항의에 대한 대답으로 어머니에게 예언적인 편지를 썼다.

샤를 보들레르 기념비 파리, 뤽상부르 공원

〈화가의 아틀리에〉 1855년 파리 만국박람회에 출품했으나 심사위원의 거부로 쿠르베는 근처 가설건물에서 개인전을 열었다. 이를 계기로 리얼리즘을 둘러싼 심한 논쟁이 일어났다. 오른쪽 끝에 책을 읽고 있는 보들레르가 있다. 귀스타브 쿠르베. 파리, 오르세 미술관

쟌느 뒤발의 초상 보들레르의 연인. 에두아르 마네. 1862.

몽파르나스 묘지에 있는 보들레르 무덤

《악의 꽃》 삽화. '귀신에 둘러싸인 보들레르'

자화상 루이 메나르의 다락방에서 보들레르가 마약에 취
해 그린 자화상. 1844.

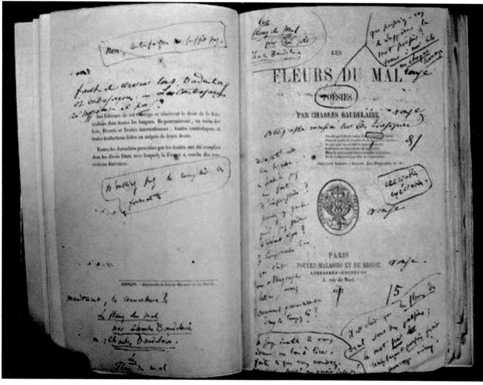

《악의 꽃》 초판본 속표지(1857)

《악의 꽃》 권두화(1857)

《파리의 우울》 삽화 루이스 에르비외

《악의 꽃》삽화. 향수. 옌스 룬드. 1901.

《악의 꽃》삽화 에드아르 시모

World Book 197

Charles-Pierre Baudelaire
LES FLEURS DU MAL/LE SPLEEN DE PARIS
악의 꽃/파리의 우울
샤를 피에르 보들레르/박철화 옮김

동서문화사

디자인 : 동서랑 미술팀

악의 꽃/파리의 우울

차례

《악의 꽃》

[헌사]

이 책을 읽는 이들에게

제1부 우울과 이상

Les Fleurs du mal

《악의 꽃》

완전한 시인
프랑스 문학의 노련한 마술사
진심으로 경애하는
스승이자 친구인
테오필 고티에에게
가장 깊은
겸손의 마음과 함께
이 병든 꽃들을
바친다.

C.B.

이 책을 읽는 이들에게

우리 마음 옭아매고, 우리 육신 갉아먹는 것은
어리석음, 잘못, 죄, 탐욕.
거지가 몸에 벼룩을 키우듯이
우리는 잊기 어려운 후회를 키운다.

우리의 죄는 완고하고, 우리의 후회는 비겁하다.
우리는 의도적으로 아낌없이 고백한다.
그리하여 이내 우쭐하게 진창길로 되돌아간다.
거짓 눈물로 마음의 때가 깨끗이 씻겨나갔다고 착각하고서.

악의 베개 위에 사탄 트리스메지스트,*
우리의 매혹된 영혼을 오래오래 흔들어 재운다.
이 간교한 화학자 손에 걸리면
우리의 의지라는 강철도 연기가 되어 사라진다.

실을 들고서 우리를 마음대로 조종하는 것은 이 '악마'다!
우리는 역겨운 것들에 마음이 끌려
날마다 한 걸음씩 '지옥'으로 떨어진다.
두려움도 없이, 악취 풍기는 어둠을 가로질러서.

늙어 빠진 매춘부의 학대받은 젖퉁이를
핥고 물어뜯는 가난한 난봉꾼처럼

---

* 의술·연금술·예술을 낳은 신.

우리는 모두 우연히 스치는 수상쩍은 쾌락을 훔쳐
말라빠진 오렌지인 양 쥐어짜서 맛본다.

수백만 마리의 회충처럼 득시글대며
우리의 뇌 한가운데에는 엄청난 수의 '악마' 떼가 흥청거린다.
그들이 숨 쉴 때마다, '죽음'이 신음 소리를 내며
보이지 않는 강, 우리 허파로 흘러든다.

강간, 독살, 칼부림, 방화
이 화려한 그림이 우리 비참한 운명의 화폭을
오늘날까지 장식하지 않았다면
슬프도다! 그것은 우리의 영혼이 대담하지 못하기 때문이다.

그러나 승냥이, 표범, 암사냥개,
원숭이, 전갈, 독수리, 뱀,
우리 악업의 추잡하고 더러운 동물원에 있는
짖고 악쓰고 울부짖고 으르렁거리고 기어다니는 괴물 사이에

유난히 추악하고 악랄하며 더러운 놈이 하나 있다!
놈은 별다른 난동도 부리지 않고 아우성치지도 않지만,
지구를 거뜬히 박살내고
하품 한 번으로 세계를 집어삼킬 수 있을 만큼 태연자약하다.

그놈은 바로 '권태'! —거짓 눈물로 눈을 적시고
물담배를 빨면서 단두대를 꿈꾼다.
독자여, 그대는 안다. 이 다루기 어려운 괴물을.
—위선의 독자여, —내 동류여, —내 형제여!

제1부
우울과 이상(理想)

1. 축도

전능하신 하느님의 명을 받아
'시인'이 이 따분한 세상에 태어났을 때,
그를 낳은 어머니는 질겁하여 주먹을 불끈 쥐고서
갖은 욕설 퍼부으며, 측은해하는 '하느님'을 원망했다.

—"아! 이 놀림거리를 기르느니
뱀을 한 무더기 낳는 편이 나았다!
이런 속죄의 씨앗을 잉태한
덧없는 쾌락의 그 밤이 저주스럽구나!

하느님, 하고많은 여자 중에 하필 저를 골라
불쌍한 제 남편의 구박덩어리로 내려주시다니요.
그렇다고 이 쓸모없는 괴물을 연애편지 던지듯
불 속에 휙 던져버릴 수도 없는 노릇이니 저는 결심했나이다.

끊임없이 쌓이는 당신에 대한 원망을
당신의 심술로 저주받은 이 하수인에게 돌려,
독의 싹이 자라나기 전에 이 역겨운 나무를
마구 비틀어버리기로!"

그녀는 이렇게 저주하며 원한의 침 삼키지만,
높은 하늘의 섭리를 이해하지 못하고
가엾은 그 손으로 손수 '지옥의 불구덩이' 한가운데에
죄 많은 어미를 처형할 화형의 장작을 쌓는다.

그러나 한 '천사'의 보이지 않는 보살핌 덕분에

이 버려진 '소년'은 햇볕에 취하고,
마시는 모든 것과 먹는 모든 것에서
신들의 양식과 새빨간 신주를 찾아낸다.

그는 바람과 놀고 구름과 이야기하고
십자가 길을 노래하며 황홀해하니,
숲의 새처럼 즐거운 그를 보고,
이 순례 길 따르는 '성령'은 눈물짓는다.

그가 사랑하려는 이들은 모두 겁먹은 채 그를 지켜보았고,
그렇지 않으면 그의 평온함에 대담해져서
앞다투어 그를 괴롭히고,
잔혹한 짓을 서슴지 않았다.

그의 입에 들어갈 빵과 포도주에
더러운 재와 가래마저 섞어놓고,
그가 만진 것은 착한 척하며 집어던지고,
그의 발자국을 밟았다며 수치스러워했다.

그의 아내는 마을 광장에 서서 소리쳤다.
"남편이 나더러 우러르고 싶을 만큼 미인이라 하니,
고대 우상 신처럼
나도 몸에 금칠을 하고 싶다.

그리고 감송향을, 훈향을, 몰약을,
아첨을, 술과 고기를 만끽하리라!
나를 찬미하는 마음에서 신을 경배하는 마음까지
웃으며 가로챌 수 있는지 스스로 시험하기 위하여!

마침내 이 불경한 장난에도 싫증나면,

가냘프나 억센 손을 뻗어 그의 가슴 파헤치리라.
내 손톱은 사나운 독수리의 발톱처럼
그의 심장까지 길을 뚫으리라.

갓 난 새끼 새처럼 펄떡거리는 그 피투성이 심장을
그의 가슴에서 뽑아내어,
땅바닥에 아무렇게나 던져주리라.
내 귀여운 짐승의 배가 차도록!"

빛나는 옥좌가 어렴풋이 보이는 '하늘'을 향해
마음이 맑은 '시인'은 경건하게 두 팔 뻗는다.
명석한 이성과 지혜를 타고난 그는
속인들의 분노 따위는 신경 쓰지 않는다.

—"축복받으소서, 하느님이시여, 당신이 주신 괴로움은
우리의 부정을 씻어주는 신성한 약이요,
강한 자에게 거룩한 환희를 준비해주는
지고지순한 정수입니다!

나는 압니다. 당신께서 거룩한 '성군'의 축복받은 자리에
'시인'을 위한 의자 마련하시고
'왕위'의, '미덕'의, '군림'의
영원한 잔치에 불러주실 것을.

나는 압니다. 고뇌야말로 유일한 고귀함이며,
이승도 지옥도 이것만은 상처 내지 못함을.
내 머리에 얹을 신성한 관 짜려면
모든 시대와 모든 나라를 동원해야 함을.

번영했던 팔미르* 시대에는 있었으나 지금은 없는 보석과

알려지지 않은 금속과 바닷속 진주 긁어모아
손수 꾸미신다 해도, 주여,
이 찬란하게 빛나고 눈부시게 아름다운 관에는 미치지 못하리니.

왜냐하면 그것은 태초의 빛의
거룩한 광원에서 솟아나오는 무구한 빛으로만 짜여야 하며,
인간의 눈은 이 광채 비추고자 아무리 반짝거리며 빛나도
어리석음에 흐려지는 애처로운 거울에 불과하기에!"

---

* 솔로몬 왕이 건설한 소아시아 시리아의 도시. 고대 그리스 시대에서 가장 부강한 나라였으나, 3
세기 중엽 로마에 멸망하여, 그토록 번영했던 도시는 폐허로 변했다. 17세기에 발굴된 유적에서
는 영화로웠던 전성기를 충분히 짐작케 하는 호화로운 흔적들이 많이 발견되었다.

2. 앨버트로스

시도 때도 없이 뱃사람들은 재미 삼아
앨버트로스를 붙잡는다.
바닷길을 미끄러져 가는 배를 좇는,
한가한 여행의 길동무인 거대한 바닷새.

그들이 갑판에 내려놓자마자
이 창공의 왕은, 서투르고 치욕스런 몸짓으로,
마치 양 옆구리에 붙은 노처럼
커다란 흰 날개를 가련하게 질질 끄는구나.

이 날개 달린 나그네가 어찌 이리도 어색하고 나약한가!
한때 그토록 멋있던 새가 이제는 참으로 흉하고도 우스꽝스럽구나!
어떤 사람은 담뱃대로 부리를 툭툭 건드리고,
어떤 사람은 절뚝거리면서, 하늘 날던 불구자를 흉내 낸다!

'시인'도 이 구름의 왕자 닮아서
폭풍우 넘나들고 사냥꾼이 쏜 화살을 비웃건만,
야유로 가득한 속세의 땅에 떨어지면
그 거창한 날개도 길을 걷는 데 걸림돌이 될 뿐이다.

3. 비상

늪을 건너고, 골짜기를 건너,
산과 숲, 구름과 바다를 넘어,
아득한 태양, 끝없는 허공,
별들 반짝이는 하늘 끝도 지나,

영혼아, 너는 훨훨 날아가는구나.
망망대해에서 능숙하게 헤엄을 즐기는 사람처럼
말로 다하기 어려운 힘찬 쾌락에 빠져
끝없는 우주를 즐겁게 누비누나.

날아라, 복잡한 속세에서 저 멀리.
가서 높은 곳의 공기로 몸을 씻어라.
그리고 마셔라, 더없이 순수한 하늘의 술처럼,
맑은 공간 가득 채우는 밝은 불을.

복잡한 삶 짓누르는
권태와 고뇌 뒤로하고
힘차게 날갯짓하여 밝고 고요한 저 하늘로
날아오르는 자는 행복하여라!

시상이 종달새처럼
새벽하늘 자유로이 날아다니며
속세를 내려다보고, 목소리 없는 것과 사물의 언어를
이해하는 자는 행복하여라!

4. 교감

자연은 신전이며, 그곳 살아 있는 기둥들에서
이따금 어렴풋한 말들이 새어나온다.
인간이 상징의 숲을 지나가면,
숲은 정다운 눈길로 그를 지켜본다.

밤처럼 빛처럼 끝없는
어둡고 깊은 합일 속에서
길고 아득한 메아리가 어우러지듯이
냄새와 색과 소리가 서로 화답한다.

향기가 있다, 싱싱한 어린애 살갗 같고
오보에 소리처럼 부드러우며 초원처럼 푸른.
―또한 썩고 짙고 지독한 향기도 있다.

그 향기들이 용연향, 사향, 훈향, 안식향처럼
무한한 형태로 퍼져나가며
감각과 지각의 희열을 노래한다.

5. (제목없음)

나는 좋아한다. 태양신 포이보스가 모든 조각상에
금가루를 칠하며 기뻐했던 벌거숭이 시대의 추억을.
그때는 남자도 여자도 날렵했으며,
거짓도 근심도 모른 채 삶을 즐겼다.
다정한 하늘은 그들의 등 어루만져
그 고귀한 육체를 단련시켜 주었다.
그때는 대지의 여신 시벨레도 풍요로워서
자식인 인류를 버거운 짐으로 여기기는커녕,
어미 늑대가 골고루 애정을 쏟듯이
아무에게나 갈색 젖꼭지를 물렸다.
너그럽고 건장하고 억센 사내는
자신을 왕으로 떠받드는 미녀들을 과시할 권리를 누렸으며,
미녀들은 티도 흠도 없는 과일과 같아서
그 매끈하고 단단한 살점을 보자마자 물어뜯고 싶어졌다!
오늘날 '시인'이 남녀의 벌거벗은 몸을 볼 수 있는 자리에서
원시시대의 이러한 풍요로운 모습을 떠올릴라치면,
소름 돋는 음산한 그곳 광경에
눈앞이 캄캄해질 만큼 거센 오한을 느끼고 침울해진다.
옷이 벗겨져 우는 몸뚱이들아, 괴상망측하구나!
아, 우스꽝스러운 몸매! 탈을 씌우고 싶은 몸통!
뒤틀리고, 말라 빠지고, 불룩하고, 투실투실한 측은한 육체는
무정하고 태평스러운 '실용'의 신이, 어렸을 때
청동 배내옷으로 둘둘 싸두었던 어린아이로구나!
그리고 너희 여자들아, 슬프게도 너희는 양초처럼 창백하고,
방탕에 좀먹고, 방탕에서 영양분을 얻는 처지다!
너희 처녀들아, 너희도 어미의 부덕한 유산을 물려받아
다산이라는 추한 꼬리를 끌고 있구나!

우리는 비록 썩어 빠졌으나,
옛사람은 모르는 아름다움을 가지고 있다.
초췌한 아름다움이라고나 할까,
심장의 궤양 때문에 엉망이 된 낯빛이 바로 그것이다.
그러나 뒤늦게 찾아온 뮤즈의 이 발명품도
병든 현대 인류가 청춘을 그리워하여
숭상하고 흠모하는 것을 막지는 못하리라.
—꾸밈없는 모습과 의젓한 표정과
흐르는 물처럼 맑은 눈동자를 지녔으며,
푸른 하늘, 새, 꽃처럼
모든 것 위에 살포시
냄새와 노래와 온정을 뿌렸던 저 청춘을!

6. 등대

루벤스, 망각의 강, 나태의 정원.
그곳에서 사랑하지 않을 수 없는 싱싱한 살 베개.
하늘의 바람과 바다의 파도처럼
거기선 생명이 끊임없이 넘치고 용솟음친다.

레오나르도 다 빈치, 깊숙하고 어두운 거울.
그곳에서 매력적인 천사들이
신비로 가득한 다정스런 미소 지으며
그들 나라 에워싼 빙하와 소나무 그늘에 나타난다.

렘브란트, 신음으로 가득한 서글픈 병원.
장식이라고는 커다란 십자가 하나뿐.
눈물 섞인 기도 소리 오물 속에서 들려오고,
겨울 햇살 비스듬히 불쑥 비쳐든다.

미켈란젤로, 어렴풋한 경계 그곳에 보이는 것은,
헤라클레스 무리들과 그리스도 무리들이 뒤엉키고,
건장한 망령들이 힘차게 일어나,
어둠 속으로 손가락 뻗쳐 제가 입은 수의를 찢는 모습.

투사의 분노, 반수신(半獸神)의 파렴치,
천박한 이들의 아름다움을 잘 긁어모아 조각한 그대,
마음은 긍지에 넘치나 병약한 몸은 누렇게 뜬
퓌제, 노역자들의 우울한 제왕.

와토, 수많은 명사들이
나비처럼 반짝이며 노니는 사육제.

샹들리에가 비추는 산뜻하고 경쾌한 배경이
빙글빙글 춤추는 무도장에 광란을 퍼붓는다.

고야, 낯선 것들로 가득한 악몽.
마녀들 잔치판에서 삶아지는 태아,
거울 보는 노파와, 악마를 유혹하려고
양말을 바로 신는 발가숭이 소녀.

들라크루아, 악천사에 홀린 피의 연못.
늘 푸른 전나무의 그늘이 드리워지는 그곳엔,
우울한 하늘 아래 기이한 악대가
베버의 조용한 한숨처럼 지나간다.

이러한 저주, 이 모독, 이 탄식,
이 황홀, 이 절규, 이 눈물, 이 찬가는
수천의 미로에서 들려오는 메아리요,
결국 죽게 될 인간 마음을 위한 성스러운 아편이다!

그것은 수천의 보초들이 되풀이하는 절규요,
수천의 확성기에서 나오는 하나의 명령이요,
그것은 수천의 성 위에 밝혀진 하나의 등대요,
깊은 숲 속에서 헤매는 사냥꾼의 울부짖음이다!

주여, 진실로 이것은
우리의 존엄을 보일 수 있는 최상의 증거,
이 열정의 흐느낌은 대대로 흘러
당신의 영원한 골짜기로 스러져갈 것이니!

7. 병든 뮤즈

아, 내 가엾은 뮤즈여! 오늘 아침 무슨 일이오?
그대의 움푹 꺼진 두 눈은 아직도 어젯밤의 환영으로 가득하고,
차갑고 말없는 광기와 공포가
그대 얼굴에 번갈아 비치는 것이 보이오.

초록빛이 도는 음몽마녀*와 분홍색 꼬마 요정이
그들 항아리를 기울여 두려움과 사랑을 쏟아붓기라도 했소?
악몽이 포악하고 억센 주먹질로
그대를 사악한 전설의 늪으로 빠뜨리기라도 했소?

바라노니, 향기로울 만큼 건강한 그대의 가슴이
강한 의지를 끊임없이 품기를.
그리스도교도인 그대의 피가 풍요롭게 고동쳐 흐르기를,

노래의 아버지 포이보스와 수확을 관장하는 신
위대한 판이 번갈아 세상을 다스리던
그 옛 음절에 깃든 수많은 운율처럼.

---

* 음몽마녀(淫夢魔女)는 잠든 남자와 정을 통한다는 악령이다.

8. 몸 파는 뮤즈

오, 내 마음의 뮤즈, 궁궐의 연인이여,
1월이 북풍을 풀어놓을 때
눈 오는 밤의 울적한 권태에 잠겨 있는 동안
그대의 보랏빛 두 발을 녹여줄 깜부기불은 마련해두었는가?

그리하여 대리석 같은 그대 어깨를
덧문으로 스며드는 달빛으로 되살릴 작정인가?
그대의 궁궐처럼 텅 빈 그대의 지갑을 느끼면서
하늘의 별에서 금이라도 긁어모을 텐가?

그대, 매일 저녁 빵을 얻기 위해서
성가대 소년처럼 향로를 휘두르고
마음에도 없는 찬송가를 불러야 하며,

또, 속인들의 배꼽을 빼기 위해서
굶주린 어릿광대처럼 아양 떨며
남 모를 눈물에 젖은 그대의 웃음을 팔아야 하는가.

9. 무능한 수도사

옛날 수도원은 널따란 벽을
성화로 가득 메워
사람들의 신앙심을 부추기고,
고행의 고통을 위로했다.

그리스도가 뿌린 씨앗이 꽃피던 그 시절에는
지금은 이름도 잊힌 유명한 수도사들이
묘지를 화실 삼아
솔직하게 '죽음'을 찬미했다.

—내 넋도 무덤이지만, 내 속의 무능한 수도사는
허구한 세월 거기서 돌아다니며 살면서도
흉측한 이 수도원의 벽을 아름답게 장식하지 않는다.

오, 게으른 수도사여, 그러니 언제가 되어야 나는
내 서글픈 빈곤함의 생생한 모습을 그리기 위해
내 손에 일감 주고 내 눈에 즐거움 줄 수 있으랴?

10. 원수

내 청춘은 캄캄한 폭풍우에 지나지 않았다.
여기저기 밝은 햇살이 스며들긴 했지만,
천둥과 비바람에 그토록 휩쓸리어
내 정원에는 붉은 나무 열매 몇 알 남지 않았다.

어느덧 사색의 가을이 왔으니
삽과 쇠스랑을 들어야겠다.
홍수로 무덤처럼 커다란 구멍이 파인
물에 잠긴 대지를 새로 갈아엎기 위해서.

그러나 누가 알랴, 내가 꿈꾸는 새 꽃들이
모래사장처럼 씻겨 내려간 이 흙 속에서
생명력의 근원인 신비한 양분을 찾아낼 수 있을지?

—오, 괴로움이여! 오 괴로움이여! '시간'이 생명을 갉아먹는다.
보이지 않는 이 '원수'는 사람 심장을 좀먹고,
우리가 잃은 피로 자라고 튼튼해진다!

11. 불운

이토록 무거운 짐을 들어올리려면,
시시포스*여, 그대의 용기가 필요하다!
각고의 노력을 기울인다 해도,
'예술'은 길고 '시간'은 짧다.

유명한 무덤은 거들떠보지도 않은 채
쓸쓸한 외딴 묘지를 향해
내 마음은 둔탁하게 울리는 북처럼
장송곡 울리며 나아간다.

―수많은 보석이 잠자고 있다.
어둠과 망각 속에 파묻혀
곡괭이도 측심기도 닿지 않는 곳에서 ;

수많은 꽃이 아쉬운 듯이,
깊은 적막 속에서
비밀처럼 달콤한 향기를 풍긴다.

＊그리스 신화에 나오는 코린트의 왕. 제우스를 속인 죄로 지옥에 떨어져 바위를 산으로 밀어 올
리는 벌을 받았다. 그런데 산꼭대기에 이르면 바위가 다시 아래로 굴러떨어져 그는 영원히 이
일을 되풀이했다고 한다.

12. 전생

나는 오랫동안 널따란 주랑 아래에서 살았네.
바다의 태양은 수천 개 불빛으로 그곳을 물들였고
곧고 장엄한 큰 기둥들로
저녁이면 현무암 동굴 같은 장관을 이루었지.

거친 파도는 하늘 모습 뒤집어,
풍부한 그 음악이 빚어내는 전능한 화음을
내 눈에 비치는 눈부신 석양빛에
장엄하고 신비롭게 섞어놓았지.

그곳이 바로 내가 살던 곳. 고요한 기쁨 속
푸른 하늘과 파도와 찬란한 빛 한가운데
향유 냄새 풍기는 벌거숭이 노예들 있어

야자 잎으로 내 이마 부쳐주고,
내 탄식의 근원인 서글픈 비밀 파헤치는 것이
그들의 유일무이한 일이었지.

13. 길 떠나는 집시

눈동자 뜨거운 집쟁이 무리가
어제 길을 떠났다. 갓난이 등에 둘러업고,
늘 준비된 양식인 축 처진 젖꼭지를
걸신들린 입에 물린 채.

제 식구들 웅크리고 있는 짐수레 따라서
사내들은 번쩍이는 무기 어깨에 지고서 걷는다.
못다 이룬 꿈 좇는 서글픈 미련 때문에
무거운 눈으로 하늘을 노려보며.

모래땅에 사는 귀뚜라미도
지나가는 그들을 보고는 소리 높여 울고,
대지의 여신 시벨레도 그들을 사랑하는 마음에 푸르름을 더해준다.

바위틈에서 물이 솟게 하고, 사막에 꽃을 피운다.
이 나그네들 앞에 열린 것은
어둡고도 낯익은 넓은 세계.

14. 인간과 바다

자유로운 인간이여, 너는 언제나 바다를 사랑하누나!
바다는 너의 거울. 되돌아오는 성난 파도 속에서
네가 바라보는 것은 네 영혼.
네 마음은 바다 못지않게 씁쓸한 심연.

너는 자화상 안에 잠기기 좋아한다.
너는 그것을 눈과 팔로 껴안는다.
그리고 때로 자신의 혼란스러운 마음을
성난 바다의 탄식으로 지운다.

그대도 바다처럼 음침하고 은밀하다.
인간이여, 그 누구도 너의 심연을 헤아릴 길 없고,
오 바다여, 그 누구도 네가 숨긴 보물을 알 길 없다.
그토록 악착같이 너희는 저마다의 비밀을 지킨다!

그런데도 너희는 헤아릴 수 없이 긴 세월 동안
연민도 후회도 없는 싸움을 벌여왔다.
오, 영원한 투사들, 오, 화해할 수 없는 형제여,
피비린내 나는 살육과 죽음이 그토록 좋으냐!

15. 지옥의 동 쥐앙

동 쥐앙이 저승 가는 강으로 내려가
카론에게 뱃삯을 치르자,
한 음울한 거지, 안티스테네스*¹처럼 오만한 눈빛으로
기다렸다는 듯이 복수하는 억센 팔로 노를 잡았다.

늘어진 젖통 드러내고 옷자락 흐트러진 채
여자들은 어두운 하늘 아래 몸부림치며,
제물로 바쳐지는 짐승 무리처럼
그의 뒤를 길게 울부짖으며 따라왔다.

하인 스가나렐이 빙글빙글 웃으며 품삯을 조르자
아버지 동 루이는 떨리는 손가락으로,
강가 떠도는 망자들 쪽을 가리켰다.
늙은 아비의 백발을 비웃던 망나니 아들을.

정결하고 야윈 정부 엘비르는 상복 입고 떨면서
잊을 수 없는 정든 지아비, 그 부정한 지아비에게 바짝 붙어 서서
기억에 희미하게 남아 있는 첫 맹세의 다정함 빛날
이승에서의 마지막 미소를 구걸하누나.

엄숙한 갑옷 입은 커다란 석상*²이
키 잡고 고물에 서서 검은 물결 헤쳐 나간다.

---

*1 기원전 445~365. 그리스 철학자. 소크라테스의 제자로 키니코스학파를 창시했으며, 금욕
　주의를 내세웠다.
*2 《동 쥐앙》의 등장인물. 시칠리아 출신의 기사로, 동 쥐앙이 자신의 딸을 희롱하자 화가 나
　결투를 벌였다가 죽은 뒤 석상으로 만들어졌다. 마지막에는 신의 도움을 받아 동 쥐앙을
　지옥으로 쫓아낸다.

그러는 동안 여유롭게 장검 짚고 서서
배 지나간 물살만 굽어보며 아무것도 거들떠보지 않는구나.

16. 교만의 벌

'신학'에 활기와 힘이 넘쳐 꽃폈던
좋기만 했던 시절,
어느 날 위대한 박사가
—무신론자들을 강제로 믿게 하고,
어두운 마음 깊숙이에서 그들을 뒤흔들고,
아마도 순수한 '성령'만이 다니는,
박사 자신은 가보지 못한,
영광스러운 하늘나라로 가는 기이한 길을 개척했다고 말하고서—
갑자기 너무 높은 곳에 올라가 겁에 질린 사람처럼,
악마 같은 교만으로 우쭐해져 외쳤다.
"예수여, 아기 예수여! 내가 훌륭하게 너를 도왔다!
거꾸로 내가 너를 적으로 돌렸더라면
네 치욕은 지금의 영광 못지않게 컸으리라,
너는 아무짝에도 쓸모없는 태아에 불과했으리라!"

그 순간 그의 이성은 달아났다.
태양의 반짝임은 어두운 베일에 싸였다.
온갖 혼동이 그의 지성 속으로 굴러들어왔다.
질서와 풍요로 가득한, 살아 있던 신전,
그 천장 아래서 그토록 눈부셨건만.
열쇠 잃은 움막처럼
침묵과 어둠이 그를 지배했다.
그때부터 그는 거리의 짐승이다.
들판을 쏘다니기는 하나
아무것도 보지 못하고, 여름도 겨울도 구별 못하고,
폐품처럼 더럽고 쓸모없고 흉측해져,
어린애들의 놀림감과 웃음거리 되었다.

17. 아름다움

나는 아름답다. 오 인간이여, 돌의 꿈처럼
내 가슴으로 와서 너희는 연달아 상처 주었지만 부질없도다.
과연 이 가슴은 시인과 영원하고 말없는
물질 같은 사랑을 속삭이기 위한 것이니.

나는 창공에 군림하는 불가사의한 스핑크스.
나는 눈의 마음과 백조의 흰 빛을 잇는다.
나는 선(線)을 흐트러뜨리는 헛된 움직임을 미워한다.
나는 아예 울지 않으며, 아예 웃지 않는다.

오만하기 그지없는 기념비에서 그대로 빌려온 것 같은
내 존엄함을 앞에 두고서 시인들은
까다로운 연구로 세월을 탕진하리라.

이토록 온순한 애인들을 홀릴 눈,
모든 것을 더욱 아름답게 하는, 순수한 거울,
내 눈, 영원히 빛나는 이 눈이 내게 있으니!

18. 이상 (理想)

말세가 낳은
변변치 않은 산물인 삽화 속 미인,
하이힐 신은 발, 캐스터네츠 울리는 손가락,
나는 그런 것에 절대로 만족하지 않습니다.

병원에서 수다 떨기에나 어울리는 미녀들은
위황병 (萎黃病) 걸린 시인 가바르니*¹에게 맡겨두렵니다.
그 창백한 장미들 속에서는
내 붉은 이상을 닮은 꽃을 찾아낼 수 없을 터이니.

심연만큼 깊은 내 마음이 구하는 것은
레이디 맥베스*² 당신입니다. 죄를 두려워하지 않는 당신입니다.
폭풍우 속에서 피는 아이스킬로스*³의 꿈입니다.

아니면 당신, 위대한 〈밤〉*⁴, 미켈란젤로의 딸,
티탄*⁵의 입맞춤을 받기에 꼭 맞는 매력을 드러내고서
야릇한 자세를 취하는 당신입니다.

---

*1 1804~1866. 프랑스의 판화가·수채화가. 풍자적 삽화가로서 인기가 있었다.
*2 셰익스피어의 비극 《맥베스》의 여주인공. 남편을 꼬드겨 던컨 왕을 죽였다.
*3 기원전 525~456. 그리스 3대 비극 시인 가운데 한 사람.
*4 프로방스 메디치 교회당에 있는 미켈란젤로의 명작 조각상.
*5 그리스 신화에 나오는 거인족. '우라노스'와 '가이아' 사이에서 태어난 6명의 남신과 여신을 이른다. 올림포스 신들에게 멸망되었다.

19. 거인여자

'대자연'이 힘찬 기운에 넘쳐
밤낮 쉬지 않고 기형아 배던 그 시절에
여왕 발치에서 장난치는 방탕한 고양이처럼
나도 젊은 거인여자 곁에서 살았으면 좋았으리.

그녀의 몸이 넋과 더불어 피어나
끔찍한 계략으로 자유롭게 자라는 것을 보고,
그 마음이 불륜의 불길 키우는 것을
그녀의 눈에 서린 젖은 안개 속에서 보았으면 좋았으리.

왕성한 그 육체 두루 다니며 탐구하고,
거대한 무릎의 비탈 기어오르고,
때로는 여름날, 몸에 해로운 뙤약볕에 지쳐

그녀가 들판을 가로질러 드러누울 때,
산기슭의 평화로운 마을처럼,
거인여자의 젖가슴에서 한가로이 잠들었으면 좋았으리.

20. 가면

르네상스풍의 우의적 조각상이라는 제목으로
조각가 에르네스트 크리스토프*에게 바칩니다.

프로방스풍의 은혜로운 보물을 살펴보자.
풍만한 육체의 곡선 사이에서
성스러운 자매 '우아함'과 '힘'이 솟아나와 흘러넘친다.
이 여인, 진정 이것은 기적의 결정체.
거룩할 만큼 강해 보이지만, 황홀할 만큼 가냘픈,
진정 이것은 호사스럽기 그지없는 침대 위에 군림하여
왕후 대신들을 즐겁게 해주기 위한 뛰어난 작품.

—또 보라, 육감적인 만면의 미소를.
'우쭐함'의 절정이라고도 할 만하구나.
앙큼하고 나른하고 비웃는 듯한 저 눈빛.
얇은 비단으로 폭 감싼 저 자신감 넘치는 얼굴.
그 모습 하나하나 우리에게 자랑스레 말하는구나.
"쾌락이 나를 부르고, '사랑'이 내 머리에 관을 씌워줄 거예요!"
보라, 기품 어린 위엄을 갖춘 이 여인에게
상냥함이 얼마나 자극적인 매력을 주는지를!
자, 다가가 그녀의 아름다움을 두루 살펴보자.

오, 이것은 예술의 모독이다! 오, 이것은 불길한 경이로움이다!
최고를 자부하는 육체로 행복을 약속했던 이 미녀가
자세히 보니 머리 둘 달린 괴물일 줄이야!

---

* 1827~1892. 프랑스의 조각가. 이 시의 소재가 된 크리스토프의 작품은 1859년 살롱에 〈고뇌〉
라는 제목으로 출품되었다가 그 뒤 〈인간 희극〉으로 바뀐 뒤 현재 파리 튈르리 공원에 놓여 있
다. 보들레르는 이 밖에도 미술평론 〈1859년의 살롱〉에서 이 조각상을 평했다.

—아니다! 그것은 단지 가면, 혼란을 주는 허식일 뿐이다,
찌푸린 묘한 매력으로 빛나는 이 얼굴은.
다시 보라, 저기에 끔찍하게 오그라든
진짜 얼굴이 있지 않으냐, 거짓 얼굴 뒤에 숨은 채,
진짜 머리가 젖혀진 채.
불쌍한 절세의 미인이여! 그대 눈물의 훌륭한 홍수가
근심 가득한 내 가슴으로 흘러든다.
그대의 허위가 나를 취하게 하여, 내 넋은
'고뇌'가 그대 두 눈에서 솟게 하는 물로 목을 축인다!

—한데 어찌하여 그녀는 울고 있는가?
온 인류가 발치에 무릎 꿇을 만큼 완벽한 미녀인데,
어떤 알 수 없는 고통이 그 튼튼한 옆구리를 갉아먹는단 말인가?

—그녀는 하염없이 울고 있다, 살아온 것이 슬퍼서!
살아 있는 것이 슬퍼서! 하지만 그녀가 특히 애도하는 것은
그녀의 무릎이 딱딱 마주치도록 덜덜 떨게 하는 것은
슬프게도 내일도 살아야 하기에!
내일도, 모레도, 언제까지나 살아야 하기에! 우리가 모두 그런 것처럼!

21. 아름다움에 바치는 찬가

높은 하늘에서 왔는가, 구렁에서 나왔는가,
오, '미녀'여? 사악하면서도 숭고한 눈길이
덕과 부덕 뒤섞어 사방에 쏟아부으니,
그대를 술에 비길 만하다.

그대는 눈 속에 저녁 해와 아침 해를 담고,
폭풍우 치는 밤 같은 향기를 퍼뜨린다.
그대의 입맞춤은 미약이요, 그대의 입은 술 단지이니,
호걸은 무력하게 하고, 소년은 용사로 만든다.

캄캄한 심연에서 나왔는가, 밝은 별에서 내려왔는가?
홀딱 반한 '숙명'이 강아지처럼 그대 속치마에 따라붙는다.
그대는 내키는 대로 환희와 재앙의 씨를 뿌리고,
모든 것을 지배하지만, 책임은 전혀 지지 않는다.

'아름다움'이여, 그대는 죽은 자를 비웃으며 그 위로 걸어간다.
그대가 치장한 보석인 '공포'조차 매력적이다.
그대의 가장 값비싼 패물 가운데 '살인'이
오만한 그대의 배 위에서 연모의 정에 미쳐 춤춘다.

사랑에 눈먼 하루살이는
그대 촛불에 날아가
타닥타닥 몸을 태우며 말한다. "이 횃불에 축복을!"
여인의 몸에 기대어 헐떡이는 사랑에 빠진 사나이에게서
제 묘석을 어루만지는 빈사자의 모습이 보인다.

오, '아름다움'이여, 어마어마하고 무시무시한, 그러나 순진한 괴물이여,

그대가 하늘에서 왔건 지옥에서 왔건 무슨 상관이랴!
그대의 눈, 그대의 미소, 그대의 발이 내게
갈망하나 아직 모르는 '무궁'의 문만 열어준다면!

'악마'의 사자이건, '하느님'의 사자이건, '천사'이건, '인어'이건,
　나는 전혀 상관하지 않는다. 그대가 적어도—벨벳의 눈동자를 가진 요정
이여,
　운율이여, 향기여, 빛이여, 오, 내 유일한 여왕이여! —
　세상을 덜 추악하게 하고, 시간의 무게를 덜어만 준다면!

22. 이국의 향기

어느 따사로운 가을 저녁, 두 눈 감고
훈훈한 그대 젖가슴 냄새 맡으면
단조로운 햇빛 눈부신
행복한 바닷가 내 눈앞에 펼쳐진다.

깨나른한 이 섬에서 자연은 키운다.
괴이하게 생긴 나무들, 달콤한 과일들,
날씬하고 건장한 남자들,
솔직한 눈빛으로 놀라운 여인들을.

그대 내음이 이끄는 대로, 매혹적인 기후 저편으로 안내되어
나는 본다. 파도에 지친 기색이 남아 있는 바닷가의
돛과 돛대 가득한 항구의 경치를.

그동안 타마린드의 초록색 향기는
대기 속 맴돌며 내 콧구멍 부풀게 하고
내 마음 안에서 뱃사람들의 노래와 한 자락이 되누나.

23. 머리카락

오 목덜미까지 풍성하게 물결치는 머리털이여!
오, 곱슬한 머리털! 오 게으름 가득한 향내여!
무아지경이여! 오늘 밤 어두운 침실을 채우기 위해,
이 머리카락 깊은 곳에서 잠자는 추억을
나는 흔들리라, 순수건처럼!

나른한 아시아, 타오르는 아프리카,
멸망한 거나 다름없는 존재하지 않는 나라, 아득한 전 세계가
그대 깊은 곳에 살아 있구나, 향기로운 숲이여!
다른 사람들이 음악에 따라 노를 젓듯
내 마음은, 오 임이여! 그대 향기 따라 헤엄친다.

나는 가련다, 두꺼운 머리 타래여. 구불거리며 나를 데려다다오.
사람과 나무가 활기차게
작열하는 더위를 견디며 몽롱해하는 곳으로!
칠흑의 바다여, 너는 감추고 있구나.
돛과 사공과 불꽃과 돛대, 그 눈부신 꿈을.

우렁찬 항구에서 내 영혼은 가득 들이킨다,
향기와 소리와 색을.
거기서 황금빛 파도 사이 미끄러지는 배들은
영원한 열기로 전율하는 순수한 하늘의 영광을
거대한 두 팔 벌려 껴안는다.

흠뻑 취한 내 머리를 담그리라
다른 바다 숨기고 있는 이 검은 대양 속에.
그러면 내 예민한 정신은 어루만지는 파도의 흔들림에

재빠르게 되찾으리라, 오, 풍요로운 게으름이여,
향기로운 여가의 흡족한 향락을!

나부끼는 어둠의 깃발인 푸르스름한 머리채여,
그대 내게 둥글고 드넓은 창공이다.
꼬불꼬불한 머리채 끝 솜털 자란 가장자리에서
나는 정신없이 취한다.
야자유와 사향과 역청 뒤섞인 향기에.

오랫동안! 영원히! 내 손은 그대의 탐스러운 머리카락 속에
루비와 진주와 사파이어 뿌리리라,
내 욕망의 유혹에 그대가 늘 응답하도록!
그대는 내가 꿈꾸는 오아시스에서
추억의 술을 퍼 올리는 내 표주박 아니던가!

24. (제목없음)

오 슬픔의 항아리여, 오 말 없는 키다리 여인이여,
밤하늘 같은 그대를 사랑하네.
내 사랑은, 아름다운 사람이여, 그대가 내게서 달아날수록
그리고 내 밤을 장식하는 그대가 비웃으며
푸른 무한으로부터 내 팔을 가르는 공간을
매몰차게 멀리할수록 더욱 깊어지네.

나는 송장에 기어오르는 구더기 떼처럼
공격을 위해 전진하고, 돌격을 위해 매달린다.
무자비하고 매정한 들짐승이여! 그대의 냉담함조차 소중하오.
그럴수록 그대는 더욱 아름답기에!

25. (제목없음)

넌 네 침실에 온 우주라도 끌어들일 셈이로구나.
더러운 계집아! 권태로 네 영혼은 잔인해진다.
이 희한한 놀이에 이가 익숙해지려면
너는 날마다 심장을 하나씩 씹어야겠구나.
진열장이나 축제의 타오르는 촛대처럼 번득이는 네 눈동자는
제 아름다움의 법칙은 알지 못한 채
빌려 온 권력만을 함부로 휘두른다.

심술궂기 이를 데 없는 귀먹고 눈먼 기계야!
세상의 산 피를 마셔 없애는 유익한 도구야,
어찌하여 부끄럼을 모르느냐? 어찌하여 거울을 볼 때마다
네 낯빛이 퇴색함을 모르는가?
깊은 섭리 품은 대자연이 너를 도구로
오, 계집아, 오, 죄의 여왕아,
—천한 짐승인 너를 도구로—한 천재를 빚어냈을 때,
아무리 네가 죄악에 능숙하다 해도
어찌하여 악의 위대함에 질겁하며 뒷걸음치지 않았는가?

오 천박하기 짝이 없는 위대함아! 숭고하기 그지없는 굴욕아!

26. 그래도 부족하다

밤처럼 어둡고, 사향과 잎궐련이 뒤섞인
냄새를 풍기는 괴상한 여신이여,
흑인 마법사의 작품이여, 대초원의 파우스트여,
흑단의 옆구리 가진 마녀여, 캄캄한 한밤이 낳은 아이여,

맛 좋은 술*¹이나 아편보다도, 사랑의 유혹이 생동하는
그대 입술의 미약이 나는 더 좋구나.
내 욕정이 떼 지어 그대에게 몰려갈 때는
그대 눈동자는 내 권태가 목을 축이는 웅덩이라.

그대의 환기창인 검고 동그란 두 눈에서
오, 무자비한 악마여! 그렇게 욕정을 뿜어대지 마라.
스틱스*²가 아닌 이상 나도 아홉 번이나 그대를 껴안을 수 없으니.

슬프도다! 음탕한 메가이라*³여,
그대 용기를 꺾고 그대를 궁지에 몰아넣기 위해
지옥과도 같은 그대 침대에서 나는 프로세르피나*⁴가 될 수 없구나!

---

*1 원문에는 au constance, ……, au nuits라고 되어 있다. au vin de Constance, ……, au vin de Nuits라는 뜻이다. 콩스탕스와 뉘는 유명한 포도주 산지.

*2 Styx. 지옥을 일곱 번 휘돈다는 강의 이름.

*3 그리스 신화에 나오는 복수의 여신 가운데 하나.

*4 그리스 신화에 나오는 지옥의 여왕.

27. (제목없음)

물결치는 진줏빛 옷을 입고
걸음걸이조차 그녀는 춤을 추는 듯하다.
신비로운 요술쟁이의 지팡이 끝에서
박자에 맞춰 몸 흔드는 기다란 뱀처럼.

우중충한 사막의 모래와 하늘처럼
인간의 고뇌에는 무관심하다는 듯이
길게 굽이치는 파도처럼
그녀는 거리낌 없이 몸을 펼친다.

반들반들한 두 눈은 유혹의 광석이다.
그리고 이 낯선 상징적인 천성 속에
순결한 천사를 고대 스핑크스에 섞어놓은 듯,

모든 것이 황금과 강철, 빛과 다이아몬드뿐,
찬란하고 허무한 별처럼
석녀의 싸늘한 위엄이 빛난다.

28. 춤추는 뱀

나는 얼마나 보고싶은가, 게으른 내 임이여,
　그토록 아름다운 그대 몸에서
너울거리는 천처럼
　살갗이 빛나는 것을!

짙은 그대 머리칼 위로
　자극적인 향기
푸르게 또 금빛 물결로
　넘실대는 냄새나는 바다.

아침 바람에 잠 깬
　한 척의 배처럼
내 꿈꾸는 영혼은 떠날 준비를 한다.
　어느 먼 하늘 향해서

다정함도 쌀쌀함도
　드러내지 않는 그대 두 눈은
금과 쇠 섞어
　만든 차가운 두 개의 보석.

초연한 내 임이여,
　장단 맞춰 걸어가는 그대를 보면
사람들은 말하네.
　막대기 끝에서 춤추는 뱀 같다고.

게으름의 무게에 짓눌린
　앳된 그대 머리는

새끼 코끼리의 몸짓처럼
　흐물흐물하게 좌우로 흔들리네.

또 몸을 구부리고 드러누우면
　가느다란 배처럼
뱃전에서 뱃전까지 뒤흔들리다가
　그대의 활대를 물 속에 잠그네.

와르르 녹아내린 빙하로
　불어난 물결처럼
그대 입안에 물이 넘쳐
　새하얀 그대 이를 적시는 것을 보면,

쓸쓸하지만 빨리 취하는
　보헤미아 포도주를 마시는 기분이 드네,
내 마음에 별을 뿌리는
　하늘을 삼키는 기분이 드네!

29. 썩은 고기

임이여, 기억해보라, 그 상쾌하고 아름답던 여름날 아침,
　　우리가 보았던 그것을.
오솔길 어느 모퉁이, 몹시도 끔찍한 썩은 고기가
　　조약돌 깔린 자리 위에 드러누워 있던 것을.

음탕한 계집처럼 두 다리 쳐들고,
　　불타오르며 독기 뿜어대고,
뻔뻔스럽고 너저분하게
　　악취 나는 배때기 드러내고 있었지.

해는 이 썩은 시체 위로 내리쬐었지.
　　알맞게 구워서,
'자연'으로 돌아갈 이 물체를
　　수백 갑절로 되돌려주려는 듯이.

활짝 핀 꽃이라도 되는 것처럼
　　하늘은 화려한 이 시체를 보고 있었지.
냄새가 어찌나 고약하던지 그대는 하마터면
　　풀밭에 쓰러질 뻔했지.

썩어 문드러진 배때기 위에는 파리 떼 들끓고,
　　거기서 까만 구더기 떼 기어나와,
살아 있는 너덜너덜한 고기에서
　　걸쭉한 액체처럼 흘러나오고 있었지.

그 모든 것은 파도처럼 밀려왔다 밀려나가며,
　　반짝이며 솟아올랐지.

시체는 희미한 바람으로 부풀어올라
　살아서 불어나는 것 같았지.

그리고 세상은 기이한 소리를 냈지.
　흐르는 물처럼, 바람처럼,
또는 장단 맞춰 까불리는 키 속에서
　흔들리고 나뒹구는 밀알처럼

형상은 지워지고, 남은 것은 꿈뿐.
　잊힌 화폭에 떠오르는 것은
화가가 더딘 붓놀림으로
　기억 더듬어 완성해가는 소묘뿐.

바위 뒤에 몸 숨긴 암캐가
　성난 눈으로 우리를 쏘아보았지.
먹다 남긴 살점 이 시체에서
　되찾아갈 순간 노리며.

—그러나 그대 또한 오물,
　역겨운 이 악취와 닮게 되겠지.
내 눈의 별이여, 내 마음의 태양이여,
　그대, 내 천사, 내 열정이여!

그렇다! 그대도 그렇게 되리라, 오, 어여쁜 여왕이여.
　병자성사 끝나고,
만발한 꽃과 풀잎 아래에서
　백골로 썩을 때.

그때에, 오, 내 아름다운 임이여! 말하겠노라,
　입 대고 그대 파먹을 구더기들에게,

썩어 문드러져도 내 사랑의 형태와
거룩한 본질을 내가 잊지 않고 기억한다고!

30. 심연에서 외치다

내 사랑하는 유일한 '그대'여, 내 영혼이 떨어진
이 어두운 심연의 바닥에서 동정을 구걸하나이다.
이곳은 눈길이 닿는 한 납으로 둘러싸인 으스스한 세계.
밤새 떠도는 것은 공포와 모독.

열기 없는 태양이 여섯 달이나 머리 위에 걸리고,
나머지 여섯 달은 밤이 땅을 뒤덮는다.
이곳은 극지보다 더한 불모의 땅.
—짐승도, 시냇물도, 푸른 풀도, 숲도 없는!

그나마 있는 것은 얼어붙은 태양의 냉혹한 잔인함.
태고의 '혼돈'을 닮은 끝없는 밤이 빚어내는
공포를 이길 것은 아무것도 없으리.

미련한 잠에 빠질 수 있는
열등한 동물의 운명이 나는 부럽다.
시간의 실타래가 이토록 더디구나!

31. 흡혈귀

비수처럼
가엾은 내 가슴에 파고든 너.
악마 무리처럼 거칠고
광기 어린 모습으로 차려입고 온 너는

모욕당한 내 마음을
자기 것으로, 자기 영토로 삼는다.
—더러운 악녀야, 나는 네게 얽매였다.
사슬에 매인 죄수처럼,

노름판을 못 떠나는 노름꾼처럼,
술병을 못 내려놓는 술꾼처럼,
썩은 고기를 파먹는 구더기처럼,
—너는 저주받고 저주받았도다!

내 자유를 되찾아달라고
날쌘 칼에 빌기도 하고,
내 비겁함을 도와달라고
더러운 독약에 하소연도 했다.

그런데, 아! 독약과 칼이
나를 깔보며 대답하기를
"넌 저주받은 노예 처지에서
구해줄 가치도 없다.

어리석은 자여! 설령 우리가 노력해서
그녀의 지배에서 너를 구해낸다 해도

네 입맞춤이 되살리리라,
자기 피를 빨아먹는 흡혈귀의 시체를!"

32. (제목없음)

시체 곁에 누운 시체처럼
어느 밤 나는 못생긴 유대 여인 곁에 있었다.
돈에 팔린 이 몸뚱이 곁에서 나는 생각했다,
내 욕정이 포기한 저 서글픈 미인을

나는 떠올렸다, 그녀의 타고난 기품을,
다정함과 힘이 넘치는 그녀의 시선을,
향내 머금은 투구 같은 그녀의 머리카락을,
떠올리는 것만으로 사랑이 되살아났다.

그대의 고상한 육체에 열렬히 입 맞추고,
싱싱한 발끝에서 검은 머리칼 끝까지
깊은 애무의 보물을 흩뿌리고 싶도다.

오, 잔인한 미지의 여왕이여! 만일 하룻밤 그대가
참된 눈물 흘려, 차가운 눈동자의 광채를
흐리게 할 수만 있다면.

33. 죽은 뒤의 회한

암흑의 미녀여, 새까만 대리석 겹겹이 쌓은
무덤 깊이 그대 잠들어
잠자리와 집이라고는
빗물 떨어지는 움푹 파인 구덩이밖에 없을 때,

묘석이 겁먹은 그대 가슴 지그시 뒤틀고
달콤한 나태에 젖은 그대 옆구리 짓누르고
그대 심장 뛰지도 바라지도 못하게 하며
그대 두 발로 모험 떠나지 못하게 붙들 때,

내 끝없는 몽상의 좋은 친구인 무덤은 말하리,
(무덤은 언제나 시인을 이해할 테니까.)
잠 못 드는 그대의 기나긴 밤마다.

"어설픈 창녀여, 너는
죽은 사람이 우는 까닭을 알지 못했거니, 그게 무슨 소용이랴?"
―이때 구더기가 와서 회한처럼 그대 살갗을 파먹으리라.

34. 고양이

오너라, 어여쁜 고양이야, 사랑에 빠진 내 가슴 위로.
　네 발의 발톱일랑 감추어
나를 푹 잠기게 해다오, 철과 마노 섞인
　아름다운 네 눈 속에.

네 머리와 유연한 등을
　내 손가락이 부드럽게 쓰다듬는 사이에
어느덧 내 손이 네 몸에서 나는 정전기로
　기분 좋게 취해들 때

나는 마음속에서 내 님을 본다. 그녀의 눈빛은
　너를 닮았단다, 오, 사랑스러운 짐승.
그윽하고 차갑고, 투창처럼 자르고 베고.

　발끝에서 머리끝까지
미묘한 기운, 위험한 향기,
　그녀의 갈색 몸 주위에 감돈다.

35. 결투

두 전사가 달려들어 맞붙었다.
그들의 무기는 허공으로 불꽃과 핏방울을 토했다.
요란한 칼부림 소리도, 이런 결투도,
사랑의 포로가 된 젊음이 빚어내는 소동.

칼은 부러졌다! 우리의 청춘처럼.
임이여! 그러나 이와 날카로운 손톱이
배신자의 칼과 단도에 복수하리니.
—사랑의 원한으로 곪은 마음의 분노여!

살쾡이와 표범이 돌아다니는 골짜기로
우리의 주인공들은 한데 뒤엉켜 굴러떨어졌다.
그들의 살가죽에 스민 피는 메마른 가시덤불에 꽃을 피웠다.

—이 심연, 이것이야말로 우리의 친구들로 가득한 지옥!
매정스런 여전사여, 우리도 그곳으로 미련 없이 떨어지자.
우리의 격렬한 증오가 영원해지도록!

36. 발코니

추억의 어머니여, 애인 중의 애인이여,
오 그대, 내 모든 기쁨! 오 그대, 내 모든 의무!
회상해보오, 그 시절 애무의 아름다움을,
난로의 다사로움을, 밤들의 황홀함을,
추억의 어머니여, 애인 중의 애인이여!

이글대는 숯불로 밝혀진 밤들,
장밋빛 안개 자욱한 발코니에서 만났던 밤들,
그대 가슴은 얼마나 감미로웠나! 마음은 얼마나 고왔었나!
우리는 수없이 불멸의 말을 주고받았지.
이글대는 숯불로 밝혀진 밤마다.

무더운 날 저녁 태양은 얼마나 아름다운가!
공간은 얼마나 심오한가! 사랑은 굳건했네!
그대에게 몸을 기대면, 연인 중의 여왕이여,
나는 그대의 피 냄새를 맡는 기분이었지.
무더운 날 저녁 태양은 얼마나 아름다운가!

밤의 어둠은 장벽처럼 깊어만 가는데,
내 눈은 어둠 속에서도 그대 눈동자 알아보고,
나는 그대 숨결 들이마셨지, 오, 그 달콤함! 오, 그 독기여!
그대 발은 내 친절한 손안에서 잠들었지.
밤의 어둠은 장벽처럼 깊어만 가는데.

나는 아네, 행복한 시간 되돌리는 방법을.
그대 무릎에 도사린 지난날을 다시 보네.
다정한 그대 육체와 포근한 그대 마음 아닌

나른한 그대 아름다움 찾아본들 무슨 소용이랴!
나는 아네, 행복한 시간 되돌리는 방법을!

그 맹세, 그 향기, 그 끝없는 입맞춤이
깊이를 알 수 없는 심연에서 다시 살아날까?
깊은 바다 밑에서 미역 감고
다시 젊어진 태양이 아침 하늘에 떠오르듯이?
—오, 맹세! 오, 향기! 오, 끝없는 입맞춤이여!

37. 홀린 사내

태양은 검은 막을 둘렀다. 그처럼
오, 내 생명의 달이여, 그대도 그림자에 싸여라.
잠을 자든 담배를 피우든 그대 마음이지만, 입은 다물고 우울해져라,
그리고 끝 모를 '권태'에 잠겨라.

그런 그대가 나는 좋구나! 허나 오늘 밤 그대가
다 좀먹은 별이 어스름에서 나오듯이
'광란' 넘치는 떠들썩한 곳으로 날아갈 날개 펼치고 싶다면
그것도 좋다! 사랑스러운 비수여, 칼집을 벗어라!

샹들리에 불빛으로 그대 눈동자에 불을 밝혀라!
촌뜨기 사내들의 눈 속에 정욕의 불을 지펴라!
그대의 나약하고 난폭한 모든 것이 나는 기쁘다.

검은 밤이든 붉은 여명이든 그대 원하는 대로 되어라.
떨리는 내 온몸에서 이렇게 외치지 않는 세포 하나도 없으니,
"오, 사랑하는 '벨제뷔트'*여, 나 그대를 사랑하오!"

＊ 사탄의 자리를 이어받은 최고 지배자. 파리〔蟲〕교단의 창시자이다.

38. 어느 유령

Ⅰ. 어둠

'운명'이 이미 나를 밀어넣은
헤아릴 수 없을 만큼 쓸쓸한 이곳은 굴속.
장밋빛 즐거운 햇살 따위는 절대로 비쳐들지 않는.
음울한 여주인 '밤'과 나뿐인.

비웃는 '신'의 명령으로, 아아! 나는
어둠에 그림 그리는 화가라고나 할까.
거기서 나는 음산한 식욕 가진 요리사,
내가 내 심장을 끓여 먹는다.

때로 화려하고 찬란한 유령이 나타나
번쩍 몸을 펼치고 모습 드러낸다.
꿈꾸는 듯한 동양적인 자태로
그녀 온전히 몸 드러내면
나는 알아본다. 아름다운 이 손님을.

'그녀'다! 검지만 빛을 발하는.

Ⅱ. 향기

독자여, 그대는 맡아본 적 없는가,
거나하게 취하도록 천천히
성당 채운 훈향을,
향주머니에 스며든 사향 냄새를?

오늘날 되살아난 과거의 시간이
우리를 취하게 한다. 그윽하고 신비로운 매력!
그처럼 연인도 애인의 살갗에 손 뻗어
추억의 달콤한 꽃 꺾는다.

가히 살아 있는 향주머니, 침실 향로라고 부를
탄력 있고 묵직한 그녀 머리카락에서
야생의 향기가 피어올랐다.

싱그러운 그녀의 젊음이 배어든
그녀의 모슬린 또는 벨벳 옷에서
모피 냄새가 풍겨나왔다.

Ⅲ. 액자

아무리 칭송받는 화가의 작품이라도 그림에는
훌륭한 액자가 있어야지
대자연에서 확실히 분리되어
뭔지 모를 신기하고 매혹적인 운치를 더한다.

그와 마찬가지로 보석, 가구, 금속, 금박은
그녀의 독특한 아름다움에 꼭 어울렸다.
어느 것도 그녀의 완벽한 광채를 가리지 않고
모든 것이 액자 노릇을 했다.

때로 그녀는 모든 존재가 자신을
사랑하려 한다고 믿은 것인지,
관능적으로 자신의 알몸을

새틴과 리넨의 입맞춤 속에 잠기게 하고,

느릿느릿한 또는 재빠른 몸짓 하나하나에
원숭이 같은 앳된 교태를 보였다.

Ⅳ. 초상

'병'과 '죽음'이 재로 만든다,
우리를 위해 타오른 모든 불길을.
그토록 다정하고 열렬한 커다란 그 눈조차,
내 가슴 적신 그 입조차.

박하처럼 강렬했던 그 수많은 입맞춤이
햇빛보다 더 뜨거웠던 그 수많은 격정이
지금 무엇을 남겼나? 오 넋이여, 참으로 끔찍하구나!
남은 것은 너무나 퇴색한, 세 가지 색의 소묘 한 장뿐.

그것마저 나처럼 고독 속에 스러져간다.
'시간'이라는 이름의 몹쓸 노인의
거친 날개에 날마다 날마다 쓸려서…….

'삶'과 '예술'의 음흉한 암살자여,
너는 절대로 할 수 없으리, 내 쾌락이자 영광이었던
그 여인을 내 기억에서 지우는 일만큼은!

39. (제목없음)

그대에게 이 시편을 바치는 마음은
만일 내 이름이 다행히 후세까지 남아,
거친 삭풍에 잠겨버린 배처럼
어느 날 저녁, 사람들을 몽상으로 이끌고,

그대 기억이 어렴풋한 전설처럼
팀파논*의 울림처럼 독자를 지치게 하면서도
우애 있는 신비로운 사슬로
고고한 내 시에 매달리듯 남아 있도록 하기 위함이라.

저주 받은 그대여, 끝없이 깊은 나락에서
높은 하늘까지, 나 말고 누가 대답해줄까!
—오, 그대, 발자국 곧 지워지는 유령처럼,

가벼운 발걸음과 싸늘한 눈길로,
그대를 가혹하다 평한 어리석은 자들을 흩어버리는
흑옥 같은 눈동자의 상(像)이여, 견고한 대천사여!

---

* 놋쇠 줄을 나무망치로 쳐서 연주하는 현악기.

40. 언제나 이대로

그대, 물었던가, "저 벌거벗은 검은 바위 위로 치솟는 바닷물 같은
당신의 그 야릇한 슬픔은 무엇 때문인가?"라고?
—일단 우리의 마음이 수확을 끝내고 나면,
산다는 것은 고통. 이는 만인이 아는 비밀,

너무나 명백하고 신비할 것 없는 근심,
그대 기쁨처럼 누구에게나 드러나는 것.
그러니 이유를 묻지 마오, 오 호기심 많은 미인이여!
그대 목소리 달콤하다 해도 입 다물어 주오!

입을 다무오, 아무것도 모르는 그대! 언제나 기쁨에 찬 영혼이여!
천진한 웃음 짓는 입이여! '삶'보다 '죽음'이 더욱
그 정교한 줄로 우리 몸을 자주 옭아맨다.

내버려두오, 내 마음이 '거짓'에 취한 채,
아름다운 꿈결처럼, 고운 그대 눈에 잠겨
그대 눈썹 그늘에서 언제까지나 잠들어 있도록 내버려두오!

41. 그녀는 고스란히

'악마'가 높은 내 방으로
오늘 아침 날 찾아와,
내 흠집 잡아내려 애쓰며
하는 말이, "정말 알고 싶구나,

그녀의 매력 구성하는
아름다운 것들 중에서
매혹적인 육체 이루는
검거나 붉은 것 중에서

무엇이 가장 좋은가?" 오, 나의 영혼이여!
너는 '가증스러운 놈'에게 대답했다.
"'그녀'의 모든 것이 황홀하니,
꼭 집어 하나를 고를 수 없다.

모든 것에 취하면,
무엇에 홀렸는지조차 알지 못한다.
그녀는 '아침'처럼 눈부시고
'밤'처럼 위안을 준다.

아름다운 그 몸을 지배하는
조화는 너무도 오묘하여,
서툰 분석으로는
하나하나의 음색을 구분할 길이 없다.

오, 신비한 변모여!
내 오감은 하나로 녹아든다.

그녀 숨결은 음악이고,
그녀 목소리는 향기를 풍긴다!"

42. (제목없음)

오늘 밤 무엇을 말하려느냐, 기댈 곳 없는 가엾은 영혼아,
무엇을 말하려느냐, 내 마음, 일찍 시든 마음이여,
거룩한 그 눈빛으로 갑자기 너를 다시 꽃피게 했던
더없이 아름답고 더없이 착하며 더없이 사랑스러운 그 여인에게?

―우리 자랑스레 그녀를 찬양하여 노래 부르자.
아무것도 그녀의 권능이 지닌 다정함만 못하다.
신령한 그 육체에 천사들의 향기가 있으며,
그 눈빛은 빛나는 옷으로 우리를 감싼다.

밤중이든 고독 속이든
거리에서든 군중 속에서이든
그녀의 환영이 공중에서 횃불처럼 춤춘다.

때로 그 환영이 속삭인다. "나는 아름답다, 나는 명하노니,
나에 대한 사랑을 위해 그대 오직 '아름다움'만 사랑하라.
나는 '수호천사'요, '뮤즈'요, '성모'니라!"

43. 살아 있는 횃불

'두 눈'이 걸어간다, 우리 앞길을, 광명으로 가득 찬 채,
전능한 천사가 자석으로 끌어당기기라도 하듯이.
'두 눈'은 걸어간다, 거룩한 형제, 내 형제,
다이아몬드처럼 빛나는 그들의 불꽃을 내 두 눈 속에 흔들면서.

온갖 함정과 온갖 중죄에서 우리를 구해
그 '두 눈'은 '아름다움'의 길로 내 발걸음을 인도한다.
'두 눈'은 내 하인, 나는 그 노예이니,
살아 있는 이 횃불을 나는 몸바쳐 따른다.

매혹적인 두 눈이여, 너희는 한낮에 타오르는
촛불의 신비한 빛으로 빛난다. 태양이
붉게 비추지만, 그 환상적인 불길은 꺼지지 않는다.

촛불은 '죽음'을 기리고, 너희는 '소생'을 노래한다.
너희는 내 넋의 소생을 노래하며 걸어간다.
어떤 태양도 빛을 빼앗지 못할 별이여!

44. 공덕

쾌활한 천사여, 그대는 아는가, 고뇌를,
오욕을, 후회를, 흐느낌을, 권태를,
심장을 종이쪽 구기듯이 짓눌러버리는
저 무서운 밤들의 막연한 공포를?
쾌활한 천사여, 그대는 아는가, 고뇌를?

마음 착한 천사여, 그대는 아는가, 증오를,
'복수'가 지옥의 북을 두드리며
우리 인간의 능력을 멋대로 지배할 때
어둠 속에서 불끈 쥐는 주먹을, 원한의 눈물을?
마음 착한 천사여, 그대는 아는가, 증오를?

건강한 천사여, 그대는 아는가, '열병'을,
우중충한 양육원(養育院) 높은 담 따라
추방된 사람처럼 발 질질 끌며
희미한 햇빛 줄기 찾아 입술 떨며 가는 자를?
건강한 천사여, 그대는 아는가, '열병'을?

아름다운 천사여, 그대는 아는가, 주름살을?
늙어가는 두려움을, 한때는 우리 눈이 오랫동안
열정을 마셔온 여인의 눈 속에서
헌신을 꺼리는 은밀한 낌새 읽어내는 그 끔찍한 고통을?
아름다운 천사여, 그대는 아는가, 주름살을?

행복과 기쁨과 빛으로 넘치는 천사여,
죽어가는 '다윗*'이라면 그대의 아름다운 살갗에서 뿜어져 나오는
건강을 구하려 했을지 모르지만,

천사여, 내가 바라는 것은 오로지 그대의 기도이니.
행복과 기쁨과 빛으로 충만한 천사여!

---

* 이스라엘의 왕. 기원전 1세기. 솔로몬의 아버지. 지식과 무용을 겸비한 명군. 이스라엘의 황금
  시대를 이룸. 만년에 실의하여 왕위를 버리고 불행에 빠졌다.

45. 고백

한 번, 단 한 번, 사랑스럽고 다정한 여인아,
　매끄러운 그대 팔이
내 팔에 기대였다(내 영혼 어두운 밑바닥에
　이 추억은 빛바래지 않았다).

늦은 밤이었다. 새 메달처럼
　보름달은 하늘에 걸리고,
엄숙한 밤기운은 강물처럼
　잠든 파리 위에 넘쳐흐르고 있었다.

그리고 집들을 따라 현관 아래로는
　고양이들 살금살금 빠져나와
귀를 쫑긋 세우고, 또는 정다운 그림자처럼
　천천히 우리를 따르고 있었다.

갑자기 창백한 달빛에 이끌려 피어난
　허물없는 친밀감 속에서,
눈부시리만큼 쾌활한 음색만 내는
　우렁찬 악기인 당신 입에서,

빛나는 아침에 울려퍼지는 군악만큼 명랑하고
　활발한 그대 입에서
흐느끼는 가락, 기이한 곡조가
　비틀거리듯 새어나왔다.

가족들조차 부끄러워 사람들 눈을 피해
　남몰래 오랫동안 굴속에

숨겨두었던 허약하고, 흉측하고, 음침하고,
  불결한 계집애처럼.

가엾은 천사여, 그 가락은 목청껏 그대의 흐느낌을 노래했다.
  "속세에는 아무것도 확실한 게 없으니,
이리저리 애써 꾸며본들
  인간의 이기심은 결국 드러나는구나.

미인 노릇을 하기도 어려운 일,
  쌀쌀맞고 광기 어린 무희가
억지웃음 보이며 까무러치는 것만큼
  진부한 일.

사람의 마음 위에 집을 짓는 것은 어리석은 일.
  사랑과 아름다움 따위는 모두 부서져버린다.
'망각'이 '영혼'에게 되돌려주려고
  채롱 속에 그것들을 던져넣을 때까지는!"

나는 매혹적인 그 달을 수도 없이 떠올린다.
  그 적막을, 그 애절함을
그리고 마음속 고해실에서 속삭인
  그 무서운 비밀을.

46. 영혼의 새벽

붉고 희뿌연 새벽이 탕아의 집에
마음을 괴롭히는 '영혼' 데리고 비쳐들면,
응징이라는 신비로운 힘 작용하여,
졸고 있던 짐승 속에서 천사가 눈뜬다.

닿을 수 없는 '영혼의 푸른 하늘'은
아직 꿈속에서 고통받는 기진한 사나이를 위해
심연의 매력 드러내며 열리고 파고든다.
이처럼 다정한 '여신'이여, 슬기롭고 깨끗한 '인간'이여,

어리석은 술잔치의 어지러운 잔해 위로
그대의 추억은 더욱 또렷하고 더욱 매력적이며 더욱 장밋빛으로
크게 뜬 내 눈동자에 언제까지고 나풀거린다.

태양이 촛불을 흐리게 했다.
이처럼, 언제나 승리에 찬, 그런 너의 환영은
빛나는 영혼이여, 불사의 태양과 닮았구나!

47. 저녁의 조화

바야흐로 줄기 위에서 몸서리치며
꽃들은 향로처럼 향기 내뿜는다.
소리와 향기가 저녁 공기에 감돈다.
아, 우울한 왈츠, 초췌한 현기증!

지금 꽃들은 향로처럼 향기 내뿜고,
바이올린은 비통한 마음인 양 떤다.
아, 우울한 왈츠, 초췌한 현기증!
저 하늘은 커다란 제단처럼 쓸쓸하고도 아름답다.

바이올린은 비통한 마음인 양 떤다.
끝없고 어두운 허무 미워하는 따뜻한 마음!
저 하늘은 커다란 제단처럼 쓸쓸하고도 아름답고,
해는 엉겨 붙은 제 피의 바다에 잠긴다.

끝없고 어두운 허무 미워하는 따뜻한 마음은
찬란한 과거의 온갖 흔적 거두어들인다!
해는 엉겨 붙은 제 피의 바다에 잠긴다…….
그대의 추억은 내 마음속에서 성체현시대처럼 빛난다!

48. 향수병

어떤 물질에라도 스며드는 강한 냄새가 있다.
유리에조차 스며든다고 한다.
'동방'에서 건너온 작은 함, 시무룩하고
삐걱삐걱 소리 지르는 자물쇠 열면,

또는 사람이 살지 않는 집에 그을고 먼지 쌓인,
세월의 지독한 냄새로 가득한 장롱을 열어보면,
이따금 옛 추억 간직한 오래된 향수병이 눈에 띄어,
되돌아온 영혼이 또렷하게 떠오른다.

무거운 어둠 속에서 조용히 떨고 있다가
서글픈 번데기처럼 온갖 생각들 거기 잠들어
푸르게 물들고, 장밋빛으로 칠해지고, 금박으로 장식되어
날개 펼치고 날아오른다.

이제 거나한 추억은 흐린 대기 속에
펄럭거린다. 눈을 감는다. '현기증'이
쓰러진 넋을 움켜쥐고 두 손으로 밀어낸다
인간의 악취로 컴컴해진 구렁 쪽으로,

몇 백 년 묵은 구렁 가로 넘어뜨린다.
그곳에서는 제 수의 찢는 냄새나는 라자로*처럼
썩고 매혹적이며 죽음을 연상케 하는
옛사랑의 유령 같은 송장이 잠 깨 꿈틀거린다.

---

*요한복음에 나오는 인물로, 그리스도의 제자. 죽은 지 사흘 만에 예수에게 부활되어 무덤에서
기어나왔다고 전해진다.

이처럼 나 역시 사람들 기억에서 잊혀
해묵은 향수병처럼 늙고, 먼지 끼고, 더러워지고,
비천하고, 끈적거리고, 금까지 간 채
불길한 장롱 구석에 내던져졌을 때,

사랑스러운 악취여, 나는 네 관이 되리!
네 힘과 독기의 증거가 되리,
천사들이 마련해준 그리운 독약이여!
나를 까맣게 태우는 액체여, 내 마음의 삶이자 죽음인 자여!

49. 독

술은 가장 누추한 집이라 해도
　기적처럼 호화롭게 장식하고,
붉은 안개 서린 금빛 속에 하나 이상
　전설의 회랑을 떠오르게 한다.
구름 낀 하늘에 노을지는 태양처럼.

아편은 무한한 것 더욱 무한하게 하고
　무궁함 더욱 늘리며,
시간을 깊게 하고, 쾌락을 파고들어
　어둡고 쓸쓸한 쾌락으로
철철 넘치도록 내 넋을 채운다.

그러나 그 모든 것도 미치지 못한다, 그대 눈,
　그대 녹색 눈에서 흘러내리는 그 독기에는.
내 영혼이 몸서리치며 거꾸로 비춰 보는 호수……
　떼 지어 내 생각이
이 쓰디쓴 심연으로 와 그 물에 갈증을 푼다.

그러나 그 모든 것도 미치지 못한다, 나를 깨무는 그대 침의
　무시무시한 그 마력에는.
그대 침은 내 영혼을 후회도 없이 망각 속에 잠그고
　현기증 실어서
죽음의 기슭으로 쇠진한 영혼을 굴리어간다!

50. 흐린 하늘

그대 눈길은 안개로 덮인 듯하다.
신비로운 그대 눈동자는(푸른빛일까, 잿빛일까, 아니면 초록빛일까?)
다정하고 꿈꾸는 듯하지만, 심술궂게도 보이며,
하늘의 나른함과 창백함을 번갈아 비춘다.

그대는 생각나게 한다, 따스하고 안개 낀 새하얀 날들을.
사랑에 홀린 마음을 눈물로 녹이는 날들을,
그러한 때에 가슴을 쥐어짜는 알 수 없는 애달픔에 흔들려
곤두선 신경이 잠자는 정신을 비웃는다.

때로 그대는 닮았다, 안개 자욱한 계절
태양에 비친 아름다운 지평선을…….
그대는 얼마나 찬란한가, 흐린 하늘에서 떨어지는 햇살이 불태우는
젖은 풍경과도 같이!

오 위험한 여인이여, 오 감미로운 기후여!
이윽고 나는 그대의 눈(雪)마저도, 그대의 서리마저도 사랑하게 되어
얼음보다, 철보다 날카로운 쾌락을
혹독한 한겨울에서 끌어낼 수 있을까?

51. 고양이

I

제 방 안이라도 걷는 양
내 머릿속을 걸어다니는
힘세고, 온순하고, 사랑스럽고, 잘생긴 고양이 한 마리.
야옹 울음소리는 들릴락 말락

그토록 그 울림 가느다랗고 은근하지만,
잠잠할 때나 으르렁거릴 때나
그 목소리 언제나 풍부하고 그윽하다.
이것이 이 고양이의 매력, 그의 비밀.

내 가장 캄캄한 밑바닥으로
그 목소리가 뚝뚝 떨어져 스며들어,
운율적인 시구처럼 마음 가득 채우고
사랑의 묘약처럼 나를 즐겁게 한다.

그 목소리는 지독한 고통도 가라앉히며,
온갖 황홀을 간직하고 있으니,
길고 긴 사연을 전할 때도
한마디 말이 필요 없다.

완벽한 악기, 내 가슴을 파고들어
이보다 더 위풍당당하게
가장 잘 울리는 줄 노래하게 만들
활이 이것밖에 없다.

네 목소리밖엔, 신비로운 고양이야,
천사 같은 고양이야, 기묘한 고양이야,
네 속에서는 모든 것이 천사처럼
미묘하고도 조화롭구나!

Ⅱ

금색과 갈색 섞인 그 털에서
달콤한 향기 나니, 어느 밤
한 번, 딱 한 번 쓰다듬은 것만으로
나에게도 그 향기가 배어들었다.

이것이야말로 우리 집의 수호신,
자신의 지배하에서 모든 것을
판결하고, 다스리고, 변화시키는
요정인가, 신인가?

자석에라도 이끌린 듯
사랑하는 고양이에게 빨려들어가 있던 시선을
천천히 내면으로 돌려
나 자신을 가만히 바라볼 때면

나는 그만 깜짝 놀란다.
밝은 등, 살아 있는 단백석,
창백한 눈동자의 불빛이
지그시 나를 바라보기에.

52. 아름다운 배

부드럽고 매혹적인 여인이여, 네게 들려주고 싶어라!
네 젊음을 치장하는 온갖 아름다움을.
　네 아리따움을 그리고 싶어라,
앳됨과 성숙함이 한데 어우러진 그 아리따움을.

폭넓은 치맛자락을 펄럭이며 갈 때,
너는 마치 먼바다로 떠나가는 아름다운 배.
　돛을 달고 파도 가르며
부드럽고, 나른하게, 또한 천천히 흔들리며.

굵고 포동포동한 목덜미, 통통한 어깨 위에서
네 머리는 기묘한 매력으로 거드럭거린다.
　얌전하면서도 의기양양하게
너는 너의 길을 간다, 위풍당당한 아이야.

부드럽고 매혹적인 여인이여, 네게 들려주고 싶어라!
네 젊음을 치장하는 온갖 아름다움을.
　네 아리따움을 그리고 싶어라,
앳됨과 성숙함이 한데 어우러진 그 아리따움을.

물결무늬 옷을 밀고 불쑥 솟은 네 젖가슴,
그 자랑스러운 젖가슴이야말로 아름다운 찬장.
　볼록하고 빛나는 그 널판은
방패처럼 빛을 막아낸다.

장밋빛 징이 박힌 도전적인 방패!
찬장에 감추어진 진기하고 맛난 요리,

포도주, 향료, 증류주,
이 모든 것은 사람의 정신과 마음을 열광시키는 것!

폭넓은 치맛자락을 펄럭이며 갈 때,
너는 마치 먼바다로 떠나가는 아름다운 배.
　돛을 달고 파도 가르며
부드럽고, 나른하게, 또한 천천히 흔들리며.

당당한 네 다리는 밀어내는 치마 밑단 아래에서
음침한 욕정을 돋우고 부추긴다.
　깊숙한 단지를 그러안고서 시커먼 미약을
휘젓는 두 마녀처럼.

네 팔은 튼튼하여 어린 장사도 우습게 아니,
미끈미끈한 왕뱀이야말로 든든한 적수로다.
　가슴에 애인의 모습을 새기려는 듯
단단하게 껴안도록 만들어졌구나.

굵고 포동포동한 목덜미, 통통한 어깨 위에서
네 머리는 기묘한 매력으로 거드럭거린다.
　얌전하면서도 의기양양하게
너는 너의 길을 간다, 위풍당당한 아이야.

53. 여행으로의 초대

내 아이여, 내 누이여,
　그 즐거움을 생각해보아라.
우리가 함께 가서 살 고장을!
　가서 마음껏 사랑하고,
　사랑하다가 죽을
그대를 닮은 그 고장을!
　그곳 흐린 하늘에 비치는
　젖은 햇빛이
내 마음에는 그토록 신비로운
　매력을 지녔다.
　눈물의 그늘에서 반짝이는
거짓투성이 그대 눈동자처럼.

아, 그 고장에서는 모든 것이
질서와 아름다움, 호화, 고요, 그리고 쾌락.

　세월에 닦여 반들거리는
　빛나는 가구들이
　우리 방을 장식하리.
　진귀한 꽃 냄새는
　희미한 용연향에 섞이리.
오색찬란한 들보,
　끝없이 깊은 거울,
　동양의 찬란함,
이 모든 것이 거기에서
　은밀하게
　영혼에 들려주리,

정다운 저마다의 언어로.

아, 그 고장에서는 모든 것이
질서와 아름다움, 호화, 고요, 그리고 쾌락.

　보라, 저 운하 위로
　와서 잠자는 배들을.
떠도는 것이 그들의 기질.
　그들은 먼 세상 끝에서 온다,
　그대의 아무리 작은 소망일지라도
채워주기 위해서.
　저무는 해가 운하와 온 도시를
　금색과 보라색으로 물들이면
　세상은 잠자러 간다,
뜨거운 빛 속으로.

아, 그 고장에서는 모든 것이
질서와 아름다움, 호화, 고요, 그리고 쾌락.

54. 돌이킬 수 없는 일

저 오래된 지겨운 '회한'의 숨통을 끊을 수 있을까?
　그것은 살아 움직이고 꿈틀대며,
우리를 즐겨 먹는다, 송장 파먹는 구더기처럼
　떡갈나무의 송충이처럼.
저 집요한 저 '회한'의 숨통을 끊을 수 있을까?

무슨 미약, 무슨 포도주, 아니면 무슨 탕약으로
　이 오래된 원수를 익사시킬 수 있을까?
창녀처럼 파괴하고 탐욕스러운
　개미처럼 끈기 있는?
어떤 미약으로? —어떤 포도주로? —아니면 어떤 탕약으로?

말해다오, 아름다운 마녀야, 오, 너 알거든 말해다오.
　부상병이 짓밟고
말발굽이 짓이긴 죽어가는 사나이나 다름없는
　고뇌로 가득 찬 이 마음에
말해다오, 아름다운 마녀야, 오, 너 알거든 말해다오.

늑대가 진작 냄새를 맡고, 까마귀가 노리는
　이 죽어가는 자에게 말해다오.
이 부상병에게! 십자가와 무덤을
　포기할 때가 왔는지,
늑대가 진작 냄새를 맡은 죽어가는 이 사람에게!

질퍽하고 컴컴한 하늘을 환히 밝힐 수 있을까?
　송진보다 끈끈한, 아침도 없거니와 밤도 없는,
별도 없거니와 음산한 번개도 없는

저 어둠을 찢어버릴 수 있을까?
진창처럼 컴컴한 하늘을 환히 밝힐 수 있을까?

'여인숙'의 창을 밝히던 '희망'의 빛도 꺼져
  두 번 다시 켜질 길이 없도다!
달도 불빛도 없는 험한 길에 고난 겪는 순교자는
  오늘 밤 어디서 묵으리!
'여인숙'의 창을 밝히는 등불을 '악마'가 모두 꺼버렸으니!

귀여운 마녀야, 너는 저주받은 자를 사랑하느냐?
  말해다오, 용서받지 못할 것을 너는 아느냐?
우리 마음 겨누어 독화살 쏘는
  '회한'을 너는 아느냐?
귀여운 마녀야, 너는 저주받은 자를 사랑하느냐?

'돌이킬 수 없는 회한'이 저주받은 그 이빨로 갉아먹는다,
  가여운 기념비, 우리의 넋을.
흰개미처럼 야금야금
  마룻귀틀을 공격한다.
'돌이킬 수 없는 회한'이 저주받은 그 이빨로 갉아먹는다!

―나는 이따금 보았다, 시끄러운 오케스트라가
  격정적으로 연주할 때, 싸구려 연극 무대에
요정이 나타나 지옥 같은 하늘에
  기적 같은 새벽의 불을 밝히는 것을.
나는 이따금 보았다, 싸구려 연극 무대에서

빛과 황금과 망사로 둘러싸인 사람 하나가
  거대한 '마왕'을 때려눕히는 것을.
그러나 황홀이라고 찾아온 적 없는 내 마음은

언제까지나, 언제까지나 허무하게 기다리는 연극 무대.
빛과 황금과 망사로 둘러싸인 '사람'이 오기를!

55. 잡담

그대는 장밋빛으로 빛나는 아름다운 가을 하늘!
그러나 슬픔은 내 마음속으로 바다처럼 밀려왔다가
떠날 때는 우울한 내 입술 가에
씁쓸한 진흙 같은 쓰라린 추억 남기고 간다.

그대 손이 허탈한 내 가슴 언저리 쓸어보지만
사랑하는 이여, 그대 손에 닿는 곳은
여인들의 날카로운 어금니와 손톱으로 헐린 곳.
더 이상 내 마음을 찾지 마오, 이미 짐승들에게 먹혀버렸으니.

내 마음은 군중에게 짓밟힌 궁궐.
그곳에서 사람들은 취하고, 서로 죽이고, 머리채 잡고 싸우네.
훤히 드러난 그대 가슴께에서 향기가 감돈다! ……

오, '아름다움'이여, 피할 길 없는 영혼의 재앙아, 마음대로 해라!
축제처럼 환히 빛나는 그대 눈의 불길로
짐승들이 먹다 남긴 이 찌꺼기를 모조리 태워라!

56. 가을의 노래

I

머지않아 우리는 차가운 어둠에 잠기리.
안녕, 너무도 짧았던 우리 여름의 빛이여!
나는 벌써 듣는다, 안마당 돌길 위로
쓸쓸하게 울리며 떨어지는 장작 소리를.

원망, 미움, 몸서리, 두려움, 강요된 괴로운 노동의
이 모든 겨울이 이제 내 존재 안으로 돌아오고,
북극 지옥에 떨어진 태양처럼 내 마음은
시뻘겋게 얼어붙은 한 개의 덩어리에 지나지 않으리.

나는 몸서리치며, 떨어지는 장작 소리에 귀 기울인다.
단두대를 세우는 소리도 이보다 음산하지는 않으리.
지금 내 마음은 지칠 줄 모르고 내리치는 육중한
파성추에 허물어져가는 탑과도 같도다.

이 단조로운 소리에 흔들리노라니
누군가가 어딘가에서 급히 관에 못을 박는 것 같구나.
누구를 위한 관일까? 어제만 해도 여름이었으나, 이제는 가을!
이 신비한 소리는 출발을 알리는 신호처럼 울린다.

II

다정하고 아름다운 임이여, 나는 사랑하오.
그대 갸름한 눈에 감도는 푸르스름한 빛을.
하지만 오늘은 모든 것이 쓸쓸하오, 그대의 사랑도,

그대의 밀실도, 그대의 난롯불도 바다를 비추는 태양만 못하오.

나를 사랑해주오, 다정한 마음이여! 어머니가 되어주오,
은혜 모르는 자에게도, 사악한 자에게도.
애인이든 누이든, 다정하게 대해 주오,
찬란한 가을처럼 또는 석양처럼 순간일지라도.

짧은 과업이여! 무덤은 기다린다—그것은 굶주렸다!
아! 나로 하여금 그대 무릎에 이마를 묻고,
새하얗게 작열하던 여름날을 아쉬워하며
따스하고 노란 늦가을의 빛을 찬양하게 해주오!

57. 어느 마돈나에게
스페인 취향의 봉헌품

성모여, 임이여, 나 그대 위해 세우리,
내 고뇌 깊은 곳에 지하 제단을.
내 마음속 가장 어두운 한구석,
속세의 욕망과 비웃는 눈길에서 먼 곳에
청금석과 황금 촘촘히 박은 칠보 감실* 파고,
절세의 상(像)이여, 그대를 그 안에 세우리.
수정처럼 맑은 운율로 아로새겨
갈고닦은 내 '시'로 금속 그물 짜서
그대 머리에 얹을 커다란 '관' 만들리.
또한 내 '질투' 재단하여, 오, 죽음을 면할 수 없는 성모여,
그대 '망토' 만들리. 의심으로 안감 넣고
무겁고 거칠고 야만스럽게,
보초병의 초소처럼 그대 매력에 꼭 맞으리.
'진주' 아닌 내 '눈물방울'로 가장자리 장식하리!
그대 '드레스'는 내 '욕정'으로 만들리라.
떨고 물결치고 고조되었다가 잠잠해지는 내 '욕정'이
뾰족한 봉우리에서는 제자리걸음하고 계곡에는 처박히며,
온통 하얗고 장밋빛인 그대 살갗을 입맞춤으로 뒤덮으리.
내 '경건함'으로 아름다운 새틴 '구두' 만들어
그대 거룩한 발에 신겨주리.
구두는 부드럽게 그대 발 감싸고,
충실한 거푸집처럼 그대의 발 모양 간직하리.
정성 어린 내 솜씨도 그대 '발판'에
은빛 '달'을 새기지 못한다면

---

* 성당 안에 성체를 모셔둔 곳.

대신 나는 내 장차 물어뜯을 '뱀'을
그대 발꿈치 밑에 깔리.
속죄로 넘치는 승리의 여왕이여,
증오와 독침으로 부푼 이 괴물을
그대가 짓밟고 비웃을 수 있도록.
'동정녀 여왕'의 제단 앞,
푸르게 칠한 천장을 별처럼 비추며
내 '상념'이 '촛불'처럼 가지런히 늘어서서
이글대는 눈길로 그대를 계속 바라보는 것을 그대는 보리라.
내 모든 것 다해 그대를 흠모하고 숭배하기에
모든 것이 '안식향', '훈향', '유향', '몰약' 되니,
백설 덮인 봉우리로 그대 향해 끊임없이
폭풍우 보내는 내 '정신'은 '증기'되어 올라가리.

마침내 그대가 '마리아'의 역할을 완수하고,
사랑과 잔인함 뒤섞어 맛볼 수 있도록
음흉한 쾌락이여! 한 많은 사형집행관인 나는
일곱 가지 '원죄'로 일곱 자루 날카로운 '단검'을 만들리.
그리고 매정한 곡예사처럼
그대 사랑 깊은 곳을 겨누어
칼을 박으리, 그대의 팔딱이는 '심장'에,
그대의 흐느끼는 '심장'에, 그대의 피투성이 '심장'에!

58. 오후의 노래

짓궂은 네 눈썹이
천사 같은 표정 지우고
이상한 표정 짓고는 있지만,
매력적인 눈을 가진 '마녀'여,

오 변덕스러운 임이여,
무시무시한 내 정열이여!
제관이 우상을 섬기듯이
신앙심으로 그대를 숭배하네.

뻣뻣한 네 머리채에서는
사막과 숲 향기 나고,
머리는
수수께끼와 비밀 같은 모습이네.

향로 주변처럼
네 살결엔 향기 감돌고,
저녁처럼 사람 홀리는
어둡고 뜨거운 요정이로다.

아! 제 아무리 강한 미약도
그대의 나태함에 미치지 못하리!
죽은 사내도 되살리는
애무를 그대는 아네!

그대 허리는
등과 젖가슴을 갈망하는 듯하고

나른한 그대 자태는
쿠션마저 기쁘게 하는구나.

이따금 그대의 신비한 흥분
잠재우기 위함인지
그대는 진지하게 마음껏
깨물고 입 맞추네.

구릿빛 피부의 여인이여,
그대는 비웃음으로 내 마음 찢어놓고,
달빛 같은 보드라운 시선을
내 가슴속에 던지는구나.

그대 새틴 구두 밑에,
그대 예쁘장한 고운 두 발 밑에,
나는 바치리, 평생의 큰 기쁨을,
내 재능을, 내 운명을.

빛이며 색깔인 그대 덕분에
그대 덕분에 치유된 내 영혼도!
내 삶의 시베리아에서
폭발하는 뜨거운 불길이여!

59. 시지나*¹

상상해보라, 근사한 차림 한 '디아나'가
숲을 달리고 덤불을 헤치고, 머리카락과 가슴팍을 바람에 펄럭이며
환성에 취해, 이름난 기사들마저 무색하게
늠름하게 말을 타고 달리는 모습을!

당신은 보았는가, 살육을 즐기는 테르외뉴*²를,
맨발의 민중 부추겨 돌격하게 하고,
뺨과 눈 이글이글 불태우고, 눈부신 주인공 역할 톡톡히 하며,
주먹에 칼 쥐고 왕궁 돌계단 오르는 그녀의 모습을!

시지나가 이와 같다! 허나 이 다정한 여장부는
살인을 즐기는 만큼 동정심도 지녔으니,
화약과 북소리에 용맹심이 끓어올라도

목숨 구걸하는 자 앞에서는 무기를 내버릴 줄 알았다.
격정에 휩쓸리는 그녀 가슴은 그럴 만한 사람에게는
언제나 눈물의 저수지였다.

---

*1 이 시는 사바티에 부인의 친구 니에리 시지나를 위해 쓰였다.
*2 테르외뉴 드 메리쿠르. 프랑스 혁명 때 용맹을 떨쳤던 여장부(1762~1817). '자유의 아마존'
이라는 별명이 있었다.

60. 나의 프란시스카를 찬양하는 노래

새 현악기로 그대를 노래하리.
오, 고독한 내 마음속에서
재잘대는 어린나무여.

꽃장식을 몸에 둘러라,
죄악조차 용서받는
오, 요염한 여인이여!

축복받은 '망각의 강'처럼
그대 입맞춤 다 마시리라,
영기로 가득한 여인아.

죄의 폭풍이
내 모든 길 위로 휘몰아칠 때,
여신이여, 그대는 나타났다.

고통스러운 파선을 당했을 때
찾아낸 구원의 별처럼……
그대 제단에 이 심장을 바치리!

미덕으로 넘치는 연못이여,
영원한 청춘의 샘이여,
그대 다문 입술 열어주렴!

그대는 더러운 것은 불사르고,
거친 것은 매끈하게 다듬고,
약한 것은 단단하게 만든다!

굶주릴 때에는 내 안식처야,
어두운 밤에는 내 횃불아,
나를 바른길로 이끌어다오.

바로 지금 내게 힘을 북돋워다오,
향기 솔솔 나는
즐거운 목욕이여!

내 허리둘레에서 빛나라,
천사의 물에 젖은
오, 순결한 갑옷이여!

야광 구슬 박힌 술잔이여,
짭짤한 빵이여, 맛있는 음식이여,
오, 질 좋은 술이여, 프란시스카여!

61. 식민지에서 태어난 어느 부인에게

태양이 애무하는 향기로운 나라에서
나는 만났다, 사람들 눈에 권태가 비처럼 내리는
종려나무와 붉게 물든 나무 지붕 아래서,
신기한 매력 지닌 식민지 출생의 어느 부인을.

이 매혹적인 갈색 미인, 파리한 낯빛에 온기 돌고,
목덜미에는 지나치게 꾸민 고귀한 기품 갖추었네.
훤칠하고 늘씬한 자태, 걸음걸이는 사냥하는 여인 같아라.
미소는 온화하고, 눈빛은 단호하네.

부인이여, 당신이 만일 진정한 영광의 나라,
센 강변이나 푸른 루아르 강변이 있는 나라로 옮기신다면,
유서 깊은 저택을 장식하기에 걸맞은 미녀여,

당신은 그늘진 은신처에 들어앉아
그 커다란 두 눈으로 시인을 당신의 흑인 노예보다 온순하게 만들고
시인들의 마음속에 수많은 소네트를 싹트게 하리.

62. 우울과 방랑

알려다오, 아가트여, 네 마음도 때로 날아가는지.
더러운 도시의 시커먼 바다에서 멀리 떨어져
불결함을 모르는 처녀처럼 푸르고 맑고 깊은
찬란하게 빛나는 또 다른 바다로,
알려다오, 아가트여, 네 마음도 때로 날아가는지?

바다는, 망망한 바다는 우리네 노고를 달랜다!
요란한 바람의 거대한 풍금을 반주로
쉰 목소리로 노래하는 저 바다에 어떤 악마가
자장가라는 숭고한 재주를 주었는가?
바다는, 망망한 바다는 우리네 노고를 달랜다!

열차야, 날 실어가렴! 배야, 날 앗아가렴!
멀리! 멀리! 여기서는 진창조차 우리네 눈물로 만들어져 있다!
―정말로 아가트의 슬픈 마음이 때때로 부르짖을까?
"후회와 죄악과 고통에서 멀리
열차야, 날 실어가렴, 배야, 날 앗아가렴!"

향기로운 낙원이여, 넌 멀기도 하다.
그곳에서는 푸른 하늘 아래 모든 것이 사랑과 기쁨.
사랑하는 모든 것은 사랑받을 가치 있고,
순수한 쾌락에 마음부터 잠기는 곳!
향기로운 낙원이여, 넌 멀기도 하다!

그렇다면 천진난만한 사랑의 설익은 낙원은,
달음박질, 노래, 입맞춤, 꽃다발,
언덕 너머에서 떨림이 들려오는 바이올린,

해 질 녘 숲 속에서 기울이는 술 단지.
—그렇다면 천진난만한 사랑의 설익은 낙원,

은밀한 기쁨으로 가득한 순결한 낙원도
이제는 인도나 중국보다 멀어졌는가?
애원하는 부르짖음으로라도 다시 한 번 불러와,
은방울처럼 맑은 목소리로 되살릴 수는 없는가,
은밀한 기쁨으로 가득한 순결한 낙원을?

63. 유령

야수의 눈 가진 저 천사들처럼
나 그대 침실로 돌아가리.
어둑한 밤의 그림자와 함께
소리 없이 그대 곁으로 기어들리.

그리하여 나 그대에게 주리, 갈색 여인이여,
달빛처럼 싸늘한 입맞춤과
무덤가에서 꿈틀대는
뱀의 애무를.

희뿌연 아침이 오면
텅 빈 내 자리를 그대는 보게 되리.
그곳은 밤까지 싸늘하리.

그대 생명과 그대 젊음 위에
남들이 애정으로 그러하듯이
나는 공포로 군림하고 싶어라.

64. 가을의 소네트

수정처럼 맑은 네 눈이 내게 묻는다.
"야릇한 임이여, 내 어디가 당신 마음에 드나요?"
—그저 사랑스럽게 입 다물고 있어다오!
내 마음은 태곳적 짐승의 순박함을 빼고는 모든 것에 상처받으니.

내 안에 지옥 같은 비밀, 불길로 쓴
암흑의 전설도 네게는 절대로 알리고 싶지 않다.
부드러운 손으로 나를 흔들어 잠으로 이끄는 요람이여.
나는 정열을 증오하고, 재기는 날 아프게 한다!

우리는 그저 조용히 사랑하자. '사랑의 신'은 제 집에 몰래 숨어서
남들 모르게 운명의 활시위를 당긴다.
나는 그 낡아빠진 무기고 속 도구들을 알고 있다,

죄악, 공포와 광기를! —오 빛바랜 데이지 꽃이여!
너도 나처럼 덧없는 가을 햇살 아니던가,
오, 그토록 새하얀, 오, 그토록 쌀쌀한 내 '데이지 꽃'이여?

65. 달의 슬픔

오늘 밤 '달'은 더없이 나른하게 꿈꾼다.
겹겹이 포갠 쿠션에 누워,
잠들기 전 무심한 손길로 가볍게 제 젖가슴
어루만지는 미인처럼.

보드라운 눈사태 같은 비단결 등에 엎드려
죽어가듯 달은 오랫동안 기절해 있다.
두 눈은 푸른 하늘에 피는 꽃처럼
솟아오르는 허깨비의 희뿌연 모습을 좇는다.

때때로 한가로운 무기력함에 지쳐
남몰래 지구로 눈물 한 방울 떨어뜨리면,
잠과는 원수인 경건한 시인은,

오팔 조각처럼 무지갯빛 아롱지는
파리한 이 눈물을 손바닥으로 옴폭 받아
'해'의 눈 못 미치는 제 마음속에 간직한다.

66. 고양이들

불같이 사랑하는 사람들도, 근엄한 학자들도
중년에 접어들면 하나같이 사랑한다,
집안의 자랑거리, 힘세고 다정한 고양이들을,
자신들처럼 추위를 많이 타 집 안에 있기만 좋아하는 고양이들을.

학문과 쾌락의 친구인 그들은 사랑한다,
어둠의 공포와 침묵을.
그들이 자존심을 버리고 복종한다면
에레보스*는 그들을 상여 마차 끄는 말로 부렸겠지.

그들이 생각에 잠겨 고상한 자세를 취할 때는
영원한 꿈속에서 잠들어 있는 듯,
깊은 고독에 누운 거대한 스핑크스와 같아라.

풍만한 그 허리에 마법의 불꽃이 가득하고,
고운 모래알 같은 금가루가 그 신비한 눈동자에서
별처럼 반짝이며 빛난다.

＊그리스 신화에 나오는 어둠의 신.

67. 올빼미들

검은 주목나무 아래 숨어
올빼미들이 줄지어 앉아 있다.
이방의 신들처럼
빨간 눈알로 가만히 쏘아보며, 명상에 잠겨 있구나.

기울어진 태양 밀어내고
어둠이 퍼지는
우수의 시간이 올 때까지는
저대로 꼼짝 않고 있으리라.

저들의 몸가짐을 보고 현자들은
깨달음을 얻었다.
소란과 움직임은 금물이라는 것을.

스치는 그림자에 취한 사람은
자리를 옮기고 싶어하는 벌로
끊임없이 고통받으리라는 것을.

68. 담뱃대

나는 어느 작가의 담뱃대지요.
아비시니아나 카프라리아 여자 같은
내 얼굴을 보기만 해도
주인님이 골초란 걸 금세 알게 되죠.

주인님이 괴로움에 완전히 휩싸일 때면
들판에서 돌아올 농부를 위해
저녁밥 준비에 바쁜 오두막처럼
나는 마구 연기를 뿜어대지요.

불붙은 내 입에서 솟아오르는
움직이는 파란 연기 그물로
그의 영혼 끌어안고 가만히 흔들며

독한 향기 마구 뿌려
정신을 황홀하게 하고
머리를 개운하게 해주어요.

69. 음악

가끔 음악은 바다처럼 나를 사로잡는다!
　창백한 내 별을 향해
안개 낀 하늘 아래 또는 아득한 우주 속에
　나는 돛을 단다.

돛처럼 가슴을 펴고
　허파는 부풀어,
　밤의 장막이 가려준
밀려오는 파도의 등을 나는 기어오른다.

난파선의 모든 고뇌를
　나는 가슴 깊이 느낀다.
순풍이, 태풍이, 그리고 그 진동이

　끝없는 심연 위에서
나를 흔든다. 때로는 바람이 멎고 잔잔한 바다는
　내 절망을 비추는 커다란 거울!

70. 무덤

답답하고 어두운 어느 밤
어느 착한 그리스도교도가 자비심으로
어느 폐허 깊숙이
으스대던 그대 죽은 몸 묻어주면,

순결한 별들이
무거운 눈꺼풀 감기 기다렸다가
거미는 나와서 집을 짓고,
독사는 새끼를 까리라.

그대는 일 년 내내 듣게 되리라,
유죄선고 받은 머리 위에서
늑대들이 구슬프게 우는 소리를.

마녀가 배고파 울부짖는 소리,
음탕한 늙은이가 희롱하는 소리,
음흉한 악당들이 음모 짜는 소리를.

71. 어느 환상적인 판화

이 별난 유령이 몸에 걸친 것이라고는 달랑
해골 이마에 괴상하게 놓여진
사육제 냄새나는 왕관 하나.
박차도 채찍도 없이 말을 숨 가쁘게 휘몰아간다.
이 말도 묵시록에 나올 법한 말라빠진 유령 말.
콧구멍에서 거품을 뿜는 모습이 마치 간질병 환자로다.
허공을 가르며 질주하여
무모한 발굽을 걷어차 세상 끝까지 짓밟는다.
기수는 그의 말이 짓뭉개는 이름 없는 군중 위로
번쩍이는 칼을 휘두르며 돌아다닌다.
제 궁궐 돌아보는 왕자처럼
희뿌연 햇빛 받으며,
고금의 역사 속 민족이 잠든
지평도 없이 아득하고 차디찬 묘지를.

72. 쾌활한 망자

달팽이 우글대는 기름진 땅에
나 스스로 깊은 구덩이 파고
거기에 한가로이 이 늙은 뼈 눕혀
바닷속 상어처럼 망각 속에 잠들련다.

나는 유언도 싫고, 무덤도 싫다.
남의 눈물 구걸하느니
산 채로 까마귀 떼 불러
망가진 이 몸 구석구석 쪼아 피 흘리게 하리.

오 구더기들아! 귀도 눈도 없는 더러운 친구들아,
보라, 자유롭고 쾌활한 망자 하나가 지금 너희를 찾아왔노라.
방탕의 철학자요 부패의 아들들아,

내 송장 주저하지 말고 파고들어가
내게 가르쳐다오, 죽은 자들 사이에 끼어 있는
넋 없는 이 늙은 몸에 아직 무슨 고뇌가 남아 있는가를!

73. 증오의 독

'증오'는 창백한 다나이드*¹의 밑 빠진 독.
미쳐 날뛰는 '복수'가 붉고 억센 두 팔로
죽은 자의 피와 눈물을 큰 양동이에 가득 길어
그 컴컴한 빈 독 안에 들이붓지만 헛되어라.

'악마'가 몰래 독 바닥에 구멍을 뚫었으니,
'복수'가 희생자들 되살려
피와 눈물 계속 짜낸다 한들
천 년의 땀과 노력은 바닥으로 새어 사라지리.

'증오'는 선술집 깊숙한 곳에 도사린 주정뱅이,
마시면 마실수록 목마른 것이
마치 머리 일곱 달린 레르네의 히드라.*²

―그렇지도 않다. 행복한 술꾼은 세상 모르게 취할 줄 알지만,
'증오'는 애통하게도 아예 타고난 운명이
식탁 아래 쓰러져 잘 수조차 없는 몸이니.

---

*1 그리스 신화. 아르고스 왕 다나오스의 50명의 딸을 가리킴. 결혼식 날 밤 남편을 죽인 죄로
지옥에 떨어져, 밑 빠진 독에 물을 퍼 나르는 벌을 받았다.
*2 그리스 신화. 아르고스의 늪 레르네에 살았던 칠두사. 머리 일곱 개를 한꺼번에 자르지 않으면
끊임없이 새로 돋아났다. 이 괴물을 쓰러뜨리는 것이 헤라클레스의 열두 사명 가운데 하나였다.

74. 금간 종

씁쓸하고도 달콤하여라, 무수한 겨울밤
탁탁 튀며 타는 모닥불 앞에 웅크리고 앉아,
안개 속에 노래하는 종소리 듣고 있노라면
지난날 추억이 느긋이 솟아오른다.

우렁찬 목청 가진 종아, 너는 행복도 하다.
늙었어도 민첩하고 튼튼하여
경건한 그 목소리 충실히 내지르는 것이
막사 아래서 밤샘하는 늙은 병사 같구나!

그러나 내 넋은 금이 갔다, 권태로울 때
차가운 밤공기를 내 노래로 채운다 하여도
이따금 잦아드는 목소리는,

피의 호숫가 송장 더미 아래 버려져
아무리 애써도 꼼짝없이 죽어가는
잊힌 부상병의 거친 헐떡임과 닮았다!

75. 우울

우월(雨月)*은 온 도시에 화라도 났는지
껴안은 항아리 기울여, 근처 묘지에 누운 창백한 망자들에게
음산한 냉기 퍼붓고,
안개 피어오르는 성문 밖에는 죽음의 그림자 들이붓는다.

내 고양이는 돌바닥 위에서 짚더미 찾으며
옴이 오른 야윈 몸을 쉬지 않고 흔든다.
추위 타는 유령 같은 구슬픈 목소리로
늙은 시인의 넋은 빗물받이 안을 헤맨다.

큰 종은 한탄하듯 울리고, 연기 나는 장작은
감기 걸린 괘종시계에 가성으로 반주한다.
바로 그때, 역한 냄새 찌든 노름판에서

수종으로 죽은 노파의 유품이라는,
멋쟁이 하트 잭과 스페이드 퀸이
돌아오지 않는 사랑의 추억을 불길하게 속삭인다.

---

* pluviôse. 프랑스 공화력의 5월(1월 20(21)일~2월 19(20)일).

76. 우울

내겐 천년을 산 것보다 많은 추억이 있다.

계산서, 시를 쓴 원고, 연애편지, 소송 서류, 연가,
영수증으로 돌돌 싼 묵직한 머리털이
서랍을 가득 채운 가구도
서글픈 내 두뇌만큼 많은 비밀은 간직하지 못하리라.
내 머리는 그야말로 피라미드요, 거대한 지하 매장소요,
공동묘지보다 시체를 더 많이 간직한 곳.
—나는 달빛에 저주받은 공동묘지.
거기 회한 닮은 기다란 구더기가 기어다니며
언제나 내가 가장 아끼는 시체에만 달라붙는다.
나는 시든 장미 꽃잎 수북한 오래된 침실,
거기 때 지난 유행품 널려 있고,
서러운 파스텔과 빛바랜 부셰*의 그림이
마개 빠진 향수병의 잔향 맡는다.

특히나 지난 세월의 눈 쌓인 묵직함 아래에서
냉담한 무관심의 결과인 '권태'가 언제 사라질지도 모르는
내 쩔뚝이는 요즘보다 지루한 것이 세상에 또 있으랴.
—이제부터 너는, 오, 살아 있는 물질이여!
안개 자욱한 사하라 사막 복판에 졸며
막연한 공포에 질린 한 덩어리 화강암에 지나지 않으리!
무심한 세상에 잊히고 지도에서도 지워진 채
그 사나운 울분을 석양빛에서만
노래하는 늙은 스핑크스이리!

＊ 프랑스의 화가(1703~1770).

77. 우울

나는 마치 비 많은 나라의 왕처럼
돈은 많지만 무능하고, 젊지만 아주 늙었다.
굽실거리는 스승들을 업신여기고,
개들에게도 다른 짐승들에게도 싫증 났다.
사냥감도, 매도,
발코니 앞에서 죽어가는 백성도,
그 어느 것도 이 왕을 즐겁게 하지 못한다.
총애하는 광대의 우스꽝스러운 노래도
비정한 이 병자의 이맛살을 펴지 못한다.
나리꽃으로 수놓은 침상도 이내 쓸쓸한 무덤으로 바뀌고,
왕자라면 금방 반해버리는 시녀들도
이 젊은 해골에서 미소를 이끌어내려고
음란한 몸단장을 해 보이지만, 헛수고로다.
왕을 위해 황금을 만드는 박사들조차
그의 몸에서 독소를 뽑아내지 못한다.
권력자들이 말년에 그리워하는
로마인들이 전해준 피의 목욕도,
늙은 폭군이 시도한 그 피의 목욕도,
이 얼빠진 산송장을 데우지 못한다.
이 안에 흐르는 것은 피가 아니라 '망각의 강'의 푸른 물이니.

78. 우울

얕고 무거운 하늘이 뚜껑처럼
오랜 권태에 시달려 신음하는 마음 짓누르고,
모든 땅을 껴안은 지평선으로부터
밤보다 쓸쓸한 어두운 빛 퍼부을 때,

대지가 눅눅한 토굴로 바뀌고,
거기서 '희망'이 박쥐처럼
겁먹은 날개를 이 벽 저 벽에 부딪히고
다 썩은 천장에 제 머리 박아대며 내뺄 때,

끝없이 쏟아지는 빗줄기가
널따란 감옥 쇠창살을 닮고,
비열한 거미 떼가 묵묵히
내 머릿속 깊은 곳에 집 지을 때,

갑자기 종들이 성난 듯 펄쩍 뛰고
하늘을 향해 무시무시하게 울부짖는다,
악착스레 불평을 늘어놓는
돌아갈 조국 없어 떠도는 망령들처럼.

─그리하여 지금 긴 영구차가 북도 음악도 없이
조용히 내 영혼 속을 줄지어 가고, '희망'은
패배하여 울며, 포악한 '고뇌'는 푹 숙인 내 머리 꼭대기에
검은 깃발을 깊숙이 꽂는다.

79. 망상

거대한 숲이여, 너는 대성당처럼 두렵다.
너는 파이프오르간처럼 울부짖는다.
오랜 헐떡임이 진동하는 영원한 죽음의 방,
저주받은 우리 마음속에 너의 '애도가'가 메아리친다.

'대양'이여, 나는 너를 증오한다! 네 몸부림과 네 번민을
나는 내 마음속에서 찾아내기에
흐느낌과 비방 담긴 패배자의 쓴웃음,
나는 그것을 저 대양의 큰 웃음에서 듣는다.

오 밤이여, 저 별들만 없었더라면 내 너를 얼마나 사랑했으랴!
그 빛이 낯익은 언어로 말하는 저 별들만 없었더라면!
내가 찾는 것은 허공과 어둠과 헐벗음이기에!

그러나 어둠은 그 자체로 화폭이니,
거기엔 정다운 눈빛을 가진 사라진 존재들이
내 눈에서 수없이 튀어나와 살고 있다!

80. 허무의 맛

음울한 정신이여, 옛날에는 싸움도 좋아하더니,
박차 차며 네 정열을 부추겼던 '희망'도
이제는 네 위에 올라타려 하지 않는구나! 부끄러워 말고 드러누워라,
한 걸음마다 장애물에 걸려 비틀거리는 늙어빠진 말이여.

포기해라, 내 마음아, 짐승 같은 잠을 자려무나.

패배하여 기진맥진한 마음이여! 늙은 약탈자인 너에게는
이제 사랑도 맛을 잃어 다툴 힘도 없으니,
잘 가거라. 나팔의 노래와 피리의 한숨도!
쾌락이여, 툭하면 토라지는 이 침울한 마음을 유혹하지 마라!

찬란한 '봄'도 제 향기를 잃었다!

폭설이 뻣뻣하게 굳은 몸을 삼키듯이
'시간'은 시시각각 나를 집어삼킨다.
나는 하늘 높은 곳에서 둥근 지구를 굽어보건만
내 몸 숨길 오두막 한 채 찾지 못한다!

눈사태여, 나도 너와 함께 휩쓸어가 주지 않으련?

81. 고뇌의 연금술

어떤 이는 제 열기로 너를 밝히고,
또 어떤 이는 제 슬픔을 네게 쏟는다, '자연'이여!
어떤 이는 '묘지!'라고 말하는 것을
어떤 이는 '생명과 빛!' 하고 말한다!

나를 도우면서도 언제나 나를 으르는
알 수 없는 헤르메스*¹여,
너는 나를 세상에서 가장 슬픈 연금술사
미다스*² 같은 사람으로 만드는구나.

네 힘을 입어 나는 바꾼다,
황금을 쇠로, 천국을 지옥으로.
수의 같은 흰 구름이 속에서

나는 사랑하는 이의 주검을 찾아내
천국의 기슭에
거대한 석관을 쌓아올린다.

---

*1 헤르메스 트리스메기스토스. 고대 이집트의 신. 연금술의 수호신.
*2 프리지아의 왕. 만지는 것은 모조리 황금으로 바꾸는 능력을 바쿠스에게서 받았지만, 음식마
   저 황금으로 변하는 바람에 불행해졌다.

82. 공감되는 공포

네 운명처럼 파란만장한
납빛의 묘한 하늘에서
어떤 생각이 네 공허한 마음속으로
내려오느냐? 말해보렴, 바람둥이야.

—모호한 것과 불확실한 것을
무한히 갈구하는 나는
라틴의 낙원에서 쫓겨난
오비디우스*처럼 우는소리는 하지 않으리.

모래사장처럼 긁힌 하늘아,
너는 곧 내 오만한 모습이구나.
죽음처럼 검게 퍼진 네 구름 떼는

내 꿈을 실어가는 영구차요,
네 희미한 빛은
내 마음이 즐기는 '지옥'의 투영이다.

---

* 오비디우스. 로마의 시인(기원전 43~기원후 17). 초대 황제 아우구스투스의 총애를 받았지
만, 뒤에 이상한 죄를 뒤집어쓰고 유형을 받았다. 거듭 탄원을 냈음에도 끝내 용서받지 못하
고 유형지에서 쓸쓸하게 죽었다. 그의 시집 《비가》는 유형수의 심경을 적은 것으로, 황제에
게 읍소하는 내용이라고 알려져 있다.

83. 자기 자신을 벌하는 사람

J.G.F.*에게

바위 치는 모세처럼, 백정처럼,
노여움도 미움도 없이
나는 너를 치리라!
그리고 네 눈꺼풀에서

내 사하라를 적실 만큼
고통의 물이 솟아나게 하리라.
희망으로 가득 찬 내 욕망은
씁쓸한 네 눈물에 떠서

먼바다로 떠나는 배처럼 헤엄치리라.
눈물에 취한 내 가슴에서
애처로운 네 흐느낌은
돌격을 알리는 북소리처럼 울려퍼지리라!

나를 뒤흔들고 물어뜯는
게걸스러운 '빈정거림' 덕분에
나는 성스러운 우주의 교향곡 속에
잘못 끼어든 불협화음인가.

저 시끄러운 소리, 그것이 내 목소리에도 숨어 있구나!
이 시커먼 독약이 내 모든 피로다!
나라는 인간은

---

* 이 헌사는 잡지에 발표되었을 때가 아니라 제2판에 실릴 때 처음으로 붙었는데, 누구를 뜻하
는지 알 수 없다. 《인공 낙원》의 "Ma chère amie"로 시작하는 서문 역시 J.G.F.에게 바쳐진
것으로 보아 이 인물이 여성인 것만은 확실하다.

악귀가 제 얼굴을 비쳐 보는 불길한 손거울이다.

나라는 인간은 상처이자 칼이다!
따귀 때리는 손이자 얻어맞는 볼때기다!
깔리는 팔다리이자 짓누르는 수레바퀴요,
베이는 사형수이자 베는 사형집행관이다!

나라는 인간은 제 심장의 피를 빠는 흡혈귀.
―영원한 웃음의 형벌을 받고도
더 이상 웃지 못하는
버림받은 중죄인!

84. 돌이킬 수 없는 것

I

하늘에서 빠져나와
'천국'의 어떤 눈길도 미치지 않는
진흙과 납으로 갇힌 죽음의 강으로 떨어진
하나의 '관념', 하나의 '형태', 하나의 '존재'.

무모한 여행자, 한 '천사',
기이한 것에의 사랑에 홀려
괴이한 악몽의 밑바닥으로 떨어져
수영하는 사람처럼 버둥거리고

미친 사람처럼 노래하며,
암흑의 바닥에서 빙빙 돌고,
거대한 역류와 맞서
고군분투하는 침울한 번뇌여!

파충류 가득한 곳에서 달아나려고
빛과 열쇠 찾으며
어둠 속을 끊임없이 더듬어 헤매는
저주받은 불행한 사나이.

살갗 끈적이는 괴수가
인광 번뜩이는 커다란 눈알 부라리며
자기 모습만 보이도록
어둠을 더욱 어둡게 하는

난간도 없는 영원한 계단을
축축하고 깊은 바닥 냄새 가득한
심연 가장자리에서
등불도 없이 내려가는 영벌받은 자.

수정 덫에라도 걸리듯
극지방에 갇혀,
어떤 숙명의 해협에서 이런 지옥으로
떨어졌는지 알아내려고 애쓰는 한 척의 배.

—이 모두가 돌이킬 수 없는 운명의
분명한 표상, 완벽한 그림.
'악마'라는 놈이 하는 짓에는
어느 것 하나 실수가 없음을 뼈저리게 깨닫게 해주는!

Ⅱ

제 모습 비추는 거울 된 영혼은
흐림과 맑음의 대담!
창백한 별 떨고 있는
밝고 어두운 '진리'의 샘물.

악마의 은총의 횃불이
유일무이한 위로이자 영광인
모순된 지옥의 등대,
—'악' 안에 남은 의식이여!

85. 시계

시계! 흉악하고 무시무시하며 인정사정없는 신.
손가락으로 우리를 위협하고 말한다. "떠올려라!
진동하는 '고통'이 두려움 가득한 네 심장을
머지않아 과녁처럼 관통하리라.

'쾌락' 따위는 무대 뒤 바람의 정령처럼
지평선 너머로 달아나리라.
누구에게나 제 계절마다 부여된 행복을
순간은 1초마다 한 조각씩 집어삼키고 있다.

한 시간에 삼천 육백 번 '초'는 속삭인다.
떠올려라! ─벌레 같은 목소리로 재빨리
'현재'가 말한다, 나는 '과거'라고.
내 역겨운 대롱으로 네 목숨을 빨아들였다고!

Remember(기억해라)! 떠올려라! 탕아야! Esto memor(기억해라)!
(내 쨰지는 목청은 못하는 언어가 없다.)
도락가여, 흘러가는 시간은 모암(母岩)이니,
황금을 채취하기 전에는 절대로 놓지 마라!

떠올려라! '시간'이란 놈은 속임수는 안 쓰나
어떻게든 승리하고야 마는 탐욕스러운 노름꾼임을!
이것이 진리이다. 해가 기울고 드디어 밤이 짙어졌다, 떠올려라!
심연은 언제나 목마르고, 물시계는 얼마 남지 않았다.

머지않아 시간이 울리리라. 그것을 신호로 거룩한 '우연'과
네게는 아직 처녀인 아내 존엄한 '덕행'과

'회한'(이것이 마지막 여인숙이다!)마저도

네게 입 모아 말하리라, 뒈져라, 비겁한 늙은이! 이미 너무 늦었다! 라

고."

제2부
파리 풍경

86. 풍경

정결하게 내 목가를 지으려면
점성술사가 그랬듯이 되도록 하늘 가까이 누워
종루 곁에서 살며 꿈꾸듯 들으면 좋으리라,
바람이 실어다주는 엄숙한 찬송가 구절을.
두 손으로 턱을 괴고 다락방 높은 곳에서
나는 바라보리라, 노래와 수다로 활기찬 공방을,
도시의 돛대라 부르고 싶은 굴뚝이며 종루를,
영원을 꿈꾸게 하는 저 드넓은 하늘을.

보노라면 마음이 푸근해진다, 안개 사이로
밤하늘 별 나타나고, 창마다 등불 켜지고,
검은 연기가 모락모락 강물처럼 하늘로 솟고,
달이 파리한 매혹의 빛을 쏟아붓는 풍경은.
이리하여 봄, 여름, 가을이 여러 번 지나가고
단조로운 눈의 계절 겨울이 오면
창도 대문도 굳게 닫고 나는 세우리,
어둠 한가운데에 환상의 내 궁전을.
내가 꿈꾸는 것은 푸르른 지평선,
화원, 대리석 석상들 틈에서 숨죽여 우는 분수,
입맞춤, 아침저녁으로 지저귀는 새들,
'목가'가 전해주는 천진난만한 모든 것.
'소요'가 창 앞에서 소란을 부려도
내 이마는 책상에서 떨어지지 않으리.
내 의지의 힘으로 충분히 '봄'을 불러일으키고
내 마음속에서 태양마저도 끌어내어,
뜨거운 내 사색의 열기로 따스한 공기를 빚어내는
즐거운 쾌락에 빠져 있을 테니까.

87. 태양

은밀한 음욕 가리는 덧창들이
누추한 집집마다 매달린 오래된 성문 밖 처마 따라
혹독한 태양 쉴 새 없이
거리, 들판, 지붕, 보리밭으로 열기 내리꽂을 무렵,
나 홀로 간다, 나만의 환상적인 검술 닦으러.
가는 모퉁이마다 우연한 운율 냄새 맡기도 하고
돌길에 발부리 채이듯 낱말 위에서 비틀거리고
오랫동안 꿈꾸었던 시구와 맞닥뜨리기도 하면서.

우리를 길러주는 이 아버지, 위황병의 원수,
태양은 들에서 장미꽃 피우듯 시구 잠 깨우고,
근심 걱정은 하늘로 증발시키고,
머릿속과 벌집은 꿀로 가득 채워준다.
목발 짚은 노인에게 젊음을 되찾아주어
소녀처럼 즐겁고 쾌활하게 만든다.
늘 꽃피길 갈망하는 영원한 마음속에
무럭무럭 자라 열매 맺으라고 말해준다!

시인처럼 그가 도시에 내려서면
아무리 천한 사물의 운명도 고귀하게 하고,
어떤 병원 어떤 궁전이든
시종도 소리도 없이 왕처럼 들어간다.

88. 빨강 머리 거지 소녀에게

피부 흰 빨강 머리 소녀야,
해진 옷 구멍으로 들여다보이는
네 가난과
　아름다움.

보잘것없는 시인인 내게는
주근깨투성이에 허약한
네 젊은 몸이
　사랑스럽다.

가벼운 벨벳 구두 신은
옛날이야기 속 여왕보다
너는 멋지게 신었구나,
　무거운 그 나막신을.

너무 짧은 누더기 대신
길게 주름 잡은 화사한 궁정복의
옷자락을 네 발꿈치 위로
　늘어뜨렸더라면,

구멍투성이 양말 대신
난봉꾼들 눈요기 위해
네 다리 위에 황금의 칼이
　번득이고 있다면,

헐겁게 맨 옷고름으로
죄인들 눈 빛나게 하는

봉긋한 네 젖무덤
　드러나 보였다면,

옷 벗기려 해도
네 팔이 거부하며,
장난꾸러기 손가락을 매몰차게
　뿌리친다면,

더없이 훌륭한 시인
벨로*를 흉내 낸 연가는
네게 홀딱 반한 사내들이
　끊임없이 바칠 것이며,

엉터리 시인은 꼭 하인처럼
갓 나온 시집 네게 바치고
계단 아래에서 네 구두
　우러러보며 기뻐하리.

요행을 바라는 몸종들도
영주와 시인들에게 뒤질세라,
네가 다음에 숨어 지낼 집
　찾아다닐 테지!

너는 침대에서 백합꽃보다
더 많은 입맞춤 받을 것이며,
발루아의 왕들을
　마음대로 부리리!

---

* 1528~1577. 칠성시인 중 한 사람.

―그러나 지금 너는
네 귀퉁이 문간마다
버려진 음식찌꺼기나
　정신없이 줍는 신세.

이십구 수짜리 싸구려 보석을
힐끔힐끔 쳐다보지만,
오 미안하구나, 그것조차
　나는 사줄 수가 없다!

그러니 가거라, 향수나 진주나 다이아몬드는커녕
그 어떤 치장도 하지 않은
깡마른 알몸 위로하며,
　딱한 거지 소녀야!

89. 백조

빅토르 위고에게

I

앙드로마크,*¹ 나 그대를 생각하네! 그 작은 강은
과부가 된 그대의 헤아릴 수 없는 장엄한 고뇌를
한때 찬란하게 비추었던 가엾고 서글픈 거울.
그대 눈물로 불어난 그 가짜 강 시모이스*²는

내가 새로 생긴 카루젤*³ 광장을 지나고 있을 때
불현듯 기억을 되살아나게 했네. 이 주변에서
이제 옛 파리의 모습은 보이지 않네(도시의 모습은
애석하게도 사람의 마음보다도 빨리 변하는구나).

나는 머릿속으로만 그려본다, 들어서 있는 저 모든 판잣집들을,
세우다 만 기둥머리와 산더미처럼 쌓여 있는 통나무들,
잡초며, 웅덩이 물로 녹색으로 변한 커다란 돌들,
유리창 너머로 반짝이는 잡동사니들을.

옛날엔 그곳에 작은 동물원이 있었지.
어느 아침 그곳에서 나는 보았네, 맑게 갠 쌀쌀한 하늘 아래
'노동'이 잠 깨고 쓰레기터에서 모락모락
검은 연기가 조용한 대기로 힘차게 솟아오르는 시각,

---

*1 트로이 용장 헥토르의 아름다운 아내. 적장 퓨리스의 노예가 되었다가 그가 죽자 헥토르의 동
　생 헬레노스와 재혼했다.
*2 앙드로마크의 고향 트로이에 흐르던 강 이름. 앙드로마크가 잃어버린 조국을 추억하며 만들었
　다는 운하.
*3 파리 루브르 궁과 튈르리 공원 사이에 있었던 광장.

우리를 빠져나온 백조 한 마리가
물갈퀴 달린 두 발로 물기 없는 포석을 비비며
울퉁불퉁한 땅바닥 위에 그 하얀 깃을 끌고 가는 모습을.
바싹 마른 강가에 다다르자 이 짐승 부리 열고

두 날개 신경질적으로 모래먼지에 담근 채
고향의 아름다운 호수 마음에 그리며 말하는 것 같았네.
"물아, 넌 언제나 비 되어 내리려느냐? 우레야, 넌 언제나 울리려느냐?"
신비롭고 불길한 신화 같은 이 가엾은 백조가

오비디우스의 노래에 나오는 유형수처럼 이따금 하늘을 향해,
잔인할 정도로 새파랗게 맑은 심술궂은 하늘 향해,
신에게 수많은 비난 퍼붓듯이,
떨리는 목 길게 늘여 메마른 머리 뻗치고 있었다!

II

파리는 변한다! 그러나 내 우울함 속에서는
무엇 하나 끄떡하지 않는다! 새로 지은 높은 보루도, 발판도, 석재도,
성문 밖 오래된 거리도, 모두 내게는 알레고리가 되어
그리운 추억들은 바위보다 무겁다.

그러니 지금 루브르 앞에 선 내 가슴 찌르는 환상이 있어,
나는 생각한다, 광기 어린 몸짓을 하는 저 커다란 백조.
유형수처럼 어딘가 얼빠지고, 숭고하며,
오직 한 가지 소망을 위해 끊임없이 몸부림치고 있었지!

다음으로는 그대 앙드로마크. 위대한 남편의 팔에서
천한 가축처럼 오만한 피뤼스 수중에 떨어져

빈 무덤가에서 넋이 나갈 만큼 몸부림쳤던
헥토르의 과부! 그리고 가엾게도, 헬레노스의 아내 그대이다!

또 떠오르는 것은 어느 흑인 소녀. 폐병 들어 야위고,
진창에서 살며, 살기등등한 눈초리로 찾고 있었지,
안개 짙은 절벽 너머에 분명히 있을
찬란한 아프리카 땅의 야자나무를.

절대로, 절대로, 영영 되찾지 못할
소중한 것을 잃어버린 사람들을! 눈물로 목 축이며,
온순한 암이리처럼 '고통'의 젖을 빠는 자를!
꽃처럼 불쌍하게 시들어버린 말라빠진 고아를!

이처럼 내 정신이 은둔한 깊은 숲에도
하나의 오랜 '추억'이 드높이 뿔피리 울리는 것도 당연하리!
나는 생각하네, 섬에 남겨진 뱃사람들을,
포로들, 패배자들! ……그 밖에도 수많은 사람들을!

90. 일곱 늙은이
빅토르 위고에게

붐비는 대도시, 망상 가득한 대도시
이곳에서는 한낮에도 유령이 나타나 행인의 소매를 잡아끈다!
신비는 곳곳에서 수액처럼
이 억센 대도시의 좁은 운하 속을 흐른다.

어느 아침 쓸쓸한 거리
자욱한 안개보다 높게 솟은 집들이
불어난 양쪽 강가처럼 보이고,
마치 배우 기분에 꼭 맞는 배경이라고나 할까,

썩어 문드러지고 누런 안개가 사방을 가득 메운 때
나는 주인공이 된 기분으로 신경을 곤두세운 채
이미 지쳐버린 내 넋과 말씨름 벌이며
자갈 실은 무거운 달구지로 흔들리는 성 밖 거리를 걷고 있었다.

덤불에서 난데없이 한 늙은이가, 비를 쏟을 듯한 하늘빛을 흉내낸 듯
누런 누더기를 걸치고,
심술궂게 빛나는 눈빛이 아니었다면
빗발치듯 동냥 얻었을 거지 같은 몰골로

내 앞에 나타났다. 그의 눈동자는 담즙에 담근 것 같고,
눈초리는 서릿발 같았다.
긴 턱수염은 칼처럼 빳빳하며
유다의 수염처럼 곤두섰다.

허리는 꼬부라진 게 아니라 숫제 두 동강이 난 듯

등뼈가 두 다리와 완전한 직각을 이루었다.
지팡이 짚은 그 꼴은 아무리 보아도 병신 된 네발짐승
아니면 세 발 가진 유대인,

그 모습과 위태로운 걸음걸이였다.
눈과 진창 속을 허우적거리며 그는 걸었다.
세상일에 무관심하기보다 차라리 적의를 품고,
죽은 자들을 헌 구둣발로 짓밟기라도 하듯이.

그와 똑 닮은 늙은이가 따라왔다. 턱수염, 눈알, 허리, 지팡이, 누더기조차
무엇 하나 다를 게 없었다. 같은 지옥에 있었는지
이 백 살 쌍둥이는, 이 괴상한 유령들은
똑같은 걸음걸이로 알 수 없는 목표를 향해 걸어갔다.

대체 나는 어떤 더러운 음모의 표적이 된 걸까?
아니면 어떤 악의에 찬 우연이 이런 모욕을 주는 걸까?
어쨌거나 나는 셌다, 시시각각 수가 불어나,
기분 나쁜 이 늙은이가 일곱 명이 될 때까지!

내 이 불안감을 비웃는 사람들아,
내 이 전율에 동의하지 않는 사람들아,
헤아려보라, 다 늙어빠진 주제에
이 흉측한 일곱 괴물이 이상하게도 불멸의 형상을 하고 있었음을!

나는 죽지 않고도 여덟 번째 유령을 바라볼 수 있었을까,
비정하고 숙명적인 이 쌍둥이를,
자기 자신의 자식이자 아비이기도 한 역겨운 불사조를?
―그러나 다행히 나는 지옥 같은 그 행렬에서 등을 돌렸다.

세상이 두 개로 겹쳐 보인다고 성내는 주정뱅이처럼 흥분하여

나는 집으로 돌아와 문 닫고 몸서리쳤다.
병든 것처럼 낙심하고, 마음은 신비와 황당함에 상처 입어
불덩이처럼 뜨거웠다!

내 이성의 키를 잡으려 하나 헛된 일.
폭풍이 장난치며 그 노력을 방해했고
내 영혼은 춤추었다, 돛대 부러진 낡은 배처럼
악마 같은 막막한 바다에서 춤추었다!

91. 작은 노파들

빅토르 위고에게

I

오래된 도시의 꼬불꼬불한 주름 속
모든 것이, 공포마저도 정취로 바뀌는 곳에서
나는 지켜본다, 내 숙명적 기질 억누르지 못해,
별나고 늙어 빠졌으나 사랑스러운 인간들을.

저 비칠비칠한 괴물들도 옛날에는 여자였단다!
에포닌*¹이나 라이스*² 같은! 꼬부라지고 곱사등에
일그러진 괴물이지만, 저들을 사랑하자! 아직 넋이 있으니.
구멍투성이 속치마 얇디얇은 차림하고

심통 사나운 북풍 맞으며 그들은 기어간다.
승합마차 굴러가는 요란한 소리에 바들바들 떨며,
소중한 유품처럼 옆구리에
꽃이며 은어를 수놓은 꾸러미를 꼭 끼고서.

비슬비슬 걸어가는 모습은 마치 꼭두각시 인형이어라.
상처 입은 짐승처럼 절뚝거리거나
심술궂은 악마에게 붙들린 방울처럼
억지 춤을 춘다!

손발은 맘대로 움직이지 않으나, 눈은 송곳처럼 날카롭고,

---

*1 옛 프랑스 골을 로마 지배권에서 해방시키려던 유리우스 사비누스의 아내. 남편이 처형되자
   자기도 로마 황제에게 욕을 퍼붓고 사형을 받았다. 절개 있는 여성의 상징.
*2 그리스의 유명한 바람둥이.

밤의 물웅덩이처럼 반들거린다.
반짝이는 것만 보면 놀라 웃는
소녀의 거룩한 눈빛도 아직 잃지 않았다.

—그대들은 알아챘는가, 수많은 노파들의 관이
어린애들 관처럼 작다는 것을?
어린 자와 늙은 자의 관이 똑같은 것은
속 깊은 '죽음'이 나타내는 기이하고 그득한 상징.

그리하여 나는 붐비는 파리를 비칠비칠한 유령 같은 모습으로
가로지르는 노파를 볼 때면
이렇게 생각하고 싶어진다, 새 요람에 닿으려고
이 연약한 생물은 조심조심 걷고 있구나 하고.

또는 완전히 조화 잃은 흉측한 모습을 볼 때마다
기하학에 생각을 집중하지 않을 수 없다.
저런 시체를 담으려면 장인은 관 모양을
몇 번이나 바꿔야 할까 하고.

—그들의 눈은 눈물로 이루어진 샘,
차가워진 금속이 눌어붙어 반짝이는 도가니…….
냉혹한 '불운'의 젖이 키운 사람에게
의미심장한 그 눈에는 마음을 파고드는 매력이 있다!

Ⅱ

죽은 프라스카티*3의 사랑에 빠진 베스타의 무녀여,
슬프도다! 땅속에 묻힌 그녀의 후견인만이

─────────────

*3 로마 근교 마을 이름. 종교의 중심지였다.

그 이름 아는 탈리의 여사제,*⁴
일찍이 티볼리*⁵ 꽃그늘 아래에서 꽃과 겨루던 바람둥이,

그 모든 여자들이 나를 취하게 한다. 그러나 그 연약한
존재들 중에서도 고뇌조차 꿀로 만들며
날개를 빌려준 '헌신'에게 이렇게 외친 자도 있었다.
"히포그리프*⁶여, 나를 하늘로 데려가다오!'

어떤 여자는 조국 때문에 불행에 처하고,
어떤 여자는 남편 때문에 고통을 짊어지고,
어떤 여자는 자식이라는 칼에 가슴 찔린 '성모'가 되었으니,
그들의 눈물로 큰 강도 이룰 수 있었으리!

Ⅲ

아! 나는 얼마나 그 가엾은 노파들의 뒤를 따라갔던가!
그중 한 사람은 저무는 해가 새빨간 상처로
하늘을 핏빛으로 물들일 무렵
생각에 잠겨 외딴 벤치에 앉아,

이따금 와서 공원을 가득 채우는
군악대의 요란한 금관악기 연주 듣기를 좋아했다.
기운을 되찾아줄 것 같은 금빛 노을 속에서
시민들 마음에 용기 부어주는 그 주악을.

아직 꼿꼿한 이 노파는 기품 있고 예의 바르게
씩씩한 그 군악을 심취한 듯 들었다!

---

*4 그리스 신화에 나오는 연극의 여신.
*5 프랑스 왕정복고 시대에 가장 번창했던 대중 유흥장.
*6 독수리의 머리와 날개를 가진 상상 속의 말.

이따금 한쪽 눈만 늙은 독수리 눈처럼 열리고,
대리석 같은 이마에는 월계수 관이 썩 어울릴 것 같았다!

Ⅳ

이처럼 그대들은 참을성 있게 불평조차 없이,
살아 있는 도시의 번잡한 길 헤치며 지금 걸어간다.
피 토하는 심정의 '어머니들', 성녀, 또는 창부
한때는 모두 이름 날렸던 여인들.

그 옛날의 미모, 그 옛날의 영광
알아주는 이 아무도 없구나! 무례한 주정뱅이는
역겨운 추잡한 농담 던지며 지나가고,
되바라진 천박한 애새끼는 그대들 발치에서 촐랑댄다.

살아 있다는 사실조차 창피한지, 오그라진 그림자처럼
두려움에 질려 고개 숙이고 담벼락에 바짝 붙어 그대들은 간다.
그대들에게 인사하는 이 아무도 없구나, 기구한 숙명이여!
저승 갈 준비 마친 인간 찌꺼기여!

허나 나는, 나만큼은, 비틀대는 그대들 발치에 불안한 눈길 조용히 쏟으며
멀리서, 그대들 아버지라도 되는 양,
다정한 마음으로 지켜보는 것이 더없이 좋구나!
그대들은 눈치채지 못했으나, 나는 은밀한 쾌감을 만끽한다.

나는 본다, 꽃처럼 피어나는 젊은 날 그대들의 수많은 사랑을.
나는 산다, 그대들 지난날의 어둡고 밝은 나날을.
다감한 내 심장은 그대들의 모든 악업을 즐긴다!
내 넋은 그대들의 모든 미덕으로 밝게 빛난다!

인생의 폐허! 내 가족! 오, 동질의 뇌여!
밤마다 나는 그대들에게 엄숙히 작별을 고한다!
'신'의 날카로운 손톱이 바싹 뒤쫓는 팔순의 '이브들'이여,
내일 새벽 그대들은 어디에서 방황하려나?

92. 맹인들

저들을 보라, 내 넋이여, 그들은 정말 추악하다!
마네킹처럼 어딘가 괴상하고
몽유병 환자처럼 섬뜩하고 야릇하며
어두운 눈알로 어딘지 모를 방향을 뚫어지게 바라본다.

성스러운 불꽃 사라져버린 그들의 눈은
먼 산이라도 바라보듯
줄곧 하늘만 노려본다. 그들의 무거운 머리는
꿈을 좇기에, 수그러드는 모습은 끝내 본 적이 없다.

그들 영원한 침묵의 형제는 이렇게
끝없는 어둠의 세계를 가로질러 간다. 오, 도시여!
네가 우리 주위에서 노래하고, 웃고, 떠들고,

무서우리만치 쾌락에 취해 있는 동안
보라! 나 또한 터벅터벅 간다! 그들보다 더 넋 나간 표정으로
나는 말한다,
"저 모든 맹인들은 '하늘'에서 무엇을 찾는 거지?"

93. 스쳐 지나간 여인에게

거리 소음이 내 주위에서 귀를 아프게 때렸다.
키 크고 호리호리한 여인이 상복을 입고
화사한 손으로 꽃줄 장식된 옷자락 치켜 흔들면서
장중한 고통에 싸여 지나갔다.

조각상 같은 다리를 가진 그녀는 민첩하고 기품 있다.
나는 넋 나간 사람처럼 몸을 떨며 마셨다,
태풍 품은 흐린 하늘, 그 여인의 눈 속
마음 녹이는 달콤함, 목숨 앗아가는 쾌락을.

번갯불 한 번 번쩍…… 그다음은 어둠! —한 번 눈길로
순식간에 나를 되살리고 홀연히 사라진 미인이여,
영원 속이 아니라면 그대 다시 만날 수 없는가?

여기서 멀리 떨어진, 외딴곳! 너무 늦었다! 다시 만날 날 없으리!
그대 간 곳 내가 모르고, 내가 간 곳 그대 모르니.
오 나 깊이 사랑했으리, 오 그대도 그것을 잘 알고 있었으리!

94. 밭가는 해골

I

시체 같은 수많은 책들이
고대 미라처럼 깊이 잠자는
먼지 날리는 강둑 위에
팔리지 않는 인체해부도.

주제는 비록 서글프나,
늙은 화가가 근엄함과 박식함으로
'아름다움'의 숨결을 불어넣은
그림이 몇 장 있다.

보이는 것은 '피부를 벗긴 인체도'와
'해골들'이 농부처럼 땅을 갈아엎는 모습.
이것이 신비로운 공포를 한층
돋우어준다.

II

인고로 침울해진 촌민들이여,
그대들 껍질 벗겨진 근육과
다 드러난 등뼈 혹사하여
파 뒤집는 이 땅에서

어떤 유별난 수확을 기대하는가?
무덤에서 끌려나온 죄수들이여, 말해보라,
어느 소작인의

곡식 창고를 채워야 하나?

아니면 보여주려는 것인가,
(그대들은 너무도 가혹한 운명의 섬뜩하고 분명한 표적이니!)
무덤에서는 잠조차
보장되지 않음을,

'허무'조차 인간을 배신함을,
모든 것이, '죽음'마저도 인간을 기만함을,
아, 슬프게도 영원히
어쩌면 우리 인간은

어느 낯선 나라에서
딱딱한 흙 깎고
우리 피투성이 맨발로 다지고
무거운 가래질하는 것이 숙명임을?

95. 저물녘

바야흐로 범죄자의 벗 사랑스러운 저녁이
살금살금 공범자처럼 다가온다.
하늘은 너른 침실처럼 천천히 닫히고,
성급한 사람은 야수로 변한다.

오 저녁, 두 팔이 진심으로
"오늘은 열심히 일했다!" 말할 수 있는 자가
학수고대했던 사랑스러운 저녁. —그 저녁은 달래준다,
고통이 가슴 후벼 파는 사람들을,
끈질긴 공부에 머리 무거운 학자를,
등 굽히고 침대로 돌아가는 직공을.
그사이 공기 속 악령이
사업가처럼 부스스 잠에서 깨어나
덧문이며 차양 두드리며 날아다닌다.
바람에 깜빡이는 등불 너머로
'매음'은 거리마다 불 밝히기 시작하고,
사방팔방 뻗친 개미굴
기습 꾀하는 적군처럼
곳곳에서 은밀한 길 파헤치고,
'인간'에게서 먹을 걸 훔쳐내는 구더기처럼
진창의 도시 한복판에서 꿈틀댄다.
여기저기 부엌마다 수증기 소리 들리고,
극장은 괴성 지르고, 오케스트라는 코 곤다.
노름을 최고의 요리로 삼는 음식점 탁자는
매춘부와 그들의 공범자인 협잡꾼으로 가득해진다.
한순간도 마음 놓을 짬 없는 도둑들은
이윽고 밥벌이를 시작하여

며칠 분 식량과 정부들 옷값 위해
가만가만 대문과 금고를 비튼다.

내 넋이여, 이 엄숙한 순간을 유심히 생각하라.
그리고 이 시끄러운 소리에 귀를 닫아라.
지금은 병자들의 고통이 심해지는 시각!
음울한 '밤'은 그들의 목구멍을 죈다.
지금 그들은 저마다 운명을 마치고, 언젠가는 같은 심연으로 떨어지리라.
그 때문인지는 몰라도 병원은 그들의 한숨 소리로 가득하다. ―
오늘 밤 또 몇 명이 난로 앞 사랑하는 사람 곁으로
김 나는 수프 찾아오지 못하게 되리라.

더욱이 그들 대부분은
가정의 단란함도 알지 못하니, 살아 있었다고도 할 수 없다!

96. 도박

빛바랜 안락의자에는 늙어 빠진 창녀들
파리한 얼굴에 눈썹 그리고 아양 떠는 요사스러운 눈길로
선웃음 쳐가며, 야윈 귓불에서
보석과 금속 소리 짤랑거린다.

초록 융단 도박대 주위에는 입술 없는 얼굴과
핏기 없는 입술과 이 없는 턱 나란히 보이고,
텅 빈 주머니며 가슴팍 뒤지는
지옥 열기로 부들부들 떠는 손가락 보인다.

더러운 천장에는 파리한 빛의 한 줄 샹들리에와
불 켜진 대형 가스등이
피땀 흘려 번 돈 탕진하러 온
이름난 시인들의 고민스러운 이마를 비춘다.

이것이 어느 날 밤 꿈속 냉철한 눈동자 아래
펼쳐진 암흑의 정경이었다.
나 자신은 고요한 이 동굴 한구석에서
팔 괴고 추위에 떨며 말없이 부러워하고 있었다.

그들의 끈덕진 정열이 부러워서,
늙어 빠진 창녀들의 서글픈 쾌활함이 부러워서,
모두들 내 앞에서 호탕하게
닳고 닳은 명예며 옛 미모 따위를 사고파는 것이 부러워서!

그리고 내 마음은 두려움에 오그라들었다.
쩍 벌린 심연으로 미친 듯이 달려가 제 혈기에 취해

끝내 죽음보다 '고통'을, 허무보다 지옥을 선택하는 사람들을
이토록 부러워하는 나이기에!

97. 죽음의 무도

에르네스트 크리스토프[1]에게

커다란 꽃다발, 손수건, 장갑을 가지고
살아 있는 자처럼 고귀한 맵시 뽐내는 이 여인은
나긋나긋하고 칠칠치 못한
깡마른 창녀처럼 보이는구나.

이보다 날씬한 허리를 무도회에선들 본 적 있을까?
품위 있게 풍성하나, 너무 헐렁한 그 옷은
술 장식 달린 꽃신 신은 앙상한 발끝 덮으며
넉넉하게 흘러내렸다.

바위에 제 몸 비비는 음탕한 시냇물처럼
빗장뼈 언저리에서 너울대는 주름 끈
한사코 감추려 드는 처량한 젖가슴을
가벼운 조롱에서 다소곳이 지켜냈다.

그녀의 깊은 두 눈은 허공과 어둠으로 이루어졌고,
솜씨 좋게 꽃으로 꾸민 머리뼈는
위태로운 등뼈 끝에서 가냘프게 흔들거렸다.
오 터무니없이 차려입은 허무의 매력이로다!

살에 흠뻑 취해 뼈대의 형용할 수 없는
우아함을 맛보지 못하는 분별없는 연인들은
그대를 풍자화라 부를 테지, 그러나
거대한 해골이여, 그대야말로 내 가장 소중한 취미에 들어맞는구나!

---

[1] 20번 〈가면〉 참조. 이 조각가의 작품에서 시인은 이 시의 영감을 얻었다.

몹시 찌푸린 얼굴로 이 '인생'의 향연을 가로막으려고
그대 여기로 왔는가? 아니면 어떤 오랜 소망에 떠밀려
산송장 모습으로 어리석게도
이런 '환락'의 법석 가운데로 나왔는가?

바이올린 노랫소리로, 촛불 빛으로,
그대 조롱하는 악몽을 몰아버리고 싶었는가?
그대 마음에서 타오르는 지옥의 불길 식히려고
이런 술자리의 급류 찾아왔는가?

어리석음과 과오가 마르지 않는 우물이여!
인간의 오랜 고뇌 쥐어짜는 불멸의 증류기여!
그대의 뒤틀린 갈비뼈 사이에서
내게는 보인다, 탐욕스러운 독사가 기어다니는 모습이.

진실을 말하자면, 나는 두렵다, 그대 고심해서 짜낸
교태도 보람 없을까 봐.
저들 중 과연 몇 명이나 그대의 익살을 이해하리?
오직 강한 자만이 공포의 매력에 취할 수 있는 것을!

끔찍한 생각 가득한 그대 눈의 심연은
현기증 일어나게 하고, 조심성 많은 무도자라면
서른두 개 그대 이가 웃는 기분 나쁜 미소를
구역질 없이는 바라보지 못하리.

그러나 해골을 안아보지 않은 자 누가 있으며,
무덤에서 양분 취해본 적 없는 자 누가 있으랴?
향수도, 옷도, 화장도 다 무슨 소용?
아름답다 믿은 것도 추해지고 말 터이니.

코 없는 무희여, 저항하기 어려운 계집이여,
싫은 얼굴 하는 무도자에게 이렇게 말하라.
"품위 있는 바보들아, 연지 짙게 칠하고 백분 두껍게 발라도
너희는 모두 죽음의 냄새 폴폴 풍긴다! 오 사향 뒤집어쓴 해골들아,

시든 안티노우스*²야, 수염 없는 멋쟁이들아,
니스 칠한 송장들아, 백발의 호색한들아,
세상을 뒤흔드는 죽음의 무도가
너희를 낯선 땅으로 끌고 가리라!

차가운 센 강변에서 타는 듯한 갠지스 강변까지
죽음 짊어진 인간 무리는 미친 듯이 춤추지만,
시커먼 나팔총처럼 음침한 커다란 입 벌리고
'천사'의 나팔이 천장 구멍에 있는 것을 눈치채지 못한다.

가소로운 인간들아, 어느 기후 어느 태양 아래서도
'죽음'은 너희 춤추는 모습 웃음 그치지 않고 바라보다가
때때로 너희처럼 향기로 몸단장하고
너희 광란에 자신의 빈정거림 뒤섞는다!"

---

*2 로마 황제 하드리아누스가 사랑한 잘생긴 몸종. 지금은 미소년의 대명사가 되었다. 황제의 장
　수를 기원하며 투신자살했다고 한다.

98. 거짓 사랑

오 나른한 임이여, 천장에서 부서지는
악기 소리에 느릿느릿 발걸음 맞춰,
깊은 눈에 서린 권태로운 빛 보이며
걸어가는 그대 보노라면,

가스등에 물들고 병적인 매력 더해져
저녁 횃불에 새벽이 밝아오는 듯한
창백한 그대 이마와 초상화 속 인물처럼
마음 홀리는 그대 눈 바라보노라면,

나는 생각한다, '어쩌면 이리도 아름다운가! 또한 희한하게 싱싱하구나!
우아하고 육중한 탑을 닮은 수많은 추억이
그녀에게 관록을 주고, 복숭아처럼 멍든 그녀 마음은 몸뚱이처럼
사랑의 비술로 무르익었다.'

그대는 맛이 절정에 이른 가을철 과일인가!
눈물 기다리는 불길한 단지인가,
머나먼 오아시스 꿈꾸게 하는 훈향인가,
애무하는 베개인가, 꽃바구니인가?

나는 안다, 세상에는 소중한 비밀을 간직하지 않고도
지극히 우수에 차 보이는 눈이 있다는 사실을,
보석 들어 있지 않은 아름다운 보석 상자나 유품 잃은 유물함이
오 '하늘'보다 더 심오하고 비었다는 사실을!

그러나 진실을 회피하는 내 마음 위로하기 위해서라면
그대 겉모습만으로도 충분하지 않은가?

그대가 어리석건 매정하건 어떠하랴?
가면이건 겉치레건 반갑다! 그대의 아름다움 내가 우러르니.

99. (제목없음)

나는 잊지 않았네, 도시 근교의
아담하고 한적한 우리 하얀 집을.
포모나* 석고상과 오래된 비너스상이
앙상한 작은 숲 속에서 벌거숭이 팔다리 감추고 있었고,
태양은 해 질 녘 번쩍번쩍 넘쳐흘러,
빛다발 부서지는 유리창 너머에서
호기심 가득한 하늘 향해 크게 열린 눈동자처럼,
우리의 길고 조용한 저녁 식사를 지켜보았지.
소박한 식탁보와 모직 커튼 위로
형형한 촛불처럼 아름다운 반사광 듬뿍 뿌리면서.

---

* 그리스 신화. 정원과 열매의 여신.

100. (제목없음)

당신이 시샘했을 만큼 마음씨 고왔던 그 하녀
지금은 보잘것없는 풀잎 아래에서 잠자고 있으니,
우리, 꽃다발 들고 찾아감이 마땅할 테지요.
죽은 자들은, 가엾은 죽은 자들은 커다란 고통을 가졌으니,
묵은 나뭇가지 쳐 내는 '시월'의 쓸쓸한 바람 불어
자신들의 묘비 주위 마구 헝클어지면
분명 그들은 뜨듯이 이불 안에서 잠자는
산 자들을 배은망덕하다 원망하겠지요.
여태껏 어둠에 갇히고,
잠자리 함께하며 두런두런 이야기할 이도 없이,
구더기에 파 먹힌 얼어붙은 해골 되어,
한겨울 내리는 눈에 축축하게 젖은 채,
철책에 매달린 너덜너덜한 화환 같아줄
친구도 가족도 없이, 흘러가는 오랜 세월 느끼고 있으니.
벽난로 장작 훨훨 타는 저녁에 만일
조용히 저기 의자에 그녀가 앉는 것 보인다면,
만일 섣달 춥고 맑은 밤
저승 침대 빠져나와
내 방 구석에 엄숙하게 웅크리고
자애로운 어머니 닮은 그 눈빛으로, 다 큰 아이 바라보는
진지한 모습 보인다면,
움푹 파인 눈에서 떨어지는 그녀 눈물 앞에
그 경건한 영혼에 뭐라 대꾸하리까?

101. 안개와 비

오 가을의 끝, 겨울, 흙탕물에 젖은 봄,
졸음 쏟아지는 계절아! 나는 너희를 사랑하고 찬양하노라.
이렇게 너희가 내 마음과 뇌수를
안개 서린 수의와 어렴풋한 무덤으로 감싸주니.

차가운 북풍 부는 이 허허벌판
긴긴 밤 풍향계 닭이 목 쉬도록 우는 이곳에서
오히려 내 마음은 훈훈한 봄철보다 가볍게
까마귀의 날개 활짝 펼치리라.

오래전부터 서리 내린 슬픔 가득한
이 마음에는 오, 희끄무레한 계절이여,

우리네 기후의 여왕이여,
너희 창백한 어둠의 한결같은 모습보다
반가운 것은 없노라. ─달 없는 밤 둘이
뜻하지 않은 침대 위에서 괴로움 서로 달래는 것밖에는.

102. 파리의 꿈
콩스탕탱 기스*에게

I

살아서 아무도 본 적 없는
그 끔찍한 풍경의
어렴풋하고 아득한 영상이
오늘 아침 다시금 나를 기쁘게 했다.

진정 잠은 기적으로 가득하다!
야릇한 변덕 부려
나는 이 경치에서
고르지 않은 초목은 죄다 몰아내고,

자기 재능에 자신만만한 화가가 되어
금속과 대리석
그리고 물로 이루어진
내 그림 속 단조로움에 도취했다.

계단과 아케이드 겹겹이 쌓은 바벨탑,
그것은 끝없이 너른 궁전이었다.
엄청나게 많은 분수와 물줄기가
부옇거나 윤나는 금 수반으로 떨어졌다.

또한 웅장한 폭포수는
수정의 커튼처럼

---

* Constantin Guys(1802~1892). 보들레르가 격찬해 마지않았던 그 무렵 프랑스의 풍속화가.

금속제 절벽에
눈부시게 걸려 있었다.

나무 아닌 주랑들이
잠든 못을 둘러싸고,
거기 사는 거대한 물의 요정들이
여인들처럼, 물에 제 모습을 비춰보았다.

장밋빛 초록빛 강둑 사이로
푸르스름한 물이 넘쳐흘렀다,
수백만 리
세상 끝 향하여.

그것은 들어보지 못한 보석이며
마법의 물결, 그것은
자신이 반사하는 모든 사물로
눈부시게 빛나는 거대한 거울!

창공에는 갠지스 강이
무심한 듯 유유히 흘러
다이아몬드 심연 속에
항아리 속 보물을 쏟아부었다.

이 도원경을 건축한 나는
내 마음대로
길들인 바다를 불러들여
보석 터널을 지나가게 했다.

그리하여 모든 것이, 검은색마저도
닦여진 듯 밝고 영롱하게 빛나고,

액체는 결정이 된 빛줄기 속에
제 영광을 아로새긴다.

이 신비로운 광경을 비추는 데
별은 하나도 없었다, 태양도 보이지 않았다.
하늘 이 끝에서 저 끝까지
모든 것은 제 빛으로 빛났다!

그런데 이 생동하는 절경 위를
영원한 정적이 감돌고 있었다.
(무서운 새로움이여! 모두 눈을 위한 것뿐,
귀를 위한 것은 하나도 없을 줄이야!)

Ⅱ

불꽃으로 가득 찼던 눈을 뜨자마자
내 초라한 방이 비쳤다.
정신이 들기가 무섭게
저주스러운 번뇌의 칼끝이 나를 찔렀다.

불길한 소리 내는 시계가
느닷없이 정오를 쳤다.
마비된 서글픈 세상 위로
하늘은 어둠을 뿌리고 있었다.

103. 새벽 어스름

막사 마당에 기상나팔이 울렸다.
아침 바람이 가로등 위로 불고 있었다.

이때가 바로 악몽이 떼로 몰려와
갈색 머리 청년들을 베개 위로 비틀어 누르고,
꿈틀거리며 움직이는 핏발 선 눈처럼
등불이 햇빛 위로 붉은 얼룩을 드리우는 시각.
거칠고 육중한 몸뚱이에 짓눌린 넋은
이 햇빛과 등불의 싸움을 흉내 낸다.
산들바람이 닦아주는 눈물 젖은 얼굴처럼
아침 공기는 스러져가는 것들의 떨림으로 가득하고,
사내는 글쓰기에, 계집은 사랑하기에 지쳤다.

여기저기 집집마다 밥 짓는 연기 피어오른다.
창부들은 납빛 눈꺼풀 닫고
입은 헤벌린 채 얼빠진 잠에 떨어지고,
가난한 여자들은 말라빠진 싸늘한 젖퉁이 늘어뜨리고
깜부기불과 손가락에 바쁘게 입김을 불었다.
때는 추위와 탐욕 속에서,
몸 푼 아낙네들의 고통이 심해지는 시각.
거품 이는 피에 끊기는 흐느낌처럼
수탉 우는 소리가 저 멀리서 안개 낀 공기를 찢었다.
안개 자욱한 바다는 즐비한 집채들을 적시고,
양육원 깊숙한 곳에서 죽어가는 병자는
띄엄띄엄 딸꾹거리며 마지막 숨 거둔다.
난봉꾼들은 방탕에 지쳐 집으로 돌아간다.

인적 없는 센 강 기슭으로 장밋빛 초록빛 옷 입은
새벽이 부르르 떨며 나왔다.
아직 다 밝지 않은 도시 파리,
이 늙고 부지런한 일꾼은 연장을 움켜잡았다.

제3부
술

104. 포도주의 넋

어느 밤 포도주의 넋이 병 속에서 노래했다.
"인간이여, 오 친애하는 폐적자여, 나 그대에게
내 유리 감옥과 붉은 봉랍 아래에서
빛과 우애 가득한 노래를 보내노라!

내게 생명 깃들게 하고 영혼 불어넣기 위해
불타오르는 언덕 위에서 얼마나 많은 고생과
비지땀과 뙤약볕이 필요했는지 나는 아노라.
그러나 나는 배은망덕하지도 악랄하지도 않도다.

일에 지친 사람의 목구멍에 떨어질 때
한없는 기쁨을 느끼고,
그의 뜨거운 가슴속을 내 싸늘한 지하창고보다
훨씬 좋아하므로.

그대 들리는가, 설레는 내 가슴속에서
주일의 노래 울려퍼지고, 희망이 들끓는 소리가?
탁자에 두 팔꿈치 괴고 소매 걷어붙이고서
그대는 나를 찬양하고 흐뭇해하리니.

나는 기뻐하는 그대 아내의 눈동자 빛나게 하고,
그대 아들에게 힘과 혈색을 되돌려주고,
인생의 이 연약한 투사에게
장사의 근육을 튼튼하게 해주는 기름이 되어주리.

그대 속에는 식물성의 신들의 양식으로서,
영원한 '씨 뿌리는 자'가 던져준 귀중한 씨앗으로서 떨어지리.

우리의 사랑에서 시가 태어나
진기한 꽃처럼 '하느님'을 향해 피어오르도록!"

105. 넝마주이들의 술

인간들이 누룩처럼 부글부글 소리 내며 들끓는
진창의 미로, 오래된 성 밖 한복판
몰아치는 바람에 불꽃 흔들리고 유리 삐걱대는 가로등
불그스름한 불빛 아래

시인처럼 담벼락에 부딪히고,
비틀거리며 머리 설레설레 흔들고 걸어오는,
경찰 따위는 부하만큼도 개의치 않은 채
원대한 계획 맘대로 뱉어내는 넝마주이를 이따금 본다.

그는 선서하고, 숭고한 법령을 선포하고,
악당들을 처단하고, 희생자들을 격려하고는,
드리워진 닫집 같은 하늘 아래서
훌륭한 제 미덕에 취한다.

그렇다. 이들은 고달픈 살림에 들볶이고,
돈벌이에 지치고, 나이에 고통받고,
거대한 도시 파리의 뒤범벅된 토사물
산더미 같은 쓰레기에 깔려 녹초가 되고 구부러져

술통 냄새 풍기며 집으로 돌아간다.
날마다 되풀이되는 싸움에 지쳐 머리는 세고,
낡아빠진 국기처럼 콧수염 축 처진 패거리 거느리고서.
깃발이며 꽃들이며 개선문들이,

그들 앞에 우뚝 솟아 있구나, 장엄한 마술이여!
그리고 나팔소리와 태양과 함성과 북소리로

떠들썩한 잔치 한가운데서
그들은 사랑에 취한 민중에게 영광을 가져다준다!

이렇게 술은 시시한 '인류'를 가로질러
눈부신 팍톨로스* 강처럼 금빛으로 흐르고,
인간의 목구멍을 지나면서 제 공훈 노래하며
진정한 왕처럼 여러 혜택으로써 다스린다.

말없이 죽어가는 저주받은 늙은이들의
원한이나마 풀어주고 무위나마 달래주려고
'신'은 잠을 만드셨는데,
'인간'이 거기에 태양의 성스러운 아들 '술'을 덧붙였다!

---

* 리디아에 있었다는 신화 속 강 이름. 미다스 왕이 목욕했더니 이곳 모래가 모두 사금으로 변해 이후 사금이 채취되었다고 한다.

106. 살인자의 술

아내가 죽었다, 나는 자유다!
이로써 드디어 실컷 마실 수 있다.
빈털터리로 집에 돌아오면
그녀의 고함이 내 마음을 찢었지.

왕만큼 행복하여라.
공기는 맑고, 하늘은 감탄스럽고…….
내가 아내에게 반한 때도
이런 여름이었지!

나를 쥐어뜯는 이 끔찍한 갈증을
채워주려면 아내의 무덤 가득
차고 넘칠 만큼 많은 술 필요하겠지. ─
이런 말 하는 게 아닌데.

나는 아내를 우물 깊이 던져버리고
그 옆에 있던 돌멩이마저
모조리 그 위에 던져 넣고 왔다.
─되도록 이 일은 잊고 싶구나!

아무것도 우리 사이 떼어놓을 수 없다던
사랑 서약의 이름으로,
우리 도취의 가장 아름다운 시절처럼
서로 화해하자고,

나는 아내에게 저녁 으슥한 골목에서
만나자고 애원했다.

아내가 나타났다! —정신 나간 얼간이 같으니라고!
누구나 조금은 정신이 나갔지만!

삶에 찌든 모습이긴 해도
아내는 여전히 예뻐 보였다!
나는 아내에게 흠뻑 반해 있었다!
그래서 말했다. "삶을 끝내!"

내 마음 아무도 모르리.
어리석은 주정뱅이들 중에
병적인 밤마다
술로 수의 만들 생각한 사람 하나라도 있을까?

쇠로 만든 기계처럼
불사신으로 만들어진 주정꾼은
여름이고 겨울이고 단 한 번의
진정한 사랑을 알지 못한다.

검은 기쁨,
그 지옥 같은 공포의 행렬,
독약 병, 눈물,
그리고 쇠사슬과 뼈다귀 소리 따르는 사랑을!

—나는 이제 자유로운 홀아비!
오늘 밤은 죽도록 취하리.
후회도 두려움도 모른 체하고서
땅바닥에 벌렁 드러누워

개처럼 잠들리!
자갈과 진흙 가득 실은

무거운 바퀴 달린 짐수레나
미친 듯이 질주하는 짐마차가

죄 많은 내 머리 박살 내건
내 몸뚱이 두 동강이 내건
'신'이고 '악마'고 '영성체'고
까짓것 관심도 없다!

107. 외로운 자의 술

물결치는 달이 제 나른한 아름다움
미역 감기려고 전율하는 호수 위로
내려보내는 하얀 달빛처럼
우리에게 다가오는 창부의 야릇한 저 눈길도,

노름꾼이 손에 움켜쥔 마지막 돈도,
쇠잔한 아델린의 음탕한 입맞춤도,
멀리서 들려오는 인간의 고통스러운 외침처럼
무기력하고 달콤한 음악도,

모두 너만 못하다, 오 깊숙한 술병이여,
경건한 시인의 갈증 난 마음에 주려고
네가 볼록한 배에 간직한 이 파고드는 향기에는.

너는 그에게 부어준다. 희망과 젊음과 생명을.
―우리를 승리로 이끌고 '신'과 닮게 만드는
모든 거지들의 보배인 오만함도!

108. 연인들의 술

오늘 하늘은 멋지구나!
재갈도 박차도 고삐도 없이
술 위에 앉아 떠나자꾸나,
환상적이고 거룩한 하늘로!

고열로 인한 섬망에
시달리는 두 천사처럼
수정처럼 맑고 푸른 아침
아득한 신기루 따라가자!

슬기로운 회오리바람의
날개에 두둥실 실려
우리는 똑같이 황홀하게,

내 누이여, 나란히 헤엄쳐
한눈팔지 말고 곧장
내 꿈속 천국으로 달아나자꾸나!

제4부
악의 꽃

109. 파괴

'악마'는 늘 내 곁에서 꿈틀거리며
만질 수 없는 공기처럼 내 주위에 떠 있다.
놈을 삼키면, 내 허파가 불타며 영원한 죄악의 욕망으로 변해
가득 차오르는 기분이다.

'예술'에 대한 내 큰 사랑을 아는 그놈은
이따금 세상에서 가장 매혹적인 여인으로 둔갑하여
위선적인 그럴싸한 핑계 내세워
내 입술을 파렴치한 미약에 맛들게 한다.

또한, 놈은 '하느님'의 감시 피해 나를 먼 곳으로 데려가서,
지쳐 헐떡이는 나를
깊고도 황량한 '권태'의 벌판에 세우고

혼란스러운 내 눈 속에 던져넣는다,
더럽혀진 옷가지들과 헤벌어진 상처를,
그리고 '파괴'에 쓴 피투성이 도구를!

110. 어느 순교의 여인
이름 모를 대가의 소묘

향수병, 금수 놓인 휘장, 음란한 가구,
　대리석 조각상, 그림들,
호화로운 주름 보이며 옷자락 끄는 향기 나는 드레스
　뒤섞인 가운데,

온실 안처럼 탁하며 불길한 공기 감돌고,
　시들어가는 꽃다발이
유리관 속에서 마지막 제 탄식 내뿜는
　미지근한 방 안에서,

머리 없는 송장 하나, 강물처럼,
　시뻘건 피
베개 적시며 쏟아내고, 목 타는 초원처럼
　이불은 피를 마신다.

어둠이 낳아 우리 눈을 붙들어매는
　파리한 유령처럼,
그 머리는 한 다발의 검은 머리채가
　진귀한 보석으로 장식되어

침대 옆 탁자 위에, 미나리아재비 꽃처럼 쉬고 있었다.
　넋은 빠져나가고, 시선은
석양빛처럼 뿌옇고 하얘
　뒤집힌 눈에서 쏟아져 나왔다.

침대 위에는 벌거벗은 몸뚱이가 뻔뻔스레,

자연이 준 선물
은밀한 광채와 숙명적인 아름다움을
훤히 드러내 보였다.

금실로 가를 두른 장밋빛 양말이 한쪽 다리에만
추억처럼 남았다.
양말 대님은 타오르는 은밀한 눈동자처럼
다이아몬드 같은 시선을 던졌다.

자세만큼이나 눈도 욕정을 불러일으키는
사랑의 슬픔을 호소하는 듯한 커다란 초상화와
이 고독의 야릇한 모습은
검은 애욕을 드러냈다.

타락 천사들이 휘장 주름 속에서 헤엄치며
기뻐했을
죄의 쾌락을, 지옥의 입맞춤 가득한
괴상한 향연들을.

그러나 대조적인 윤곽 보이며
세련되게 야윈 어깨와
깎은 듯한 허릿매와 성난 뱀처럼
팔팔한 몸통을 보아하니

젊은 여인이 분명하다! ─격노한 넋과
권태에 좀먹힌 관능이
방황하고 타락한 욕정에 굶주린 무리에게
자신을 열어주게 했는가?

살아생전 바쳤던 네 그 큰 사랑도

끝내 채워주지 못했던 앙심 품은 사내가,
움직이지 못하고 너그러이 응해주는 네 살덩이 위에서
　그 한없는 욕정 채웠는가?

대답하라, 더러운 송장이여! 그가 뻣뻣한 네 머리채 움켜잡고
　화끈한 팔로 너 들어올려
차갑게 식은 네 이에 고별의 입맞춤 남겼는가?
말해라, 역겨운 머리여.

—비웃는 세상에서 멀리, 더러운 무리에서 멀리,
　캐기 좋아하는 법관들에게서 멀리 떨어져
편안히 잠자라, 편안히 잠자라, 괴상한 계집이여,
　네 신비로운 무덤 속에서.

예컨대 네 남편 세상 누비며 도망 다닌다 해도
　네 불멸의 형상은 잠잘 때도 그의 곁에서 지새우니,
그도 너처럼 죽을 때까지
　변함없이 너에게 충실하리라.

111. 영벌받은 여인들

생각에 잠긴 가축처럼 모래밭에 드러누워
그녀들은 바다 너머 먼 수평선에 눈을 돌린다.
서로 더듬어 찾는 발바닥과 마주 잡은 손바닥에서
감미로운 우울함과 씁쓸한 전율이 보인다.

어떤 여인은 긴 비밀 이야기에 가슴 부풀어
시냇물이 조잘대는 숲 속 깊이 들어가,
수줍던 소녀 시절 사랑하는 이의 이름
어린 떨기나무 초록 껍질에 새겨넣는다.

어떤 여인은 수녀처럼 발걸음 무겁게 느릿느릿 걸어간다,
성 앙투안같이 위대한 성자조차 유혹하는
훤히 드러난 자줏빛 젖가슴 용암처럼 솟아난다는
환영으로 가득한 바위 동굴 속을 지나.

어떤 여인은 흘러내리는 송진의 희미한 빛 아래
옛 이교도가 살다 버린 동굴 인기척 없는 구멍 속에서,
뜨거운 울부짖음으로 그대의 구원을 호소한다,
오 바쿠스여, 오랜 회한을 잠재우는 자여!

어떤 여인은 목 언저리에 수도복 두르고,
기다란 그 옷자락 아래에 채찍 감추었다가,
고독한 밤, 으슥한 숲 속에서
고통의 눈물에 환희의 거품 섞는다.

오 처녀여, 오 악마여, 오 요부여, 오 순교자여,
현실을 우습게 아는 향락의 그대들 위대한 정신이여,

무한을 찾는 여인들, 광신자들과 음탕한 여인들,
때로 미친 듯이 울부짖고, 때로 눈물 가득 흘리는 그대들,

내 넋이 지옥까지 쫓아간 그대들,
가엾은 누이들이여, 나 그대들을 측은히 여기고 사랑한다.
그대들의 고뇌 끝없고, 그대들의 갈증 채워질 날 없으며,
드넓은 마음속 사랑의 항아리 넘침을 내가 아노니.

112. 의좋은 자매

'방탕'과 '죽음'은 사랑스러운 두 소녀,
입맞춤 아낌없이 뿌리고, 건강미 넘치고,
언제나 처녀인 배를 누더기로 감싸고,
영원한 노동에도 애는 배지 않는다.

가정의 원수, 지옥의 귀염둥이,
가난한 신하인 시인에게
무덤과 기방은 소사나무 아래
뉘우침 모르는 침대를 가리킨다.

모독으로 가득한 관과 침실은
의좋은 자매처럼 번갈아 가며 우리에게 안겨준다,
무서운 쾌감과 견디기 어려운 상냥함을.

언제 날 묻을 테냐, 다정한 팔 가진 '방탕'이여?
오 '죽음'이여, 그 못지않게 매력적인 경쟁자여,
불결한 도금양 가지에 언제 와서 네 검은 실편백 접붙일 테냐?

113. 피의 샘

이따금 내 피가 일렁이며 흐름을 느낀다.
장단 맞추어 흐느끼는 샘물처럼.
길게 속삭이며 흐르는 소리 잘도 들리는데,
상처를 보려고 더듬는 손이 무색하다.

결투장에서처럼 도시를 가로질러
포석을 섬으로 바꾸며 피가 흐른다.
사람들의 갈증을 풀어주고,
곳곳 풍경을 시뻘겋게 물들이면서.

나는 내 몸 좀먹는 이 공포를
하루만이라도 잠재워달라고 술에게 수없이 빌었다.
그러나 술은 눈을 더욱 밝게 하고 귀를 더욱 또렷하게 해줄 뿐!

망각의 잠을 사랑에서 찾기도 했으나,
내게 사랑은 매정한 저 계집들이
내 피를 마시도록 만들어진 바늘 매트리스에 불과할 뿐!

114. 우의 (寓意)

그것은 아름답고 풍만한 몸매의 한 여인입니다,
술잔 속에 머리카락 잠그고 있는.
애정의 손톱도, 도박장의 독소도
그녀의 화강암처럼 단단한 피부에는 무뎌지고 미끄러집니다.
'죽음'을 비웃고 '방탕'을 경멸하는 그녀.
이 두 괴물은 그 손으로 늘 할퀴거나 쓰러뜨리지만
파괴적인 놀이에서도 그녀의 꼿꼿한 몸에서 풍기는
꺾기 어려운 위엄에는 존경을 바쳤습니다.
그녀는 여신처럼 걷고, 터키 군주의 왕비처럼 유식합니다.
쾌락에서는 이슬람교 신앙을 갖고,
젖가슴 안으려고 활짝 벌린 두 팔 안에
인간이라는 종족을 눈짓으로 부릅니다.
잉태하지 못하나 세상 돌아가는 데 없어서는 안 될 이 처녀는
육체의 아름다움이야말로 신이 내린 최고의 선물이며
이것만 있으면 어떤 악업도 용서받을 수 있다고
알고 있고 믿기도 합니다.
'지옥'도 '연옥'도 그녀는 상관하지 않습니다.
그리고 캄캄한 '밤'으로 갈 때가 되면,
갓난애를 바라보듯 '죽음'의 모습 지켜볼 테지요—증오도 원망도 없이.

115. 베아트리체

타버려 풀도 없는 재투성이 땅을
어느 날 정처 없이 헤매며,
자연 향해 투덜대고

상념의 칼날을 내 가슴 위에서 천천히 갈고 있을 때,
그 대낮에 나는 보았다, 내 머리 위로
불길하고 커다란 폭풍 구름 한 조각이
심술궂고 호기심 많은 난쟁이 같은
사악한 악마 무리를 태우고 내려오는 것을.
놈들이 싸늘한 눈동자로 나를 뚫어져라 바라보더니
행인들이 미치광이 구경하듯이
이런저런 몸짓과 눈짓을 주고받으며
서로 낄낄대고 소곤거리는 소리가 들렸다.

—"천천히 구경하자, 이 풍자화를.
눈빛은 흐릿하고, 긴 머리카락 바람에 날리며
햄릿 흉내 내는 이 허깨비를.
보기에도 불쌍하지 않은가, 저 쾌활한 낙천가,
이 망나니, 놀고먹는 어릿광대, 건달,
능숙하게 제구실 해낼 수 있다고 우쭐해서
제 신세타령으로 독수리와 귀뚜라미와 냇물과
꽃들의 흥을 돋우려 들고,
심지어는 그런 낡아빠진 주제의 고수인 우리에게까지
무성의한 장광설을 늘어놓다니?"

나는 천천히 고귀한 내 머리를 돌릴 수도 있었으리라.
(내 자존심은 산보다 더 높아 저 먹구름도

악마들의 고함도 능가하기에).
하필이면 이 음탕한 악당 무리에 섞여
—아, 이 큰 죄악에 태양이 비틀거리지도 않을 줄이야! —
아름답기 그지없는 절세 미녀, 내 마음의 여왕인 그녀가
놈들과 더불어 내 비참한 패배를 비웃고,
한술 더 떠 불결한 애무를 바치는 모습을 보지만 않았다면.

116. 시테르 섬으로의 어느 여행

내 마음은 새처럼 즐겁게 날갯짓하여
닻줄 둘레를 자유로이 돌았다.
배는 구름 한 점 없는 하늘 아래를 나아갔다.
눈부신 태양에 취한 천사처럼.

저 우울해 보이는 검은 섬은 무엇인가? —시테르 섬이라고,
사람들이 말해준다, 노래로도 알려진 유명한 명승지,
늙은 홀아비들이 모두 꿈꾸는 진부한 '엘도라도'.
그러나 이제 보니 그저 보잘것없는 땅 아닌가.

—달콤한 비밀과 마음의 향연을 지닌 섬이여!
고대 비너스의 화려한 영령이
그대 주위 바다에 향기처럼 감돌며
사랑과 시름으로 사람들의 마음을 채웠던.

초록빛 도금양, 꽃들 만발하고,
모든 민족이 숭배한 아름다운 섬이여,
지독한 사랑의 마음에서 나온 한숨이
장미원의 향기처럼,

또는 산비둘기의 끝없는 울음소리처럼 가슴에 사무쳤다!
—그러나 시테르는 이제 더없이 메마른 땅.
날카로운 고함으로 어지러운 모래와 자갈투성이의 황무지.
더군다나 나는 보았다, 해괴한 것을!

그것은 꽃을 사랑하는 젊은 수녀가
비밀스러운 열정에 몸이 달아

불어오는 산들바람에 옷깃 펄럭이며 찾아간
숲 속 그늘에 싸인 신전이 아니었다.

우리의 하얀 돛에 새들이 놀랄 정도로
바닷가에 바짝 붙어 지나가며
유심히 들여다보니, 교수대 세 개가
실편백처럼 시커멓게 하늘로 솟아 있었다.

사나운 새들은 제 먹이 위에 앉아
알맞게 썩은 목매단 송장을 열심히 쪼아대었다.
저마다 더러워진 부리를 무슨 연장처럼 휘두르며,
썩어 문드러진 피투성이 몸뚱이를 구석구석 파헤쳤다.

눈은 두 개의 구멍이고, 벌어진 배때기에선
허벅지 언저리까지 창자가 흘러내렸다.
이 흉측한 진미로 배를 채운 망나니들은
부리로 쪼아 시체를 완전히 거세해버렸다.

발 아래에는 네 발 달린 맹수들이 떼 지어 몰려들어
주둥이 쳐들고 어슬렁거렸다.
한가운데에 자리 잡은 가장 큰 짐승 한 마리는
부하를 거느린 사형집행관처럼 보였다.

시테르 섬의 주민이여, 맑은 하늘의 아들이여,
너에게 무덤마저 금한 죄악과
불명예스러운 예배 속죄하려고
이런 모욕조차 묵묵히 너는 견디고 있구나.

우스꽝스럽게 목 매달린 자여, 네 고통은 곧 내 고통이니!
덜렁거리는 네 팔다리를 보고 나는 느꼈다,

해묵은 고통의 담즙이 긴 강물 되어
토사물처럼 내 이 사이로 솟아오르는 것을.

그처럼 소중한 추억 지닌 가엾은 자여,
네 앞에서 나는 느꼈다, 그 옛날 내 살을
씹어먹기 좋아했던 검은 표범들의 모든 턱주가리와
까마귀들의 날카로운 모든 부리를.

―하늘은 매력적이고, 바다는 잔잔했다.
그러나 그 이후 내게 모든 것은 시커먼 피투성이로 변했다.
슬프게도 내 마음은 두꺼운 수의에 싸이기라도 한 듯
이 알레고리 속에 파묻혔다!

오, 비너스여, 당신 섬에서 내가 본 유일한 것은
내 모습이 매달린 상징의 교수대 그것뿐이었다…….
―아! 주여! 제게 주옵소서,
이 마음과 육체를 혐오감 없이 바라볼 힘과 용기를!

117. 사랑의 신과 해골
구식 '장말삽화(cul-de-lampe)' 제목

'사랑의 신'이 앉았다,
  '인류'의 해골 위에.
불경한 그놈은 웃는다,
  그 옥좌에서 뻔뻔스럽게.

둥근 비눗방울 즐겁게 불어
  공중으로 올려 보내니
하늘 끝
  별천지까지 닿을 듯하다.

반짝반짝 빛나는 부서지기 쉬운 그 방울
  힘차게 날아올라
터지고 깨져 불쌍한 넋을 토한다,
  황금 꿈처럼.

불어내는 방울 하나하나에서
  해골의 목소리가 탄식한다.
"이 잔인하고 어리석은 장난
  언제나 끝내려나?

살인자 악귀여,
  잔혹한 네 입이
공중에 뿌리는 것은
  그건 바로 내 골이요, 피요, 살이다!"

제5부
반역

118. 성 베드로의 부인(否認) *

'하느님'은 대체 어쩔 셈이신지, 아끼시는 '지품천사' 향해
날마다 하계에서 올라오는 저 저주의 물결을?
고기와 술로 잔뜩 배를 채운 폭군처럼
그는 우리의 끔찍한 모독의 외침을 기분 좋게 들으며 잠드셨다.

순교자와 사형수들의 흐느낌은
진정 도취시키는 교향곡인가,
그의 쾌락을 위해 그토록 피 흘리게 하고도
하늘은 아직도 만족하지 않으니!

—아! 그리스도여, 저 감람동산의 사건을 떠올리소서.
순진한 당신은 무릎 꿇고 기도하지 않았나이까,
역겨운 사형집행인들이 당신 생살에 못 박는 소리를 듣고도
하늘에서 웃고만 있던 그자에게.

천한 보초병이며 요리사들이
당신의 신성한 살갗에 침 뱉는 것을 보았을 때,
무한한 '인류애'를 품은 당신 머리뼈에
가시관이 파고드는 것을 느꼈을 때,

산산이 찢겨진 당신 육신의 그 끔찍한 무게 견디지 못해,
두 팔을 축 늘어뜨리고,
창백한 이마에서 피와 땀이 흘러내렸을 때,
뭇사람들 앞에 과녁처럼 서 있었을 때,

당신은 꿈꾸고 있었나이까, 저 아름다웠던 찬란한 날들을,

---

* 성 베드로가 예수의 제자임을 부인한 사건에 관해서는 신약성서 마태복음 27장 및 요한복음 18장 참조.

영원한 약속 이행하려 오시던 그날,
순한 암나귀 타고 꽃과 나뭇가지 깔린
큰길 사뿐히 밟았던 그날을,

희망과 용기에 가슴 부풀어,
그 모든 천박한 장사치들에게 채찍 휘둘렀던 그날을,
마침내 세상의 주님이 되셨던 그날을? 십자가에 달렸을 때,
회한이 창보다 먼저 당신 옆구리를 파고들지 않았나이까?

―행동이 꿈의 누이가 아닌 이 세상에 만족하여
나라면 틀림없이 떠나리,
칼을 휘두르고, 그 칼에 죽을 수 있었으면!
성 베드로는 예수를 부인했다…… 그것은 잘한 일이다!

119. 아벨과 카인*

I

아벨 족속이여, 자고 마시고 먹어라.
하느님이 호의적으로 너에게 미소짓는다.

카인 족속이여, 진창 속을 기어다니며
참혹하게 죽어라.

아벨 족속이여, 네 제물은
'지품천사'의 코를 즐겁게 한다!

카인 족속이여, 네 형벌에
과연 끝이 있으랴?

아벨 족속이여, 네가 뿌린 씨와
가축이 번성해감을 보라.

카인 족속이여, 네 창자가 울부짖는다,
굶주린 늙다리 개처럼.

아벨 족속이여, 배를 따뜻이 덥혀라,
남편인 체하는 난롯가에서.

카인 족속이여, 네 동굴에서
추위에 떨어라, 가련한 승냥이야!

---

* 구약성서 창세기 4장 참조.

아벨 족속이여, 사랑하고 우글거려라,
네 돈도 새끼를 낳으리.

카인 족속이여, 가슴은 불타지만,
두려운 대망을 조심하라.

아벨 족속이여, 너는 자라고 풀을 뜯어먹어라,
숲의 벌레처럼!

카인 족속이여, 궁지에 몰린 처자식 데리고
길거리를 헤매라.

Ⅱ

오! 아벨 족속이여, 너는 썩어서까지
김 오르는 땅을 기름지게 하리!

카인 족속이여, 네 고생은
아직 끝나지 않았다.

아벨 족속이여, 칼이 창에 패했으니,
이것이 너의 치욕이었다!

카인 족속이여, 하늘로 올라가
하느님을 땅으로 내던져라!

120. 사탄의 신도송 (信徒頌)

오, '천사들' 중 가장 박식하고 아름다운 당신,
운명에 배신당하고 찬양을 빼앗긴 '신'이여,

오, '사탄'이여, 내 오랜 불행을 불쌍히 여기소서!

오, 귀양 간 '왕자'여, 상처받고 패해도
언제나 더 굳건히 일어나는 당신,

오, '사탄'이여, 내 오랜 불행을 불쌍히 여기소서!

모든 것을 아는 당신, 지하의 것들을 다스리는 대왕,
인간의 고통을 고쳐주는 가족 같은 당신,

오, '사탄'이여, 내 오랜 불행을 불쌍히 여기소서!

문둥이에게도, 저주받는 천민에게도
사랑으로 '천국'의 맛을 가르쳐주는 당신,

오, '사탄'이여, 내 오랜 불행을 불쌍히 여기소서!

튼튼하고 늙은 정부인 '죽음'에서
매혹적인 미치광이—'희망'을 낳아준 당신!

오, '사탄'이여, 내 오랜 불행을 불쌍히 여기소서!

단두대를 둘러싼 군중을 비난하는
침착하고 거만한 눈길을 사형수에게 주는 당신,

오, '사탄'이여, 내 오랜 불행을 불쌍히 여기소서!

샘 많은 신들이 야망의 땅 어느 구석에
보석을 감추었는지 아는 당신,

오, '사탄'이여, 내 오랜 불행을 불쌍히 여기소서!

금은보화 파묻혀 잠자는 땅속 깊은 보물 창고를
혜안으로 알아낸 당신,

오, '사탄'이여, 내 오랜 불행을 불쌍히 여기소서!

처마 따라 방황하는 몽유병자에게
거대한 손으로 낭떠러지 가려주는 당신,

오, '사탄'이여, 내 오랜 불행을 불쌍히 여기소서!

미처 못 피해 말발굽 아래 짓밟힌 주정뱅이의 늙은 뼈에
마술처럼 탄력을 주는 당신,

오, '사탄'이여, 내 오랜 불행을 불쌍히 여기소서!

신음하는 허약한 인간을 위로하려 초석과 유황 섞어
화약 만드는 법 가르쳐준 당신,

오, '사탄'이여, 내 오랜 불행을 불쌍히 여기소서!

매정하고 냉혹한 부자 이마에 그대의 낙인을 찍은
민첩한 공범자 그대,

오, '사탄'이여, 내 오랜 불행을 불쌍히 여기소서!

아가씨들의 마음속과 눈 속에 상처에의 숭배와
누더기에의 애정을 심어준 당신,

오, '사탄'이여, 내 오랜 불행을 불쌍히 여기소서!

유형수의 지팡이, 발명가의 등불,
사형수와 매국노의 고해신부,

오, '사탄'이여, 내 오랜 불행을 불쌍히 여기소서!

하느님 아버지의 분노를 사서 이 지상 낙원에서
쫓겨난 모든 자의 양아버지,

오, '사탄'이여, 내 오랜 불행을 불쌍히 여기소서!

　기도

사탄이여, 그대에게 영광과 찬양 있으라.
당신이 다스린 '하늘' 높은 곳에 있을 때도,
'지옥' 바닥으로 떨어져 패배하여 말없이 꿈을 좇을 때도!
모쪼록 내 마음이 언젠가 '지혜의 나무' 아래
당신 곁에서 쉬게 하여주소서, 그 가지들이
새 세상의 '신전'처럼 그대 이마에 우거질 때쯤!

제6부
죽음

121. 연인의 죽음

무덤처럼 깊숙한 긴 의자와
은은한 향기 깃든 침구를 우리는 갖게 되리.
우리 위해 아름다운 이국의 하늘 아래
선반 위에서 야릇한 꽃들이 피어나리.

마지막 정열 앞다투어 불태우며
우리 두 심장은 거대한 두 개의 횃불처럼 타오르리,
두 겹의 불꽃 비추리,
양면 거울인 우리 두 마음 안에서.

장밋빛과 신비한 푸른빛 도는 그 저녁
우리는 서로 다시없는 쾌감을 나누리,
이별을 아쉬워하는, 안타까운 긴 흐느낌처럼.

얼마 뒤 한 천사가 문 열고 들어와
즐겁게, 정성껏,
흐려진 거울과 죽은 불꽃을 되살려내리.

122. 가난한 자의 죽음

'죽음'이 위로해줍니다, 살아가게도 해줍니다!
이것이 삶의 목표, 그리고 이것이 영약처럼
우리를 취하게 하고 기운 북돋워, 저녁때까지
계속 걸을 수 있게 용기 주는 유일한 희망입니다.

폭풍과 눈과 서릿발 너머로
캄캄한 우리 지평선 위에서 떠는 이것이 광명입니다!
책에도 나와 있는 유명한 여인숙입니다, 여기에서라면
우리는 먹고 자고 쉴 수 있지요.

그것은 '천사'입니다, 자력 지닌 손가락 속에
잠과 황홀한 단꿈 쥐고서
가난하고 헐벗은 자들의 잠자리를 마련해주지요.

그것은 '신들'의 영광입니다, 그것은 신비의 곳간입니다,
그것은 가난한 자의 지갑이며, 그리운 조국입니다,
그것은 미지의 '천국'으로 열린 회랑입니다!

123. 예술가의 죽음

서글픈 풍자화야, 몇 번이나 내 방울을 흔들며
네 천한 이마에 입 맞추어야 하느냐?
신비로운 본질이라는, 그 과녁을 맞추기까지,
오 내 화살통아, 얼마큼의 투창을 잃어야 하느냐?

치밀한 음모에 우리 넋은 지치고,
육중한 뼈대도 수없이 헐리고 헐리리라.
그 악랄한 욕망으로 우리에게 흐느낌 치밀어 오르게 하는
저 위대한 '창조물'을 바라보게 될 때까지는.

자신의 '우상'을 영영 알지 못하는 예술가도 있다.
불명예의 낙인 찍힌 저주받은 조소가들은
자기 가슴과 이마를 치며 분통을 터트리지만,

그들에게도 유일한 희망은 남았다, 괴상하고 슬픈 '주피터의 신전'이여!
그것은 '죽음'이 새로운 태양처럼 떠올라
그들 머릿속 꽃들을 활짝 피워줄지도 모른다는 것이다!

124. 하루의 끝

뻔뻔스럽고 야단스러운 '인생'은
어슴푸레한 불빛 아래를 달리고 춤추고
이유도 없이 몸부림친다.
그리하여 이윽고 지평선에서

쾌락의 밤이 솟아올라
모든 것을, 허기마저도 달래고
모든 것을, 수치마저도 지워버리면
'시인'이 중얼거린다. "드디어!

내 마음도 내 등뼈처럼
휴식을 열렬히 기원한다.
서글픈 꿈으로 가득한 가슴 안은 채

나는 반듯이 드러누우련다.
오, 산뜻한 어둠아,
네 장막 속에서 뒹굴련다!"

125. 어느 호기심 많은 자의 꿈

펠릭스 나다르*에게

그대도 나처럼 아는가, 저 달콤한 고통을?
그대는 그것이 그대에 관해 이렇게 말하게 하는가? "허 참! 괴짜로군!"
—나는 죽어가고 있었다. 사랑하는 내 마음속에 있는 것은
두려움 뒤섞인 정욕과 기이한 아픔이었다.

번민과 강렬한 희망이라고나 할까, 반항심은 전혀 없었다.
숙명의 모래시계가 비어갈수록
내 고통은 더욱 심해지고 더욱 감미로워졌다.
내 마음은 친숙해진 이승에서 벗어나고 있었다.

나는 한시라도 빨리 구경거리를 보려고 안달하는 소년 같았다.
사람들이 장애물을 싫어하듯 드리워진 천막 미워하면서……
드디어 냉혹한 진실이 모습을 드러냈다.

나는 이미 죽어 있었다. 놀라지도 않고, 무서운 새벽빛이
나를 감쌌다. —뭐야! 겨우 이거야?
막은 이미 걷혔는데, 나는 아직도 기다리고 있었다.

---

* 보들레르의 친구이자 사진사 겸 기구조종사 겸 문학자(1820~1910). 기인이었다.

126. 여행

막심 뒤 캉*¹에게

I

지도와 판화를 사랑하는 소년의 마음에
우주는 원대한 식욕과 같은 것.
아! 등불 아래 비치는 세계는 얼마나 드넓은가!
추억의 눈으로 본 세계는 그토록 작은데!

어느 아침 우리는 떠난다. 머릿속은 불꽃 가득하고,
마음은 원한과 쓰라린 욕망으로 부풀어오른 채,
물결치는 파도의 선율 따라
유한한 바다 위에 무한한 상념을 흔들며,

어떤 사람은 추악한 조국에서 달아나고,
어떤 사람은 요람의 공포에서 도망치고, 또 어떤 사람은
계집의 눈에 빠져 있는 점성술사*²처럼
치명적인 체취를 지닌 폭군 같은 키르케*³에게서 피신한다.

짐승으로 변하지 않으려고 그들은 취한다,
공간과 햇빛과 타오르는 하늘에.
추위가 살을 에고, 태양이 그들을 태워

---

*1 보들레르의 친구, 여행가, 문학가, 진보주의자(1822~1894). 보들레르는 친구 아슬리노에게
  보낸 1858년 2월 20일자 편지에 이렇게 썼다. "나는 막심 뒤 캉에게 바치는 긴 시를 썼다.
  자연을, 그리고 특히 진보 사상을 사랑하는 자를 전율케 하는 시이다."
*2 포의 단편소설 《리디아》 참조. 이 소설의 주인공은 애인 리디아의 눈동자를 쌍둥이자리로, 자
  신을 점성술사로 규정했다.
*3 호메로스 《오디세우스》 참조. 마녀 키르케는 자신의 섬으로 찾아온 오디세우스를 붙잡아두고
  싶어서 뱃사람들에게 마법의 술을 먹여 돼지로 바꾸어버린다.

차츰 입맞춤의 흔적을 그들 살갗에서 지워간다.

그러나 참다운 여행자들은 오직 떠나기 위해
풍선처럼 가벼운 마음으로 훌쩍 떠나는 사람들.
어차피 숙명에서 빠져나가지도 못하면서
까닭도 모른 채 늘 그들은 외친다. "자, 떠나자!"

그들의 욕망은 구름의 형상을 하고 있다.
그리고 그들은 대포를 갈망하는 신병처럼 꿈꾼다.
알 수 없고 변화무쌍한, 인간이 일찍이
그 이름을 들은 적 없는 대범한 쾌락을!

Ⅱ

두렵다! 빙글빙글 도는 팽이를, 튀어오르는 공을
우리는 흉내 내고 있구나. 잠들어 있어도
'호기심'은 우리를 들볶으며 쫓아다닌다.
태양을 채찍질하는 잔인한 '천사'처럼.

목표가 이동하다니 얄궂은 운명이로다.
요컨대 어디에도 없기에 어디든 상관없다니!
'인간'은 지칠 줄 모르는 희망을 품고
안식을 찾아 미치광이처럼 줄곧 달리니!

우리의 넋은 '이카리 섬'*4 찾아 떠도는 돛대 세 개의 배일지니,
갑판에서 하나의 목소리가 들린다. "눈을 떠라!"
망루에서 미쳐 들뜬 또 하나의 목소리가 외쳤다.
"사랑…… 명예…… 행복!" 제기랄! 그것은 암초다!

---

*4 에티엔 카베(1788~1856)의 소설 《이카리 성으로의 여행(Voyage en Icarie)》을 가리킨다.

망보는 사나이가 가리키는 섬들은 모두
'운명'이 약속했던 '엘도라도'.
그러나 대향연을 준비했던 '공상'이
아침 햇빛에서 찾아낸 것은 암초일 뿐.

오 환상의 나라를 동경하는 가엾은 사내여!
아메리카 대륙이라도 발견할 기세인 이 주정뱅이 뱃사람,
신기루를 보아 바다의 심연을 더욱 쓸쓸하게 만든 이자를
사슬로 묶어 바다에 던져버릴까?

저 늙은 방랑객도 마찬가지. 진창을 헤매면서
턱 내밀고 눈부신 낙원을 꿈꾼다.
어디서나, 누옥에 촛불만 켜져 있다면,
매혹된 그의 눈은 카푸이*5를 찾아낸다.

III

놀라운 여행자여! 바다처럼 깊은 네 눈 속에서
우리는 얼마나 고귀한 이야기를 읽어내는지!
네 화려한 추억의 보석 상자 안에 담긴
별과 대기로 만들어진 그 진기한 보석을 보여다오.

우리는 증기도 돛도 없이 여행하고 싶어라!
우리 감옥의 권태에 활기를 주기 위해,
화폭처럼 팽팽한 우리 마음 위에
지평선이라는 그림틀 가진 네 추억 펼쳐다오.

들려다오, 무엇을 보고 왔는지?

＊5 Capoue. 이탈리아 남부에 있던 고대도시 카푸아(Capua)를 말하는데, 한니발 장군이 제2차
　포에니전쟁 중에 한가로이 먹고 마시며 즐긴 곳으로 유명하다.

Ⅳ

"우리는 보았다, 별들을,
수많은 파도를. 또 우리는 보았다, 모래를.
충돌과 뜻밖의 재난도 있기는 있었으나
우리는 자주 따분했다, 여기서 살 때와 마찬가지로.

보랏빛 바다에서 빛나는 태양의 영광은,
석양 비친 도시의 영광은,
우리 마음속에 불안한 정열의 불 붙여,
달콤한 저녁놀에 물든 하늘에 잠겨들고 싶게 했다.

그 어떤 풍요로운 도시와 그 어떤 장관에도
우연이 구름을 소재로 만들어내는
그 신비로운 매력은 없었다.
거기다 정욕은 끊임없이 우리를 괴롭혔다!

—향락은 정욕의 힘을 부추긴다.
정욕이여, 쾌감을 거름으로 자라는 늙은 나무여,
네 껍질이 두껍고 딱딱해질수록
네 가지는 태양을 더 가까이 보고 싶어 안달한다!

실편백보다 뿌리 깊은 거목이여, 언제까지
너는 자라려느냐? —어쨌든 우리는 가지고 왔다,
탐욕스러운 그대들 사진첩에 붙이려고 몇 개의 스케치를,
먼 데서 온 것이면 무엇이든 아름답다 여기는 형제여!

우리는 코끼리의 코를 가진 우상에 절하였고,
눈부신 보석 박힌 옥좌에도 절했다.
공들여 지은 궁궐의 몽환적인 장려함은

그대들 은행가에게는 파산의 꿈 되리.

우리 눈을 황홀하게 하는 옷도 보았다.
이와 손톱을 물들인 여인도 있었다.
뱀이 애무하는 능란한 마술사도 보고 왔다."

V

그리고, 또 무엇을?

VI

"오, 어린애 같은 자들이여!
가장 중요한 것이니 잊기 전에 말하노라.
찾아다니지도 않았는데 우리는 어디서나 보았다.
위부터 아래까지 숙명의 사다리 한가득
불멸의 죄악의 그 지긋지긋한 광경을.

계집은 천한 노예, 오만하고 어리석으며,
웃지도 않고 저 자신을 숭배하고 혐오도 없이 저 자신을 사랑하는.
사내는 탐욕스러운 폭군, 색을 밝히고 잔인하며 욕심 많은,
노예 중의 노예, 수채 속에 흐르는 구정물.

즐기는 사형집행인, 흐느끼는 순교자,
피로 양념하고 맛을 내는 잔치,
독재자를 안달 나게 하는 권력의 독약,
자신을 바보로 만드는 채찍을 사랑하는 백성.

우리 종교와 비슷한 여러 종교는
모두들 하늘로 기어올라가고, '신성(神聖)'은

깃털 이불 안에서 뒹굴거리는 호사가처럼
수난과 고행에서 쾌락을 찾고 있었다.

수다스러운 '인류'는 제 재주에 도취하여,
예나 지금이나 변함없이 경솔하게
신을 향해 자신의 맹렬한 고뇌 속에서 부르짖었다.
'오 내 동류여, 내 스승이여, 그대를 저주하노라!'

조금 덜 어리석은 자들, 용감하게 '광란'을 염모하는 자들은
'운명'이 가둔 짐승 울짱에서 벗어나
끝없는 아편 속으로 달아났다!
─이것이 온 지구의 영원한 보고서이다."

VII

여행에서 얻는 지식은 쓰다!
단조롭고 작은 세계는 오늘도, 어제도, 내일도
그리고 언제나 우리의 자화상만을 보여준다.
권태의 사막에 있는 공포의 오아시스를!

떠나야 할까? 머물러야 할까? 머무를 수 있으면 머무르고,
떠나야 하면 떠나라. 어떤 이는 달리고, 어떤 이는 주저앉지만,
모두 빈틈없이 지키는 역겨운 원수 '시간'을 속이기 위함이다!
불쌍해라! 개중에는 쉬지 않고 달리는 자도 있다.

떠도는 '유대인' 또는 사도들처럼.
역겨운 망투사*6의 그물을 벗어나려면
아무것도, 기차도 기선도 소용없다. 또 개중에는

---

*6 고대 로마 시대에 그물을 사용했던 검투사.

제 요람을 떠나지 않고도 그를 죽일 수 있는 자가 있다.

마침내 그가 우리 등뼈 위에 발을 디디면
우리는 희망을 갖고 외치자. "앞으로!"
예전에 중국으로 떠났던 것처럼
눈은 바다를 응시하고 머리카락 바람에 휘날리며,

'어둠'의 바다로 배를 띄우자,
젊은 여행자처럼 들뜬 마음으로.
그대 귀에도 들리리라, 달콤하고 서글픈 저 목소리가.
"이리로 오라! 저 향기로운 로터스*7 열매

맛보려는 그대들이여! 그대들 마음이 굶주려 있는
기적의 열매를 수확하는 곳은 바로 이곳.
이리 와 취하라, 끝없는 이 오후의
신비한 감미로움에!"

귀에 익은 목소리로 망령이 우리에게 알려준다,
우리의 필라데스*8가 저쪽에서 우리에게 손 내민다.
"그대 마음 식히기 위해 엘렉트라*9 곁으로 헤엄쳐 가라!"
옛날 우리가 그 무릎에 입맞추던 연인이 말한다.

VIII

오, '죽음'이여, 늙은 선장이여, 때가 되었다! 닻을 올리자!
우리는 이 땅이 지겹다. 오, '죽음'이여! 출항 준비를 하자!
하늘과 바다는 비록 먹물처럼 검으나

---

*7 신화에 나오는 신비의 식물. 이것을 먹으면 모든 것을 망각하게 된다고 한다.
*8 그리스 신화에 나오는 인물. 오레스테스의 친구이자, 그의 누이 엘렉트라의 남편. 다음 항 참조.
*9 오레스테스의 누이. 오레스테스의 친구 필라데스의 아내가 됨.

네가 속속들이 아는 우리 마음은 빛으로 가득하다!

네 독을 우리에게 부어 우리의 기운을 돋우어주렴!
이 불같이 타오르는 욕정이 우리 뇌를 불태우니
'지옥'이건 '천국'이건 아무러면 어떠랴? 심연 깊숙이
'미지'의 바닥에 잠기리라, 새로운 것 찾기 위해서!

《떠돌다 정착한 시》

1. 낭만파의 낙조

우리에게 아침 인사 불 뿜듯 던지고
활기차게 솟을 때, 태양은 실로 멋지다!
—꿈보다도 영광스러운 낙조에
애정 담아 경례할 수 있는 자는 행복하다!

기억난다! ……내가 본 모든 것, 꽃도 샘물도 밭고랑도
아침 해 뜨기 전에 가슴 두근대며 황홀해하곤 했다…….
—지평선 향해 내달리자. 벌써 늦었다, 서둘러 달리자,
기울기 시작한 햇발이라도 잡자!

물러난 '신'을 쫓아는 가봤으나 헛수고였다.
거역하기 어려운 '밤'이 찾아와, 어둡고 축축하고 불결하고
두려움으로 가득한 제국을 일찌감치 세웠다.

묘지 냄새가 어둠 속에 떠 있고,
내 겁먹은 발은 늪 가에 있는
난데없는 두꺼비를, 차가운 달팽이를 짓이긴다.

제1부
《악의 꽃》(초판)에서 삭제된 금지시

2. 레스보스*1

라틴풍 놀이와 그리스풍 향락의 어머니,
레스보스, 거기서 태양처럼 따갑고 수박처럼 신선하고,
나른한 입맞춤과 유쾌한 입맞춤이
영광스러운 낮과 밤을 장식한다.
라틴풍 놀이와 그리스풍 향락의 어머니.

레스보스, 거기서 입맞춤은 폭포처럼
끝없는 심연으로 겁 없이 곧장 뛰어들어
헐떡이며 흐느끼고 신음하며 매달린다,
난폭하고 은밀하게 야단스럽고 차분하게.
레스보스, 거기서 입맞춤은 폭포처럼!

레스보스, 거기서 프리네*2가 서로 끌어당기고,
한숨마다 반드시 메아리가 대답하고,
별들마저 파포스*3와 똑같이 너를 숭배하니,
비너스가 사포*4를 시샘하는 것도 마땅하리!
레스보스, 거기서 프리네가 서로 끌어당기고.

레스보스, 무덥고 나른한 밤의 땅,
눈가가 움푹 파인 아가씨들이 거울 앞에서,

---

*1 그리스 동부 에게 해에 있는 섬. 미틸레네 섬. 옛날 이 섬에 여성 동성애자가 많았다는 데서
'레즈비언'이라는 말이 생겼다. 참고로, 보들레르가 한때 이 시집에 《레스보스의 여인들》이라
는 제목을 붙이려 했다는 사실은 앞서 다루었다.
*2 매혹적인 아름다움으로 인해 불경죄를 저질렀음에도 법정에서 용서받은 그리스의 고급 창녀.
*3 지중해 키프로스 섬의 옛 이름. 아프로디테의 신전이 있는 것으로 유명하다.
*4 고대 그리스 최고의 여류시인. 레스보스 섬에서 태어났으며, 여제자와 깊은 동성애를 나누었
다. 미청년 파온에게 반했다가 실연한 뒤 레우카스 절벽에서 바다에 몸을 던져 자살했다는 전
설이 있다.

잉태하지 못하는 쾌락이여!
묘령의 무르익은 열매를 어루만진다.
레스보스, 무덥고 나른한 밤의 땅.

늙은 플라톤의 찌푸린 얼굴 따위 신경 쓰지 마라.
감미로운 왕국의 여왕, 사랑스럽고 고귀한 땅이여,
그 넘쳐흐르는 입맞춤으로, 마르지 않는 우아함으로
너는 너의 용서를 얻어낸다.
늙은 플라톤의 찌푸린 얼굴 따위 신경 쓰지 마라.

그 영원한 고뇌에서 너는 너의 용서를 얻어낸다.
우리로부터 멀리 다른 하늘 가장자리에서
어렴풋이 보이는 그 빛나는 미소에 이끌려
야심찬 가슴에 휴식 없이 가해지는
그 영원한 고뇌에서 너는 너의 용서를 얻어낸다!

레스보스여, 어느 '신'이 감히 네 심판관이 되랴,
그리고 고통 속에 창백해진 네 이마를 벌하랴,
네 냇물이 바다에 쏟아부은 눈물의 홍수를
황금 저울로 달아보지 않았다면?
레스보스여, 어느 '신'이 감히 네 심판관이 되랴?

옳고 그름의 법이 우리에게 무슨 소용이랴?
숭고한 마음씨 가진 처녀들이여, 이 섬의 자랑인 자여,
그대들 종교도 다른 종교처럼 존엄하니,
또한, 사랑에 빠진 사람은 '지옥'도 '천국'도 비웃으니!
옳고 그름의 법이 우리에게 무슨 소용이랴?

이 세상 하고많은 사람 중에서 레스보스는 나를 택했으니,
꽃핀 처녀들의 비밀을 노래하라고.

덕분에 나는 어려서부터 시커먼 눈물 섞인
방종한 웃음소리의 검은 신비에 도통했다.
이 세상 하고많은 사람 중에서 레스보스는 나를 택했으니.

그때부터 나는 레우카스*⁵ 꼭대기에서 망을 본다,
저 멀리 창공 아래 그 형태 가물거리는
돛단배, 군함을 밤낮으로 감시하는
확실하고 꿰뚫어보는 눈을 가진 파수꾼처럼
그때부터 나는 레우카스 꼭대기에서 망을 본다.

바다가 과연 너그럽고 친절한지 알아보려고,
바위에 부딪혀 우는 파도가 어느 저녁
사포의 숭배를 받는 시체가 모든 것을 용서하는
레스보스로 되돌려줄지 않을지.
바다가 과연 너그럽고 친절한지 알아보려고!

씩씩한 사포, 연인이자 시인,
그 수수한 창백함 때문에 비너스보다 아름답다!
—비너스의 푸른 눈동자조차, 고뇌가 남긴 그늘 드리운
검은 눈동자에 미치지 못했다.
씩씩한 사포, 연인이자 시인!

—세상 위에 우뚝 솟은 비너스보다 아름다워라.
그 차분한 모습의 보석을
그 금발머리 청춘의 빛을
자기 딸에게 반한 늙은 '바다'에 쏟은,
세상 위에 우뚝 솟은 비너스보다 아름다워라!

---

*5 레스보스 섬에 있는 곳. 사포가 몸을 던진 곳.

—신성모독의 날에 죽은 사포.
의식과 엉터리 예배를 비웃고,
오만함으로 자신의 배교를 벌한 야비한 사내에게
그 아름다운 몸을 먹이로 바치고서
신성모독의 날에 죽은 사포.

이때부터 레스보스는 탄식한다.
온 세상의 숭배 한몸에 받으면서도,
쓸쓸한 바닷가에서 하늘로 솟아오르는
비탄의 외침에 밤마다 취하여!
이때부터 레스보스는 탄식한다!

3. 저주받은 여인들
델핀과 이폴리트

가물거리는 희미한 등불 아래, 향기 듬뿍 밴 폭신한 쿠션 위에서
이폴리트는 꿈꾸고 있었다,
젊은 순결의 장막을 걷어올리게 한
그 힘찬 애무를.

폭풍에 흐려진 눈으로 그녀는 찾고 있었다,
이미 멀어진 천진난만한 제 하늘을
아침에 지나온 푸른 지평선 쪽으로
머리를 돌리고 있는 나그네처럼.

무뎌진 눈동자에서 툭 떨어지는 무기력한 눈물,
지친 모습, 망연자실한 모양, 절제된 요염함,
쓸모없는 무기처럼 아무렇게나 내팽개친 두 팔,
이 모두가 그녀의 여리디여린 아름다움을 더해주었다.

그 발치에, 기쁨에 넘쳐 고요히 누워,
델핀은 타오르는 눈길로 상대방을 감싸 안고 있었다,
먹이에 이빨 자국을 낸 다음 느긋하게 감시하는
맹수처럼.

가냘픈 아름다움 앞에 무릎 꿇은 억센 아름다움,
승리의 술에 기분 좋게 취하듯이
이폴리트 쪽으로 몸을 쭉 펴고 누웠다.
달콤한 감사의 말이라도 받아내려는 것처럼.

자신이 만든 창백한 희생자 눈 속에서

그녀는 찾는다, 쾌락이 노래하는 말없는 찬가와
긴 한숨처럼 눈꺼풀에서 흘러나오는
끝없는 최고의 감사를.

―"사랑스러운 이폴리트, 어떻게 생각하니?
처음 핀 네 장미꽃 그 거룩한 제물을
꽃들 시들게 할 거센 바람에 바칠 필요 없었다는 걸
이제 알겠니?

내 입맞춤은 저녁 넓고 맑은 호수 위를
어루만지는 하루살이처럼 가볍다.
그러나 네 정부(情夫)의 입맞춤은 짐수레처럼,
또는 쟁기 날처럼 깊은 흉터를 남기겠지.

그 입맞춤은 무자비한 마소의 발굽처럼
네 위를 지나가리라……
오 이폴리트, 내 동생아! 이제 얼굴을 돌려라,
너, 내 넋이자 심장, 내 전부이며 내 절반,

푸른 하늘과 별로 가득한 네 눈동자를 내게로 돌려다오!
신성한 향유, 그 유혹의 눈길을 위해서라면
더욱 은밀한 쾌락의 장막 걷어올리고
끝없는 꿈속에 너를 잠재워주리라!"

이폴리트가 앳된 얼굴 들어 말한다.
―"후회도 않고 은혜도 잊지 않겠습니다,
델핀이여, 그러나 괴롭고 불안합니다.
마치 한밤에 무서운 향연을 끝낸 뒤처럼.

숨 막히는 공포와 흩어져 있는 유령이

시커멓게 떼 지어 덮쳐와,
사방이 피투성이 지평선으로 가로막혀진
요동치고 질척한 길로 나를 끌고 가려고 합니다.

도대체 우리가 이상한 짓이라도 했단 말인가요?
아신다면 부디 이 불안과 공포의 이유를 설명해주세요.
당신이 "내 천사여!" 하고 부르면 몸서리치면서도
내 입술은 당신에게로 가는 것이 느껴집니다.

그렇게 바라보면 싫어요, 그리운 당신!
내가 영원히 사랑하는 사람, 내가 택한 언니여!
당신이 놓은 덫이라 해도,
타락으로 가는 첫걸음이라 해도,"

델핀은 그 비극적인 머리카락 헝클
쇠 삼각대 위에서 발을 구르듯
숙명적인 눈과 강압적인 목소리로 대답한다.
—"감히 누가 사랑 앞에서 지옥을 말하는가?

풀 수 없는 헛된 문제에 사로잡혀,
자신의 어리석음은 깨닫지 못한 채
연애 문제에 도의 따위를 들먹이는
쓸모없는 몽상가는 영원히 저주받으라!

그늘과 더위, 밤과 낮을
신비한 조화와 연결하려는 자는
사랑이라는 붉게 타는 태양으로
마비된 제 몸을 데우지 못하리라!

원한다면 어리석은 약혼자를 찾아가라,

달려가서 잔인한 그 입맞춤에 처녀 마음을 바쳐보라.
후회와 혐오감을 견디지 못해 파리한 얼굴 하고서
낙인 찍힌 젖가슴 안은 채 돌아올 게 뻔하니…….

이 세상 사람은 한 주인을 섬기기에도 벅차다!"
그때 어린 이폴리트가 괴로운 듯이 몸부림치며 느닷없이 외쳤다.
―"입 쩍 벌린 심연이 내 존재 속에서
자꾸만 커지는 것을 느낍니다, 심연, 그것은 마음입니다!

화산처럼 뜨겁고, 허공처럼 깊은 심연!
울부짖는 이 괴물을 채워줄 것 없겠지요.
횃불을 손에 들고 피나도록 태우는
저 에우메니데스*의 갈증 달래줄 것도 없겠지요.

우리의 닫힌 장막이 우리를 세상에서 격리하고,
피곤이 휴식을 가져왔으면!
당신의 풍만한 가슴에 쓰러져
젖무덤 위에서 시원한 묘석 찾았으면!"

―내려가라, 내려가라, 가련한 희생자여,
영원한 지옥 길을 내려가라!
온갖 죄과가
하늘에서 오지 않는 바람에 두들겨 맞아

뒤죽박죽 섞여 끓어오르는 심연의 밑바닥 향해 잠겨라.
미친 망령들아, 너희 육욕의 목표로 발걸음을 재촉해라.
너희의 그 집념이 채워질 날은 절대로 오지 않으리,
너희의 쾌락에서는 징벌만이 태어나리.

---

* 그리스 신화. 복수의 여신.

너희 동굴에는 한줄기 신선한 빛도 비치지 않는다.
갈라진 벽 틈으로 후끈한 독기가
등불처럼 훨훨 타며 스며들어와
그 끔찍한 악취를 너희 온몸에 배어들게 한다.

절대 아이를 갖지 못하는 너희의 쾌락은
갈증을 더욱 돋우고 살갗을 둔하게 한다.
미친 듯이 휘몰아치는 정욕의 바람은
너희 살을 더러운 깃발처럼 터지게 한다.

죄짓고 헤매는 여자들아, 산 사람들에게서 멀리 떠나
이리처럼 사막 가운데를 헤매라.
타락한 영혼아, 너희 운명을 스스로 만들어라,
그리고 너희 배 속에 품은 무궁을 피해 도망쳐라!

4. 망각의 강

오라, 내 가슴 위로, 잔혹하고 귀먹은 영혼아,
사랑하는 호랑이야, 나른해 보이는 괴물아.
나는 내 떨리는 손가락을 오래오래
네 풍성한 갈기에 파묻은 채 있고 싶다.

체취 가득 밴 네 속치마에
욱신거리는 내 머리 묻고서 맡고 싶다,
시든 꽃 냄새 맡듯, 내 죽은 사랑에서 나는
시큼하고 달콤한 냄새를.

나는 자고 싶다! 살기보다는 차라리 잠들고 싶다!
죽음처럼 포근한 잠 속에서
후회 없는 입맞춤을 한가득, 구리처럼
매끈하고 아름다운 네 온몸에 흩뿌리고 싶다.

내 잦아든 흐느낌을 삼켜버리기에
심연 같은 네 잠자리만한 것은 없다.
거센 망각이 네 입술에 사니,
망각의 강이 네 입맞춤 속에 흐른다.

이제부터는 즐거움이 내 운명이라 여기고
운명론자처럼 복종하리.
열정만으로 죄가 무거워지는
온순한 순교자, 죄 없는 죄수가 되리.

내 원한을 잠재우기 위해서는
일찍이 정이라고는 품어본 적 없는

네 뾰족하고 귀여운 젖꼭지 끝에서 빨아먹으리,
네펜데스*와 달콤한 독당근을.

---

* 벌레잡이통풀과에 속하는 식물. 고대 그리스에서 슬픔·분노를 잊게 하는 마법의 음료를 만
드는 재료로 쓰였다.

5. 지나치게 쾌활한 여인이여

그대 머리, 그대 몸짓, 그대 자태는
아름다운 풍경처럼 아름답다.
맑은 하늘에 시원한 바람처럼
웃음이 뺨에서 노닌다.

우울한 행인도 그대와 스치면,
그대 팔과 어깨에서
빛처럼 뿜어져 나오는
건강함에 눈부셔 한다.

그대가 옷에 뿌려놓은
요란스러운 색깔은
꽃들이 발레하는 환상을
시인 마음에 던진다.

현란한 그대 옷은
야단스러운 마음의 표상.
내가 홀딱 반해버린 쾌활한 여인이여,
그대를 사랑하는 만큼 그대를 증오한다!

때로 아름다운 정원에서
무기력한 몸 질질 끌 때면,
태양이 빈정거리듯이
내 가슴 찢는 것을 느꼈다.

그리고 봄과 신록이
내 마음 그토록 모욕했기에

나는 꽃 한 송이에
'자연'의 무례함 벌하였다.

그리하여 나는 어느 밤
쾌락의 시간이 울릴 때에
보물 같은 그대 몸으로
겁쟁이처럼 소리 없이 기어가

쾌활한 그대 살을 벌주고,
다 드러난 젖가슴 멍들게 하고,
놀란 그대 옆구리에
움푹하고 커다란 상처 입히고,

더 선명하고 더 아름다운
새로 생긴 그 입술로
내 독을 부어넣으면, 누이여!
아찔하도록 기분 좋겠지!

6. 보석

사랑스러운 그녀는 알몸이었다. 내 취향을 알기에
소리나는 보석만 몸에 남겨놓았다.
그 호사스러운 장신구가 무어인 여자 노예들이 경사스러운 날에
보이는 당당한 분위기를 그녀에게 주었다.

춤추며 조롱하듯 경쾌한 소리 울릴 때,
금속과 돌로 이루어진 번쩍이는 이 세계는
나를 황홀하게 한다. 나는 미칠 듯이 사랑한다,
빛과 소리가 어우러진 것들을.

그녀는 드러누운 채 내 애무에 몸을 맡겼다.
긴 의자 위에서 편안하게 미소 짓고 있었다.
절벽에 부딪히는 바다처럼 그녀 쪽으로 밀려가는
깊고 다정한 내 사랑에 답하듯이.

길든 호랑이처럼 시선을 내게 고정한 채,
몽롱하게 꿈꾸는 몸짓으로 끊임없이 자세를 바꾸었다.
순진함과 음탕함이 한데 어우러져
자세 하나하나에 새로운 매력을 더했다.

그때마다 그녀의 팔이, 다리가, 허벅지가, 허리가
기름처럼 매끄럽고 백조처럼 물결치며,
통찰력 있고 차분한 내 눈앞에서 어른거렸다.
그때마다 그녀의 배와 젖가슴, 내 정원의 포도송이는

악의 '천사'보다 더 아양 떨며 다가와,
내 넋이 잠겨 있는 휴식 방해하고,

홀로 느긋하게 앉아 있던 수정
바위 위에서 떨어뜨리려고 했다.

나는 새로운 소묘로 소년의 윗몸에
안티오페*의 허리를 붙여놓아
그토록 그녀 몸통이 골반을 두드러져 보이게 한다고 믿었다.
그 황갈색 피부에 어울리는 화장이 기가 막혔다!

—어느새 등불도 사그라져 가고
난롯불만이 방을 비추었다.
한숨처럼 한 번씩 크게 타오를 때마다
호박색 피부에 핏기가 돌았다!

---

* 그리스 신화에 나오는 테베의 왕 니크테우스의 딸이다. 그녀의 미모에 반한 제우스가 사티로
 스로 변신하여 그녀를 겁탈했다.

7. 흡혈귀의 변신

그러나 여인은 딸기 같은 입 벌리고,
잉걸불 위에서 뱀처럼 몸을 배배 꼬아
코르셋 뼈대 위에 젖무덤 문지르면서,
사향 냄새 밴 이런 말을 슬쩍 흘렸다.
—"내 입술은 축축하고, 이불 속에서
케케묵은 도덕심 잊게 하는 비법을 압니다.
자랑스러운 젖가슴 위에서 온갖 눈물 마르게 하고,
그리하여 노인에게 어린애의 웃음 짓게 하지요.
아무것도 걸치지 않은 내 알몸 보는 이의 눈에
나는 달처럼 해처럼 하늘처럼 또는 별처럼 비쳐요!
친애하는 학자여, 쾌락의 길에서는 내가 박사랍니다.
무서운 이 두 팔이 사내를 끌어안거나
수줍어 보이면서도 색 밝히는, 연약해 보이면서도 억센
이 가슴 깨물도록 놔두면
감격한 나머지 실신하는 이 매트리스 위에서는
무력한 천사들은 내 이 몸 때문에 지옥에 떨어지지요!"

그녀가 내 뼈에서 골수까지 모조리 빨아먹었을 때
나른한 몸을 그녀에게 돌리고
사랑의 입맞춤 돌려주려 했지만,
거기 남은 것이라고는 고름으로 꽉 찬 끈적이는 가죽 주머니뿐!
섬뜩한 공포감에 나는 두 눈을 질끈 감았다.
밝은 햇살에 다시 눈을 떴을 때,
내 곁에는 생피가 가득 담긴 것처럼 보였던
그 위압적인 마네킹 대신,
뼛조각만 어수선하게 흩어져 떨고 있었다.
그것들은 겨울밤 바람에 나부끼며,

쇠막대 끝에서 돌아가는 풍향계나
깃발 같은 소리를 내고 있었다.

제2부
공손함

8. 분수

가엾은 님아, 아름다운 그대 눈이 지쳤구나!
한동안 뜨지 말고 그대로 있어라.
더할 수 없는 육체적 쾌락에 몸부림쳤던 그때
아무렇게나 누워 자던 그 모습 그대로.
밤이나 낮이나 입 다물지 않고
정원에서 재잘거리는 분수는
이 밤 사랑에 취한
황홀한 마음을 다정하게 지켜준다.

　　즐거운 포이베* 속에
　　수많은 꽃으로
　　피어나는 물의 꽃다발
　　비처럼
　　많은 눈물 흘리네.

이처럼 그대 영혼도 관능에 불타는
번갯불에 타오르고,
마법의 드넓은 하늘 향해
대담하고 재빠르게 솟아오른다.
그러고는 숨조차 멎은 채 떨어져
서글픈 권태의 파도가 되어
보이지 않는 비탈을 타고
내 마음 깊숙이 흘러내린다.

　　즐거운 포이베 속에

＊그리스 신화에 나오는 12명의 티탄 가운데 하나. 그리스어로 '밝다'는 뜻이며 달의 여신인
아르테미스와 동일시되기도 한다.

수많은 꽃으로
피어나는 물의 꽃다발
비처럼
많은 눈물 흘리네.

오 밤에 더욱 예뻐 보이는 임이여,
그대 젖가슴에 기대어
수반에서 흐느끼는 한없는 저 탄식
듣노라면 얼마나 즐거운지!
달빛이여, 중얼대는 물이여, 축복의 밤이여,
주위에서 전율하는 나무들이여,
너희의 맑은 우수는
내 사랑의 거울이어라.

즐거운 포이베 속에
수많은 꽃으로
피어나는 물의 꽃다발
비처럼
많은 눈물 흘리네.

9. 베르트*의 눈

너희는 가장 이름난 눈도 경멸할 자격이 있다.
내 사랑하는 이의 아름다운 눈아, 너희에게서 이루 말할 수 없는 달콤함이,
'밤' 같은 감미로움이 스며나와 널리 퍼진다!
아름다운 눈아, 내게 부어주렴, 너희가 사랑하는 어둠을!

내 사랑하는 이의 커다란 눈아, 숭배하는 비밀이여,
너희는 매우 닮았구나, 졸린 듯한 응달 겹겹이 놓인 뒤로
정체 모를 보물이 어렴풋이 반짝이는
저 신비로운 동굴을!

내 사랑하는 이의 눈은 어둡고 깊고 광활한
그대와 닮았다, 망막한 '밤'이여, 그리고 그대처럼 밝다!
그 불꽃은 '사랑'의 상념과 '성실'의 맹세에 뒤섞여
얌전하고 음란하게 깊은 곳에서 타오른다.

＊ 보들레르가 벨기에에 머물 때 알게 된 소녀. 보들레르는 한때 이 소녀를 양녀로 들이고 싶어
했다. 보들레르가 그린 베르트 초상화 아래에는 자필로 "내 딸"이라고 씌어 있고, 밑줄까지
쳐져 있다. 또한 산문시 〈수프와 구름〉은 이 소녀에게 바친 시이다.

10. 찬가

사랑스럽기 그지없는 여인에게, 곱디고운 여인에게,
내 마음 빛으로 가득 채우는
천사 같은 여인에게, 내 사랑의 영원한 우상에게
불멸의 축복 있어라!

그녀는 소금기 배어든 공기처럼
내 삶에 퍼져,
채워질 줄 모르는 내 마음에
영원의 맛을 쏟아붓는다.

정다운 골방 분위기를
언제나 풍겨주는 신선한 향주머니,
잊힌 채 밤새도록
은밀히 연기 피우는 향로.

흔들림 없는 내 사랑이여, 어떻게 하면
그대 진실을 그릴 수 있으리?
내 영원한 깊은 곳에
눈에 띄지 않게 존재하는 사향 알갱이

다정하기 그지없는 여인에게, 곱디고운 여인에게,
내게 기쁨과 건강 만들어주는
천사 같은 여인에게, 내 사랑의 영원한 우상에게
불멸의 축복 있어라!

11. 어떤 얼굴의 약속

오 창백한 미녀여, 나는 그대의 초승달 눈썹이 좋다.
　어둠이 거기에서 흘러나오는 듯하니.
그대 눈은 새까맣지만,
　거기에서 퍼 올리는 내 상념은 조금도 음침하지 않다.

그대 눈, 그대 검은 머리카락. 탐스러운 머리카락과
　잘 어울리는 그대 눈이
나른하게 내게 속삭인다. "조형미 애호가인
　네가 만약

우리가 네 몸뚱이 자극해서 눈뜨게 한 희망과
　네 평생 취미에 따를 마음만 있다면,
우리의 진짜 모습을 확인할 수 있으리.
　배꼽과 엉덩이 사이에서

발견하리, 이 무겁고 아름다운 양 젖가슴에 있는
　대형 동메달처럼도 보이는 끝,
벨벳의 부드러움, 수도승의 희멀건 피부,
　납작한 배 아랫부분,

이 풍성한 머리카락과 똑 닮았다고 표현하고 싶은
　숱 많은 터럭을.
부드럽고 꼬불꼬불하고, 별 없는 어두운 밤처럼
　두터운!"

12. 괴물
또는 괴상한 요정을 따라다니는 사나이

I

사랑하는 여인이여, 그대는 확실히
뵈이요*[1]가 말했던 요조숙녀는 아니다.
노름, 정사, 탐식, 세 가지가 함께
고물 냄비 같은 그대 안에서 끓는다!
사랑하는 여인이여, 그대는 더 이상 신선하지 않다.

한물간 공주여! 그러나
무분별한 경험이 만들어낸 그대 몸에
오래 쓴 도구 반들반들해지듯
광택이 도니
썩 어울린다.

마흔 지난 갈맷빛이지만
남을 지루하게는 하지 않는다.
'가을'이여, 그대 열매가
봄에 피는 시시한 꽃보다 나는 좋다!
분명히 말하건대! 절대로 지루하지 않다!

앙상한 그대 몸뚱이에도 좋은 구석,
색다르게 은혜로운 곳이 많다.
그대 두 눈썹 위 움푹 들어간 부분에서
나는 기묘한 짜릿함을 맛보았다.

---

*1 루이 프랑수아 뵈이요(1813~1883). 독실한 가톨릭교도. 들라크루아와 친분이 있었던 미술비
평가. 〈평화신문〉 기고가.

앙상한 그대 몸뚱이에도 좋은 구석이 있다!

멜론과 호박의 우스꽝스러운 연인은
비웃어주어라, 신경 쓰지 마라!
솔로몬 왕의 마술서보다
그대의 빗장뼈가 나는 좋다,
나는 우스꽝스러운 그들이 불쌍하다!

파란 투구 같은 머리카락은,
크게 생각하거나 붉어지지는 않지만
딱딱해만 보이는 그대 이마를 부드럽게 하고,
또한, 재빨리 후퇴하게 한다,
파란 투구의 갈기처럼.

진흙으로 빚어진 것 같은 그대 두 눈은
정체 모를 신호등을 깜빡여
뺨에 홍조 띠게 하고
지옥 같은 벼락을 토한다!
진흙처럼 그대 두 눈은 까맣다!

색욕과 거만으로
그대 입술은 우리에게 도전한다.
그 입술은 하나의 에덴,
매력적이기도 하지만, 혐오스럽기도 하다.
얼마나 음탕한가! 얼마나 건방진가!

힘줄 불거지고 메마른 그대 다리는
화산 꼭대기로 달려올라가
눈〔雪〕과 가난에도 불구하고
여봐란 듯 펄펄 뛰며 춤춘다.

힘줄 불거지고 메마른 그대 다리.

뜨겁기만 하고 맛은 없는 그대 살갗은
늙어빠진 헌병의 살갗처럼
이미 땀을 잊었다,
눈이 눈물을 잊었듯이.
(그러나 그녀에게는 감미로움이 있다!)

II

멍청한 계집이 '악마'에게 곧장 걸어간다!
나도 기꺼이 함께 가고 싶지만,
그 어마어마한 속도가
나는 조금 마음에 걸린다.
그러니 혼자서 '악마'에게 가라!

내 콩팥, 내 허파, 내 오금은
지옥 재판소에 바쳐질 제물.
이미 용서받지 못하리.
"그렇다면! 유감스럽기 짝이 없군!"
내 콩팥과 내 허파와 내 오금이 지껄였다.

이거 참! 진심으로 유감스럽다,
나도 악마의 연회에 참석하여,
지옥 왕이 유황 방귀 뀔 때
그대가 어떤 표정으로 거기에 입 맞추는지 보지 못하는 것이!
이거 참! 진심으로 유감스럽다!

나는 매우 애통하다,
지옥의 횃불이여! 그대가 불길에서 타는 것도 못 보고

이대로 작별하다니, 사랑스러운 여인이여,
헤아려다오,
얼마나 내가 슬픈지.

이미 오랫동안 나는 그대를 사랑해왔다,
이치 따지기 좋아하는 천성이기에! 이해하리라,
같은 '악'이라도 최상급
완전한 괴물을 찾아내어 사랑하는 나이기에,
그렇다! 늙은 괴물아, 나는 그대를 사랑한다!

13. 나의 프란시스카를 찬양하는 노래
박식하고 신앙심 깊은, 부인용 모자 만드는 여인을 위해 쓴 시

(이 시는 '우울과 이상' 60번 시와 같으므로 여기서는 생략한다.)

제3부
제목 붙여 읊은 시

14. 오노레 도미에*¹의 초상에 바친 시

필자가 여기에서 그 풍모를 묘사하는 인물은
세상에서 가장 섬세한 예술로써
어떻게 인간을 비웃을까를 가르쳐주는 자,
독자여, 바로 현인입니다.

확실히 이 인물은 풍자가입니다, 조롱가입니다.
단, 이 인물이 '악'과 그 패거리를
그릴 때 쏟는 열정이
그의 아름다운 마음씨를 입증합니다.

그가 붓으로써 보여주는 비웃음은,
알렉토*²의 횃불을 만나면 본인들은 화상을 입지만
구경하는 우리는 얼어붙는
멜모드*³나 메피스토*⁴의 우거지상하고는 다릅니다.

그들의 유쾌한 비웃음은 슬프게도!
단순히 애잔한 풍자화에 지나지 않지만,
이 인물의 비웃음은 개운하고 대범하여,
호의적인 훈장처럼 빛납니다!

---

*1 프랑스의 유명한 풍자화가(1808~1879).
*2 그리스 신화. 이름은 '끊임없는 분노'라는 뜻이며, 복수의 여신들을 가리키는 에리니에스의 하
　나이다.
*3 영국의 소설가 매튜린(1782~1824) 작품 《유랑자 멜모드》의 주인공. 그는 악마에게 영혼을
　팔아넘겼다.
*4 중세 서양의 파우스트 전설에 나오는 악마.

15. 롤라 드 발랑스*

어디서나 볼 수 있는 많은 아름다움 중에서,
친구여, 나는 균형 잡힌 욕망으로 바라보지만
유독 롤라 드 발랑스는
장밋빛과 검은빛이 어우러진 보석의 예기치 못한 매력으로 반짝이는구나.

---

* 1862년 파리에서 내연한 스페인 무용단의 무용수. 마네는 이때 그녀를 모델로 걸작을 남겼다.

16. 외젠 들라크루아의 〈감옥에 갇힌 타소*〉에서

지하 독방의 이 시인, 해진 옷 입고, 오랜 병 앓아
경련하는 발끝으로 원고지 말고,
공포에 질린 눈 들어,
영혼이 곤두박질치는 현기증 나는 계단을 응시한다.

감옥에 울려퍼지는 도취시키는 웃음
그의 이성을 괴이함과 허망함으로 불러내고,
'회의'는 그를 감싸며, 어리석고 끔찍한
온갖 '공포'는 주위에 가득하다.

지저분한 집에 갇힌 이 천재,
귀 뒤에 몰려들어 소용돌이치는
어마어마한 수의 그 찡그린 얼굴, 그 비명, 그 유령들,

자기 거처의 처참한 꼴에 눈 부릅뜨는 이 몽상가,
이것이 너의 훈장이다, 괴상한 꿈꾸는 '영혼'아,
'현실'이 그 무참한 사방 벽에 가두고 질식시키는!

---

* 토르콰토 타소(1544~1595). 이탈리아의 유명한 시인. 소렌토에서 태어났으며, 불후의 걸작
담시 〈해방된 예루살렘〉을 남겼다. 자부심 강한 성격에 이탈리아 제후들의 배신으로 말년은
불행했다. 괴테의 희곡 가운데 최대 걸작으로 일컬어지는 《타소》는 이 시인의 생애를 기록한
것이다. 바이런도 〈타소의 비탄〉이라는 제목의 작품을 남겼다.

제4부
뒤섞인 시

17. 목소리

내 요람은 책장에 기대어 있었다.
컴컴한 이 바벨탑에는 소설이며, 과학서며, 우화시며,
라틴의 재나 그리스의 먼지 등 모든 것이 섞여 있었다.
내 키는 이절판 책만 했다.
두 목소리가 내게 말했다. 교활하고 시원시원한
한 목소리는 이렇게 말했다. "지구는 달콤함 가득한 과자다.
나는 너에게 변함없는 엄청난 식욕을 줄 수도 있다.
(그렇게만 된다면 넌 끝없는 즐거움을 맛보겠지!)"
다른 목소리가 말했다. "오너라! 오너라! 가능한 것을 넘어,
알려진 것을 넘어 꿈속으로 여행을 떠나자!"
이 목소리는 모래사장의 바람처럼 노래했다,
어디서 왔는지 모를 유령의 가냘픈 울음은 귀를 어루만져주었으나 조금
무서웠다.
나는 네게 대답했다. "가자! 정다운 목소리야!"
안타깝게도, 내 고통과 불운이 시작된 것은 이때부터다!
무한한 삶의 배경 뒤, 캄캄한 심연 바닥에서
나는 뚜렷이 다른 세계를 보게 되었고,
내 혜안의 황홀한 희생물이 되어,
내 신발을 깨무는 뱀들을 매단 채로 걸어다닌다.
또 이때부터, 예언자처럼 아주 다정한 마음으로
사막과 바다를 사랑하게 된 것은.
초상 때 웃고, 잔치 때 울고,
쓴 술에서 달콤함을 맛보게 된 것은.
진실을 거짓이라 여기고, 하늘을 보다가
구렁에 빠지게 된 것은.
그러나 그 '목소리'는 나를 위로하여 말한다. "네 꿈을
간직해라. 현자는 미치광이만큼 멋진 꿈을 꾸지 못한다!"

18. 뜻밖의 일

죽어가는 아버지를 밤새워 간호하던 아르파공[1],
이미 파리한 입술 앞에서 생각에 잠긴 채 혼잣말한다.
"분명 헛간에는 관을 만들기에 충분한
　낡은 판자가 있을 터."

간드러진 목소리로 셀리멘[2]이 말한다. "나는 마음이 착해.
물론 '신'께서 나를 매우 아름답게 만드셨지."
—그러나 실제 마음은! 딱딱하고, 거칠고, 햄처럼 연기 나고,
　지옥 불에 두 번 태워진 것!

스스로 선구자라고 생각하는 어느 몽롱한 기자는
자기가 어둠에 빠뜨린 가난한 자에게 말한다.
"대체 어디에 있는가, 네가 그토록 찬양하는
　그 '아름다움'의 창조자, 그 '정의의 기사'는?"

내가 누구보다 잘 아는 도락가가 하나 있는데,
밤낮없이 하품을 해대고, 울고 탄식하고,
무기력하고, 자아도취에 빠진 그자는 이렇게 말한다.
　"당장에라도 정숙해지고 싶습니다!"

그를 대신해 이번에는 괘종시계가 작게 중얼댄다. "이 망자!
꽤 묵었구나! 살에서 고약한 냄새가 난다고 알려주었지만, 헛수고였다.
인간은 눈멀고 귀먹은 데다 허약해 빠졌다.
　벌레가 갉아먹고 머무르는 담장과 같다!"

---

*1 몰리에르의 희곡 《수전노》의 주인공. 구두쇠의 전형.
*2 몰리에르의 희곡 《인간 혐오자》의 주인공 알세스트의 애인. 아름답고, 젊고, 바람기 많고, 천
　박하고, 입 험하고, 기지 넘치는 여성의 전형.

이번에는 미움받는 '아무개'가 나타나,
남을 깔보는 오만한 목소리로 모두에게 말했다. "너희는
내 성합(聖盒)에서 '즐거운 마법의 의식'을 올리고
　　내 고마운 성체를 듬뿍 받았을 터이다.

너희는 저마다 마음속에 나를 위한 신전을 세우고
남몰래 추악한 내 엉덩이를 핥았다!
이 세상만큼 무한하고 추악한 '악마'를 봐두어라,
　　승리를 거머쥔 내 이 웃음소리에서!

놀라고 있는 위선자들이여, 너희는 믿었느냐,
적당히 주인을 업신여기고 기만하고도
천국에 가거나 부자가 되는
　　두 가지 상을 다 받을 수 있으리라고?

자고로 사냥감은 오랜 세월 참고 기다린
늙은 사냥꾼이 잡는 법이다.
두꺼운 지층을 뚫고서 나는 너희를 데리고 가노라,
　　내 슬픈 환희의 동반자여,

두꺼운 땅과 바위를 뚫고서,
어지러이 쌓인 너희 재를 뚫고서,
나만큼 큰 궁전으로, 튼튼한 궁전으로.
　　무른 돌 따위가 아니다.

왜냐하면 그 돌은 온 인류의 '죄상'이 뭉친 덩어리니까,
그리고 내 교만함과 고뇌와 영광이 들어 있으니까!"
—그러는 동안 우주의 가장 높은 곳에 서서
　　한 천사가 승전보를 전한다.

"주여, 당신 채찍에 축복 있기를! 오, 아버지,
내 고뇌를 축복하소서! 당신 손에 맡긴 내 영혼은
헛되지 않았나이다. 그 신중함, 이루 헤아릴 수 없나이다."
　이렇게 생각하는 사람들의 그것은 승리의 함성.

하늘의 포도를 따는 장엄한 밤마다
울려퍼지는 나팔 소리는 달콤하다.
찬양받고 찬송받는 사람들에게
　황홀한 기쁨으로 스며든다.

19. 몸값

인간은 자신의 몸값 치르기 위해
깊고 기름진 응회암 밭 두 개를
이성의 괭이로
파헤치고 일구어야 한다.

작은 장미꽃 한 송이조차,
이삭 몇 줌조차,
잿빛 이마에서 짭짤한 눈물 흘리면서
끊임없이 그 밭에 물을 대야 한다.

하나는 '예술'이며, 하나는 '사랑'이다.
—엄격한 재판 열리는
두려운 그날이 닥쳤을 때
재판관의 선처를 얻으려면

거둬들인 곡식으로 가득 찬 곳간과
'천사들'의 칭찬받을
색과 모양 지닌 꽃들을
보여주어야 하리라.

20. 어느 말라바르* 여인에게

네 발은 손처럼 가냘프고, 네 허리는
가장 아름다운 백인 여인도 샘낼 만큼 풍만하다.
사색적인 예술가에게 너의 몸은 달콤하고 소중하다.
벨벳 같은 커다란 네 눈은 살갗보다 검구나.

너의 '신'이 너를 점지한 덥고 푸른 나라에서
주인의 담뱃대에 불붙이고,
병에 시원한 물과 향수 채우고,
맴도는 모기들 침대에서 멀리 쫓아내고,
날 밝아 플라타너스가 노래하기 시작할 무렵
시장에서 파인애플과 바나나 사고 나면 네 할 일은 끝난다.
너는 온종일 내키는 대로 맨발로 걸어다니고,
낯선 옛 노래를 나지막이 흥얼거린다.
주홍빛 외투 걸치고 저녁 내려올 때
너는 돗자리 위에 살포시 몸 누인다,
그럼 떠도는 네 꿈은 벌새로 가득하고,
언제나 너처럼 우아하게 꽃피운다.

행복한 아가씨여, 어이하여 프랑스를 보고 싶어하는가,
고통에 신음하는 사람들로 들끓는 저 나라를?
뱃사람의 억센 팔에 네 목숨을 맡기면서까지
정다운 타마린드 열매와 작별하고 싶으냐?
몸엔 얇은 모슬린 천 반쯤 두르고서
눈과 우박 아래 그곳에서 떨면서
즐겁고 자유로운 너의 한가로움 그리워하며 얼마나 눈물 흘리려는가!

---

* 인도 서해안 일대를 가리키는 호칭.

만약 무자비한 코르셋으로 옆구리 꽉 쥔 채
어지러운 진창 속에서 저녁거리 주워야 하고,
네 이국적 매력의 향기 팔아야 한다면,
생각에 잠긴 눈으로 우리들 더러운 안개 속 헤매며
있지도 않은 야자수의 환상 이리저리 좇으면서!

제5부
장난삼아 지은 시

21. 아미나 보제티*¹의 첫 무대에서
브뤼셀 라 모네 극장에서

아미나는 폴짝 뛰고, ―달아나고, ―공중 돌고, 웃는다.
촌뜨기*²들이 그걸 보고 말한다. "무의미하기 짝이 없는 배역이로구나.
작은 숲에 사는 요정이라면
뭐니 뭐니 해도 '채소의 산'*³에 사는 요정이 제일이지."

가냘픈 발끝에서, 웃음짓는 눈가에서,
아미나는 흥분과 재능을 듬뿍 뿌린다.
촌뜨기들이 말한다. "겉보기에만 그럴싸한 현혹이다. 썩 꺼져라!
내 마누라는 그런 상스러운 몸짓은 하지 않는다."

코끼리에게는 왈츠를, 부엉이에게는 쾌활함을,
황새에게는 웃음을 가르쳐주려고 애쓰는
공기의 요정을 연기하는 무희, 그대는 모른다,

촌뜨기들은 아무리 우아한 몸짓을 봐도 "쳇!" 하고,
친절한 마음에 바쿠스의 훌륭한 부르고뉴 포도주를 따라주면
"나는 우리나라 맥주가 좋다!"라고 대답하는 악마들임을.

---

*1 1864년 브뤼셀의 라 모네 극장에서 데뷔한 발레리나.

*2 원문에는 Welche. 독일어. 외국인을 경멸하여 부를 때 쓰는 말. 이 시에서는 보들레르가 경멸
했던 벨기에인을 가리킨다.

*3 Montagne-aux-Herbes-Potagères는 브뤼셀 중심 부근 고지대에 있는 마을 이름. 옛날에는 요
충지였다.

22. 외젠 프로망탱*¹에게
그 친구를 자칭하는 어느 시끄러운 사내에 관하여

그는 내게 말했다, 자기는 큰 부자라고.
하지만 콜레라에는 꼼짝 못한다고.
─돈은 아까워서 쓰지 못하지만,
오페라는 아주 좋아한다고.

─코로*² 화백과 알고 지낼 만큼
진심으로 자연을 사랑한다고.
─마차는 아직 갖지 못했지만,
머잖아 마련할 거라고.

─대리석이며 벽돌,
검은 나무, 금색 나무를 좋아한다고.
─그의 공장에는 레지옹도뇌르 훈장 받은 현장감독이
세 명이나 일한다고.

─다른 주식은 빼고
철도회사 주식만 2만이나 된다고.
─오페노르*³의 액자도
공짜나 다름없는 가격으로 찾아냈다고.

─골동품에는(뤼자르슈*⁴도 아주 좋아하지요!)

---

*1 1820~1876. 화가이자 소설가. 오늘날 심리소설의 걸작으로 알려진 《도미니크》의 저자.
*2 1796~1875. 자연을 매우 사랑한 프랑스의 풍경화가.
*3 1672~1742. 프랑스의 건축가, 실내장식가, 조원가.
*4 12세기 말에 태어나 1223년에 세상을 떠남. 프랑스의 건축가. 파리 미화에 힘쓰고, 프랑스 북부 도시 아미앵을 설계한 것으로 유명.

환장한다고.
잡동사니 시장에서 값진 물건을
얼마나 많이 구했는지 모른다고.

―아내도, 어머니도 그리 사랑하지 않는다고.
하지만 역시 영혼이 불멸하다는 말은
믿으며
그래서 니부아예*5를 즐겨 읽었다고!

―사랑하면 금방 육체관계를 맺으며,
로마에서 따분하게 지낼 때는
한 여자가, 더구나 폐결핵 환자였는데
자기 때문에 애태우다 죽었다고.

세 시간 반 내내,
투르네에서 온 이 수다쟁이는
자기 인생 이야기를 떠들어댔고,
덕분에 나는 얼이 빠졌다.

내 괴로움을 일일이 늘어놓자면
한도 끝도 없으리라.
나는 화를 꾹 참으며 중얼거렸다.
"앉아서라도 졸 수 있었으면 좋겠네!"

변의를 느끼면서도
자리를 뜨지 못하는 사람처럼
나는 의자에서 엉덩이를 들썩거렸다,
이놈을 꼬챙이 형벌에 처했으면 좋겠다고 생각하면서.

---

*5 1796~1883. 프랑스의 작가이자 초기 페미니스트.

이 괴물의 이름은 바스토뉴.
역병이 무서워 도망쳐 왔지.
나는 가스코뉴까지 내뺄 걸세,
아니면 물속에 몸을 던지든가.

놈은 두려워할 것이다,
파리로 돌아갔을 때 거리에서
투르네 태생의 역병신
그놈과 다시 한 번 마주친다면.
　　브뤼셀, 1865년*6

---

*6 1865년에 파리에 콜레라가 돌았다.

23. 익살스러운 주막
브뤼셀에서 위클*¹로 가는 도중에 본 것

즐거움에는 향신료가 중요하다는 듯이
해골이며 음침한 민화 따위를
정신없이 찾아다니는 그대,
(예컨대 간단한 오믈렛 하나라도 먹을라 치면!)

늙은 파라오, 오 몽슬레*²여!
나는 그대를 떠올렸다,
이 엉뚱한 간판을 보고서.
"묘지가 보이는 주막!"

---

*1 그 무렵 브뤼셀 교외였지만, 지금은 시내가 되었다.
*2 샤를 몽슬레(1825~1888). 뛰어난 재능을 칭송받았던 그 무렵 문학자. 식도락가, 신사로서도
   유명했다.

Supplément Aux Fleurs du mal
《악의 꽃》 더하기

제1부
《새로운 악의 꽃》

1. 자정의 성찰

자정을 알리는 괘종시계는
지나간 오늘 하루
어떻게 썼는지
얄궂게도 우리에게 돌이켜 보게 한다.
―오늘은 운명의 날,
금요일, 13일,
나쁜 줄 알면서도
이단자처럼 살았다.

의심의 여지 없는 엄연한 신
그리스도를 모독했다!
몇몇 추악한 부자들
식탁의 흥을 돋궈주는 기식자처럼
이 악당에게 잘 보이려고,
악마의 신하 되어
사랑하는 사람을 모욕하고
혐오하는 사람을 칭찬했다.

비굴한 형리처럼,
무고한 약자를 서럽게 하고,
거대한 '어리석음',
황소 같은 얼굴 한 '어리석음' 앞에 엎드렸다.
하찮은 '물질'에
커다란 존경심 다해 입 맞추고,
부패의
희끄무레한 빛을 찬미했다.

끝내는 현기증을
광란으로 달래고자,
평소에는 슬픔 속에 숨은 아름다움
펼쳐 드러내기 좋아하는
'리라'의 거만한 제사장은
목마르지도 않으면서 마시고, 배고프지도 않으면서 먹었다! ……
─빨리 등불을 꺼다오,
어둠에 잠기고 싶구나!

2. 어느 금지된 책에 바치는 글

목가적이고 평화스러운 독자여,
검소하고 순박한 선인이여,
난잡하고 우울한
이 사투르누스의 책일랑 내버려라.

사기꾼 학장 악마에게서
수사학을 배우지 않았다면
내버려라! 아무것도 이해하지 못하거나,
날 히스테리 환자로 여길 터이니.

그러나 무작정 빠져들기만 하는 것이 아니라
세상사를 꿰뚫어볼 혜안이 있다면
읽고서 나를 사랑하는 법을 배우라.

고민하면서 자신의 천국을 끊임없이 찾는
호기심 많은 넋이여,
나를 가엾게 여겨다오! ……그러지 않으면 너를 저주하리!

3. 슬픈 연가

I

그대 슬기로운들 무슨 소용이리?
아름다운 모습으로 있어주오! 서글픈 마음으로 있어주오!
눈물은 얼굴에 매력을 더한다,
강이 풍경을 아름답게 하듯이.
폭풍은 꽃을 젊게 한다.

핼쑥한 이마에서 기쁨이 사라지고,
그대 마음이 공포에 잠길 때,
그대의 현재에
과거의 먹구름이 퍼질 때,
특히 나는 그대가 사랑스럽다.

그대 커다란 눈이 피처럼 뜨거운 눈물 흘릴 때,
어루만져 위로하는 내 손 무색하게
몹시도 무거운 그대 번민이
단말마의 헐떡임처럼 새어나올 때,
나는 그대가 사랑스럽다.

나는 들이마신다, 아, 감미롭다!
그득한 찬가는, 오, 달콤하다!
그대 가슴에서 솟아나오는 모든 흐느낌을.
그리고 믿는다, 그대 마음은
눈에서 떨어지는 진주 구슬로 빛남을!

Ⅱ

나는 안다, 그대 마음이
뿌리 뽑힌 옛사랑으로 넘쳐흐름을,
아직 때로는 용광로처럼 타오름을,
그대 목구멍 아래에는 죄인의
일말의 자부심이 감추어져 있음을.

그러나 사랑하는 여인이여, 그대 꿈이
'지옥'을 비추어 보이기 전까지는
끊임없는 악몽 속에서
독과 칼을 생각하며
화약과 무기에 전전긍긍한다.

방문자가 문 두드리는 소리에 부들부들 떨고,
어디에서나 불행을 찾아내고,
시계가 울릴 때마다 소스라치고,
어쩔 수 없는 '혐오감'에
몸 죄어옴을 느낄 때까지,

그대는 내게 말하지 못하리,
두려움에 떨면서도 나를 사랑하지 않고는 배기지 못하는 노예 여왕이여,
비참한 밤에 괴로워하며
마음속으로 우렁차게
"오, 내 왕이여, 나도 당신과 같아요!"라고.

4. 경고자

인간이라는 이름에 어울리는 자라면 누구나
마음속에 그곳이 옥좌인 양
똬리 틀고 들어앉은 노란 뱀을 가지고 있다.
사람이 "하고 싶다!"고 말하면 놈은 "그만둬!"라고 대답한다.

숲의 여신이나 샘물의 여신에게
넋 놓고 반해 있을라치면
이 '이빨'이 얼른 지껄인다. "의무를 잊지 마라!"

아이를 낳고, 나무를 심고,
시구를 다듬고, 돌을 쪼아라.
그러면 '이빨'이 뇌까릴 것이다. "오늘 밤에 너는 살아 있을까?"

무엇을 계획하건, 무엇을 바라건,
이 역겨운 살무사의
경고를 듣지 않고는
인간은 한순간도 살기 어렵다.

5. 반역자

성난 천사가 공중에서 독수리처럼 덤벼들어
이교도의 머리털을 덥석 움켜쥐고 흔들어대며 말한다.
"율법에 따르라! (나는 수호천사이니까, 알겠나?)
가르쳐주마!

얼굴 찌푸리지 말고 가난한 자도,
악인도, 불구자도, 어리석은 자도
똑같이 사랑하라고 가르침은, 그리스도가 지나가실 때
네 자비심으로 승리의 깔개를 짜드리기 위해서임을 알아라.

'사랑'이란 그런 것임을 알아라! 또한, 마음이 무뎌지기 전에
하느님 영광에 네 환희의 불을 다시 켜라,
그것이 영원히 즐거운 참된 '쾌락'이다!"

그러고서 천사는 사랑과 마찬가지로 신앙심으로 벌을 내려
그 거대한 주먹으로 탕아를 내리쳤다.
그러나 악마에 들린 자는 끈질기게 말했다. "싫소!"

6. 머나먼 곳에

이곳이 바로 그 신성한 집.
꽃처녀 호사스럽게 단장하며
조용히 때 오기 기다리는,

한 손으로 젖가슴에 부채질하고
한쪽 팔꿈치는 쿠션에 괴고서
샘물의 울음소리에 귀 기울이는

이곳이 바로 도로테의 방.
―응석둥이 꽃처녀
얼러주듯이
바람과 물이 잔잔하게 부르는
흐느낌 섞인 노래.

머리에서 발끝까지 정성껏
고운 살결에
안식향유와 향긋한 기름 발랐네.
―한쪽 구석에서 꽃들도 황홀해하네.

7. 성찰

오, 내 '고뇌'여, 좀더 조용히 있어라.
네가 바라던 '저녁'이, 저기, 내려오고 있지 않느냐.
어슴푸레한 대기가 도시를 덮고,
누구에게는 안식을, 누구에게는 불안을 가져다주며.

속세의 하찮은 인간들, 무자비한 사형집행인이
'환락'의 채찍 아래
천박한 잔치로 회한을 주우러 가는 동안
내 '고뇌'여, 손 내밀고 이리 오라.

그들에게서 멀어져라. 보라, 저 하늘 발코니에서
지나간 '세월'이 해묵은 옷 입고 고개 숙인 것을,
'회한'이 미소지으며 강물 깊은 곳에서 솟아오르는 것을,

빈사의 '태양'이 다리 아래에서 잠기는 것을.
그리고 '동방'에서 나부끼는 긴 수의 같은
다정한 '밤'이 걸어오는 소리를 들어라, 사랑스러운 내 고뇌여!

8. 심연

파스칼은 그에게 늘 붙어다니는 심연을 갖고 있었다.
—과연 그렇다! 모든 것은 심연이다. —행위도, 의욕도,
몽상도, 말도! 이것을 생각할 때면
곤두선 온몸의 털 위로 '공포'의 바람이 스쳐가는 느낌이다.

위아래 할 것 없이 곳곳에 깊은 웅덩이, 모래밭,
침묵, 그리고 마음을 사로잡는 무서운 공간뿐…….
내 밤들의 어두운 배경 위에 하느님은 그 능숙한 손가락으로
중단 없이 온갖 악몽을 그려서 보여주신다.

왠지 모를 불길함으로 가득한, 어디로 이어졌는지도 알 수 없는
커다란 구멍을 누구나 두려워하듯, 나는 잠이 두렵다.
또 내게 어느 창문에서나 보이는 것은 무한뿐이다.

그리고 내 정신은 끊임없이 현기증에 시달리며,
저 허무가 가지고 있는 무감각을 부러워한다.
—아! 끝내 '숫자'와 '존재'에서 벗어나지 못하리라!

9. 어느 이카루스*의 탄식

저 창녀들의 더러운 정부(情夫)들도
배부르고 가뿐하고 행복한데,
나는 구름을 껴안았다가
팔이 부러졌다.

하늘 깊은 곳에서 반짝이는
비길 데 없는 저 별들에
내 눈 다 타서
태양의 추억 외에는 보이지 않는다.

하늘의 중심과 끝을 찾으려 했으나
헛일이었다.
뭔지 모를 불같은 눈빛에
지금 내 날개는 부서진다.

아름다움을 동경하는 마음 때문에 몸은 불탄다.
이윽고 내 무덤이 될 이 구렁텅이에
내 이름 담길 만한 최소한의
명예조차 얻지 못한 채.

---

* 그리스 신화. 다이달로스의 아들. 아버지와 함께 크레타 섬의 미궁에서 벗어나려고 몸에 밀
  랍으로 만든 새의 날개를 붙였지만, 태양에 너무 가까이 다가가 밀랍이 녹는 바람에 날개가
  떨어져 바다로 추락했다. 과도한 욕심 때문에 자멸하는 사람을 흔히 이카루스에 빗댄다.

10. 뚜껑

불타는 기후이건 하얀 태양 아래건, 바다이건 육지이건,
어디를 가나,
그리스도의 종이건, 비너스의 신하건,
지저분한 거지건, 비단옷 입은 백만장자이건,

도시 사람이건, 시골뜨기건, 떠돌이건, 집 있는 사람이건,
작은 두뇌가 민첩하건, 우둔하건,
어디서나 사람이 신비의 공포에 짓눌려
떨리는 눈으로 위를 올려다보는 것은 사실이다.

위는 곧 '하늘'! 인간을 질식하게 하는 무덤 벽,
싸구려 오페라 등불 켜진 천장,
어릿광대가 피로 얼룩진 땅 밟는 등장.

탕아의 두려움, 미친 은둔자의 욕구,
하늘은 그야말로 미미하고도 드넓은
'인류'가 펄펄 끓여지는 커다란 냄비의 뚜껑.

제2부
보들레르 죽고 나온 시집(제3판)에 증보된 시

11. 평화의 담뱃대
롱펠로의 모작

I

바로 그때 '생명의 주', '권력자',
기치 마니토가 푸른 목장에 내려섰다.
언덕이 굴곡 이루며 이어진 대초원 한곳이었다.
그곳 '붉은 채석장' 바위 위에
탁 트인 공간 바라보며, 아침 햇살 맞으며,
늠름하고 시원하게 우뚝 서서,

풀들보다 모래알보다 많은
헤아릴 수 없는 사람을 불러 모았다.
무시무시한 손 내리쳐 바위 모서리 깨어
멋들어진 담뱃대 만들더니
냇가로 내려가 깊은 수풀 헤치고 들어가,
설대로 쓰려고 기다란 갈대 한 대 뽑았다.

속은 버들 껍질로 채웠다.
그러고서 그 '전능자', '권세의 창조주', 내 마니토는
선 채로, 신성한 등대처럼 '평화의 담뱃대'에 불을 붙였다.
여유롭게 '채석장'에 서서 아침 햇살 맞으며
흘연히 결연히 담배를 피웠다.
그러나 이것은 제국의 백성에게 커다란 신호였다.

신성한 연기가 조용히 피어올랐다,
부드러운 아침 공기 속을 아롱아롱 향긋하게.
처음에는 한 줄기 검은 선에 지나지 않았으나,

곧 푸른빛을 더하며 더욱 짙어졌다.
그러고는 희어졌다. 올라갈수록 끊임없이 두꺼워지다가
마침내는 하늘의 단단한 천장에 닿아 부서졌다.

로키 산맥의 가장 먼 봉우리에서,
떠들썩한 물결치는 북부 호수에서,
타와센사, 그 비길 데 없는 골짜기에서,
향긋한 숲 투스칼루사에 이르기까지,
모두가 보았다, 붉은 아침 하늘에
조용하게 피어오르는 저 안개의 띠가 연기, 그 신호를.

예언자들은 말했다. "그대들에게는 보이는가,
저 안개의 띠가, 명령하는 손처럼 태양 앞에
검게 떠올라 아롱거리며 올라가는 저것이?
저것은 '생명의 주', 기치 마니토다."
그가 드넓은 목장 구석구석에 대고 외친다.
"전사들아, 내가 너희를 회의에 부르노라!"

물길로, 물길로,
바람 지나는 길 있는 곳이면 천지 사방에서,
각 마을의 전사가 모두,
움직이는 구름의 신호를 알아보고
기치 마니토가 지정한
'붉은 채석장'으로 순순히 모였다.

전사들이 푸른 목장에 모였다.
단단히 무장하고서, 전쟁에 익숙한 표정,
가을 단풍처럼 알록달록한 차림으로.
모든 사람들을 싸우게 하는 증오가,
그들 조상의 눈을 이글대게 했던 증오가,

다시금 그들 눈을 숙명의 불길로 타오르게 했다.

그들 눈은 대대로 내려온 증오로 가득했다.
그러나 '대지의 주' 기치 마니토는
전사들을 동정 어린 눈으로 둘러보았다.
마치 소란을 싫어하는 자애로운 아버지가
사랑하는 자식들이 서로 물어뜯어 상처 입히는 모습을 바라보는 눈이었다.
이것이 기치 마니토가 모든 종족에게 품은 감정이었다.

그는 전사들 머리 위로 억센 오른손을 뻗었다.
그들의 좁은 도량과 마음을 누그러뜨리기 위함이었다.
자신의 손 그림자로 그들의 열기를 식히기 위함이었다.
이어서 그는 모두에게 엄숙하게 말했다.
마술 같은, 신비로운 소리 나는
용소에 고인 물 같은 목소리였다.

Ⅱ

"오, 내 후예여, 슬프고도 사랑스러운 자들이여!
오, 내 자식들이여! 거룩한 말씀을 들어라.
'생명의 주', 기치 마니토가 말하노라!
내가 너희 나라에
곰과 비버와 순록과 들소를 주었도다.

너희로 하여금 쉽게 사냥하고 쉽게 낚시할 수 있게 한 것은 바로 나이다.
그런데 어찌하여 사냥꾼이 살인자가 되느냐?
늪지에 날짐승을 살게 한 것도 나이다.
어찌 그것으로 만족하지 못하느냐, 불효자여,
어찌 이웃에게 덫을 놓느냐?

너희의 역겨운 전쟁이 나는 진정으로 지긋지긋하다.
이제는 너희의 기도, 너희의 소원마저 모두 죄악이다!
너희의 맞선 기질 속에 너희들의 파멸이 있고,
너희의 진정한 힘은 화합에 있느니라.
형제처럼 지내라, 평화를 유지하는 법을 배우라.

이윽고 너희들은 내 손에서 한 '예언자'를 받으리라.
그가 와서 너희를 가르치고, 함께 고난 겪을 것이다.
그의 말은 삶을 축복으로 바꾸리라.
그러나 너희가 그의 전능함을 업신여기는 한
저주받은 가엾은 자식들아, 너희는 멸망하리라!

너희 살육의 색깔을 물결 속에 씻어버려라.
갈대는 빽빽이 자라 있고, 바위 층은 두껍다.
저마다 담뱃대를 만들기에 충분하리라. 전쟁은 이제 됐다,
유혈은 이제 꼴도 보기 싫다! 앞으로는 형제처럼 살아라,
그리고 모두 일치하여 '평화의 담뱃대'를 피워라!"

Ⅲ

그러자 갑자기 모두 무기를 땅에 내던지고,
잔인하고 당당하게 얼굴에 칠한 전쟁의 색깔을
냇물에 씻어 지웠다.
저마다 바위로 담뱃대를 만들고, 강가 갈대를 뽑고,
멋진 장식까지 달았다.
'성령'은 이 가여운 자식들을 보고 미소 지었다!

저마다 고요하고 기쁜 마음으로 되돌아가고,
'생명의 주' 기치 마니토는
방긋이 열린 하늘 문으로 다시 올라갔다.

—찬란한 구름의 안개를 가로질러
'전능자'는 자기 업적에 만족하여 승천하고 있었다,
거대하고, 향기롭고, 숭고하고, 빛나면서!

12. 어느 이교도의 기도

아! 네 불같은 정욕을 사그라뜨리지 마라,
시든 이 마음을 덥혀주어라,
'욕정'의 여신이여, 괴로운 마음이여!
이 소원을 들어주어라!

공기에마저 녹아 있는 여신이여,
우리 지하에서 타오르는 불꽃이여!
청동의 노래로
얼어붙은 마음이 바치는 기도를 들어주어라!

'육욕'의 여신이여, 언제나 내 여왕으로 있어주어라!
살갗과 벨벳으로 만든
인어 가면을 써라.

그게 싫다면 네 무거운 잠을
형태 없는 신비로운 술에 부어라,
'육욕'의 여신이여, 유연한 유령이여!

13. 모욕당한 달

오, 우리 아버지들이 남몰래 사랑한 달이여,
별들이 곱게 차려입은 후궁의 미인처럼
네 뒤를 따르는 푸르고 높은 세계에
오래전부터 있어온 '킨티아'*¹여, 우리 오두막의 아름다운 등불이여,

너는 바라보고 있느냐, 초라하지만 즐거운 침대 위에서
잠자는 두 여인의 입술 사이로 보이는 흰 이를?
퇴고로 고심하는 시인의 무거운 이마를?
또는 마른풀 뿌리를 칭칭 감은 살무사를?

살금살금 노란 도미노에 몸을 숨기고
옛날처럼 저녁부터 새벽까지
엔디미온*²의 해묵은 은총에 계속 입 맞추려느냐?

―"말세의 자식이여, 내가 보는 것은 네 어미이다.
세월에 무거운 거울 비추고
일찍이 너는 소중한 젖가슴 위에 솜씨 좋게 석고 가루 두텁게 발랐다!"

---

*1 로마 신화에서 사냥과 달의 여신인 디아나의 별명.
*2 그리스 신화에서 달의 여신 셀레네에게 사랑을 받던 양치기 미소년.

14. 테오도르 드 방빌[*1]에게
1842년 작

결 곱게 너는 뮤즈의 머리카락을 움켜쥐었다.
그 능숙한 태도 그 놀라운 뻔뻔스러움을 보고서
사람들은 너를 오해했을지도 모른다.
정부(情婦)를 욕보이는 무뢰한이라고.

맑은 눈동자는 조숙한 불길로 타올라
일단 무르익으면 무서우리라 짐작되는
대담하고 정확한 구조에 의지하여
너는 건축가로서의 긍지를 드러냈다.

시인이여, 네 앞에 서면 우리는 낯빛을 잃는다.
핏줄 속 피를 불길로 바꾸어버렸다는
켄타우로스의 속옷은 혹시

갓난 헤라클레스[*2]가 요람에서 졸라 죽인
무시무시하고 복수심 강한 살무사 침에
세 번은 담가 만든 것일까?

[*1] 1823~1891. 프랑스 고답파 시인.
[*2] 그리스 신화. 용감무쌍한 영웅. 힘의 상징. 갓난아기 때 요람에서 뱀 두 마리를 졸라 죽였다.

Le Spleen de Paris

《파리의 우울》

에두아르 마네 〈모자를 쓴 보들레르〉(동판화), 1862.

아르셴 우세에게

친애하는 친구, 자네에게 짤막한 작품 한 편을 보내네. 사람들이 이 작품을 두고 머리도 꼬리도 없다고 말한다면 그것은 가당치 않네. 반대로 이곳에서는 모든 것이 동시에, 또는 번갈아가며 꼬리이자 머리이니까. 이 같은 구성이 자네, 나, 독자, 우리 모두에게 얼마나 기막힌 편의를 가져다줄지 생각해보길 바라네. 우리는 각자 원하는 부분에서 나는 내 상념을, 자네는 이 원고를, 독자는 책 읽기를 수시로 멈출 수 있네. 애당초 내가 독자의 다루기 어려운 의지를 복잡한 줄거리를 가진 끝없는 실에 엮으려고 하지 않기 때문이라네.*¹ 여기에서 등뼈 하나를 없애보게. 뒤얽힌 이 시상의 두 부분이 쉽사리 이어질 걸세. 이번에는 그것을 여러 조각으로 잘라보게. 그 조각들이 따로 떨어져서도 존재할 수 있음을 알게 될 걸세. 이 잘린 토막 가운데 어떤 것들은 충분히 생기가 있어 자네를 기쁘고 즐겁게 하는 데 모자람이 없으리라는 기대를 하며 감히 이 뱀을 송두리째 자네에게 바치는 바네.

이쯤에서 잠깐 고백해야겠네. 알루아지우스 베르트랑의 유명한 《밤의 가스파르》*²(자네와 나, 그리고 우리 친구 몇몇이 알고 있으니 이미 '유명하다'고 불릴 자격은 모두 갖춘 것 아니겠나?)를 적어도 스무 번은 뒤적이던 중, 그것을 본뜬 글을 쓰고 싶다는 생각이 떠오른 것이네. 그가 고대 생활*³을 아주 회화적으로 묘사할 때 쓴 기법을 현대 생활, 아니 근대 생활을 더 추상적으로 서술하는 데 적용하겠다는 생각이었네.

---

*1 계속해서 장대한 시·소설을 생산해내는 빅토르 위고 같은 문학자에 대한 보들레르의 씁쓸한 야유를 읽을 수 있다.

*2 가난과 질병으로 얼룩진 고된 삶을 34세라는 젊은 나이에 마감한 알루아지우스 베르트랑(1807~1841)의 산문시집 《밤의 가스파르—렘브란트와 칼로풍의 환상곡》은 그가 죽은 지 1년 뒤(1842) 생트 뵈브의 서문을 붙여 앙제 서점에서 출판되었는데, 초판은 21부밖에 팔리지 않았다고 한다.

*3 중세 부르고뉴, 플랑드르, 파리 등의 생활.

그 야심만만하던 시절 우리 가운데 시적 산문의 기적을 꿈꾸지 않은 자가 어디 있겠나? 음악적이면서 리듬도 압운도 없고, 영혼의 서정적 움직임과 환상의 기복과 의식의 비약에 적용할 만큼 충분히 유연하면서도 충분히 복잡한 그 기적을 말일세.*4

이 집요한 염원이 생겨난 것은 특히 대도시들을 드나들며 복잡다단한 무수한 관계에 부딪히면서부터네. 친구여, 한때 자네도 저 쩨지는 유리 장수*5의 고함을 샹송으로 번역하려거나, 거리의 짙은 안개를 뚫고 그 목소리가 다락방에 보내오는 갖가지 서글픈 암시를 서정적 산문으로 표현해보려고 시도하지 않았나?

하지만 솔직히 말하자면 나의 바람이 내게 행복을 가져다주었는지는 의심스럽네. 이 일을 시작하자 나는 내가 저 신비롭고 찬란한 내 모델에 크게 미치지 못함을 깨달았네. 뿐만 아니라 내가 묘하게 다른 무언가(그것을 '무언가'라 부를 수 있다면)를 만들고 있다는 사실을 깨달았다네. 다른 사람이라면 아마도 긍지를 느낄 걸세. 하지만 이 우연의 산물*6은 생각한 바를 정확하게 완성하는 것을 시인의 가장 큰 명예로 생각하는 영혼에게는 수치스러울 뿐이라네.

친애하는 벗
C.B.

---

*4 가히 《파리의 우울》의 방법서설이라 할 구절.

*5 우세의 《전 시집》에 실린 산문시 〈유리 장수의 샹송〉을 가리킨다. 뒤에 나오는 보들레르의 〈서툰 유리 장수〉에는 이 시에 대한 비판이 담겨 있다.

*6 "……고의로 자기 자신을 무의식에 내맡기는 시인을 낭만적이라고 한다면, 보들레르는 낭만적이지 않다. ……역학이 그렇듯이 예술도 우연을 인정하지 않는다. 시인은 자기 시에 담긴 모든 '방법(시스템)'이 이해되기를 바란다." (조르주 블랑 《보들레르》)

1 이방인

—너는 누구를 가장 사랑하느냐? 말해보아라, 수수께끼 같은 남자여. 아버지? 어머니? 누나? 형제?

—나에겐 아버지도, 어머니도, 누이도, 형제도 없습니다.

—친구들은?

—지금 당신이 입에 담은 그 말의 의미를 나는 오늘날까지도 이해하지 못합니다.

—조국은?

—그게 어느 위도에 있는지조차 모릅니다.

—미인은?

—불멸의 여신이라면 기꺼이 사랑하겠습니다만.[1]

—돈은?

—나는 그걸 싫어합니다. 당신이 신을 싫어하듯이.[2]

—그렇군! 그렇다면 너는 도대체 무엇을 사랑하느냐, 기이한 이방인이여?

—나는 구름을 사랑합니다…… 흘러가는 저 구름…… 저기 저…… 바로 저기…… 저 멋진 구름을![3]

---

[1] 《악의 꽃》 중 〈아름다움〉 참조.

[2] 〈마태복음〉 6장 24절("아무도 두 주인을 섬길 수는 없다. 한 편을 미워하고 다른 편을 사랑하거나, 한 편을 존중하고 다른 편을 업신여기게 된다. 너희는 하느님과 재물을 아울러 섬길 수 없다")과 같은 내용인 〈누가복음〉 16장 13절을 빗댄 것.

[3] 이 시는 옹플뢰르에서 쓰인 것으로 추정되며, 마지막 행에서는 시인을 몽상에 잠기게 한 프랑스 북부 노르망디 바다 위로 펼쳐진 하늘이 느껴진다. 참고로 보들레르는 코로가 "하늘의 왕"이라고 칭한 화가 외젠 부댕과 1859년에 이 항구 마을에서 알게 되었다. 《악의 꽃》 가운데 〈여행〉에는 "그 어떤 풍요로운 도시와 그 어떤 장관에도/우연이 구름을 소재로 만들어내는/그 신비로운 매력은 없었다"라고 나와 있으며, 발터 벤야민은 "(보들레르의 영적 생활에 대한 동경은) 지상의 모든 자연에서 벗어나 구름으로 향한다. 많은 시가 구름을 모티프로 다룬다"고 말했다(《파사젠베르크(아케이드 프로젝트) Ⅱ-보들레르의 파리》).

2 노파의 절망

그 귀여운 갓난아기를 보자, 쭈글쭈글한 노파는 기뻐 어쩔 줄을 몰랐다. 누구나가 좋아하고 비위 맞춰주고 싶어하는 이 사랑스러운 존재는 이 노파처럼 그렇게 연약하며, 그녀처럼 이도 머리카락도 없었다.*

그래서 노파는 아이에게 다가가 활짝 웃는 얼굴을 보이려고 했다.

그러나 늙어 빠진 착한 여자가 어루만지자 아이는 겁이 나 발버둥치며 집이 떠나가라 왕왕 울었다.

그것을 본 착한 노파는 늘 들어앉은 고독 속으로 다시 물러나 한쪽 구석에서 눈물을 흘리며 이렇게 중얼거렸다. "아! 우리 불행한 노파는 저 순진무구한 어린것에게조차 사랑받지 못하는 나이가 되었구나. 우리가 사랑하고 싶어도, 어린것들은 우리를 무서워하는구나!"

---

* "─그대들은 알아챘는가, 수많은 노파들의 관이 / 어린애들 관처럼 작다는 것을?"《악의 꽃》 가운데 〈작은 노파들〉)

3 예술가의 고해

가을날 황혼녘은 어찌 이리도 가슴에 사무치는가! 아! 쓰라릴 만큼 사무치도다! 막연함 속에 강렬함 감춘 어떤 감미로운 감각이 있기 때문이로다. '무한'의 끄트머리보다 더 날카로운 것은 없으리라.

하늘과 바다 사이에 있는 무한함*¹에 시선을 담그는 것은 얼마나 큰 기쁨인가! 고독, 적막, 창공의 비할 바 없는 순결함, 수평선에서 가늘게 떠는 그 작고 고립된 모습이 돌이킬 수 없는 내 존재를 모방하고 있는 하얀 돛, 물결의 단조로운 선율. 이 모든 것이 나를 통해 생각한다. 또는 그것들을 통해 내가 생각한다(위대한 공상 속에서 '자아'는 홀연히 소멸하니까!). "그것들이 생각한다"고 나는 말한다. 다만 궤변이나 삼단 논법, 연역법 없이 음악적으로, 회화적으로.*²

그러나 나에게서 나왔건 사물들에서 솟아났건 이 생각들은 곧 지나치게 강렬해진다. 쾌락 속에서 정력은 불쾌함과 현실의 고통을 만들어낸다. 과도하게 팽팽해진 내 신경은 이제 날카로운 소리 내는 고통스러운 떨림을 계속할 뿐이다.

그리하여 이제는 까마득한 하늘이 나를 당황케 한다. 그 청명함이 나를 분노케 한다. 냉담한 바다와 요지부동의 풍경이 나로 하여금 반기를 들게 한다……. 아! 영원히 괴로워해야 하나! 아니면 영원히 아름다움에서 멀어져야 하나? 자연이여, 무자비한 마녀여, 늘 승리를 쟁취하는 내 적수여, 나를 놓아주어라! 내 욕망과 자존심을 시험하지 마라! 아름다움의 탐구는 예술가가 나가떨어지기 전에 공포의 비명을 내지르는 하나의 결투.

---

*1 이 시가 쓰인 곳으로 추정되는 프랑스 북부 노르망디 항구 마을 옹플뢰르의 풍경을 연상시킨다.

*2 보들레르는 초자연주의를 "시간과 공간이 깊이를 더하고, 생존 감각이 끝없이 팽창하는"(《불꽃놀이》 11) 안에서 세상과 시인이 일체하는 상태라고 정의했다. "현대적 구상에 의한 순수 예술이란 무엇인가. 객체와 주체를, 즉 예술가 밖에 존재하는 세상과 예술가 자신을 동시에 포함하는 암시적 마술을 만들어내는 것이다."(《철학적 예술》) "자아의 무산과 집중에 관하여. 모든 것은 거기에 있다."(《벌거벗은 내 마음》)

4 익살꾼

새해가 폭발했다. 수많은 사륜마차가 오가며 진흙과 눈을 뒤섞고, 장난감과 봉봉이 번쩍번쩍 빛나고, 탐욕과 절망이 소용돌이치는 대도시의 공식적인 광란은 철저히 고독한 사람의 뇌수마저도 뒤흔들기에 충분하리만큼 시끌시끌했다.

채찍 쥔 우락부락한 사나이를 태운 당나귀 한 마리가 이 소란과 야단법석한가운데를 힘차고 빠르게 달려갔다.

당나귀가 어느 보도 모퉁이를 돌려 할 때였다. 몸에 꼭 맞는 새 옷을 차려입고 넥타이를 야무지게 졸라매고 장갑을 끼고 에나멜 구두를 신은 한 신사가 이 보잘것없는 짐승 앞을 막아서더니 모자를 벗고 공손하게 몸을 굽히며 말했다. "새해 복 많이 받고 행복하시오!" 그러고는 득의양양하게 친구들 있는 쪽으로 몸을 돌렸다. 자기만족감에다 친구들의 칭찬을 덧붙이고 싶어 하는 것처럼.

당나귀는 이 잘생긴 익살꾼은 거들떠보지도 않은 채, 그의 의무가 그를 부르는 곳으로 열심히 달려갔다.

이를 본 나는 갑자기 이 기막힌 천치에게 헤아릴 수 없는 분노를 느꼈다. 그자야말로 프랑스의 정신을 한몸에 담은 자라는 생각이 들었기 때문이다.*

---

* 보들레르는 프랑스인의 저속한 국민성을 자주 개탄했다. 이를테면 바그너에게 보낸 편지에는 이렇게 쓰여 있다. "나는 내 나라에 몹시 불쾌하고 부끄럽습니다."(1860년 2월 17일자)

5 이중 방

괴어 있는 공기가 장밋빛과 푸른빛을 띠는 몽상을 닮은 방, 철저하게 '정신적인' 방.

이곳에서 영혼은 회한과 욕망의 향기를 풍기는 느긋한 목욕을 한다. —어스름처럼 푸르스름하고 불그레한 그 무엇, 해가 진 동안에 꾸는 쾌락의 꿈.

가구들은 자못 나른한 듯이 기다랗게 축 늘어져 있다. 꿈꾸는 듯이 보이는 식물이나 광물처럼 몽유하는 생명을 받고 태어난 것 같다. 직물은 꽃처럼, 하늘처럼, 저무는 석양처럼 소리 없는 말을 속삭인다.

벽에는 예술적 혐오물이 전혀 없다. 정의된 예술이나 실증적인 예술은 순수한 꿈이나 분석할 수 없는 인상과 비교하면 모독에 지나지 않는다. 이 방에서는 모든 것이 충분한 밝기와 감미로운 어둠 속에 조화롭게 놓여 있다.

깨나른한 영혼이 따뜻한 온실에 있는 기분으로 조용히 흔들리는 이 공기 안에 아주 정교하게 선택된 아련한 향기가 극히 미미한 수분을 머금고 은은하게 감돈다.

창문과 침대 앞에 비 오듯 넉넉히 드리워진 모슬린 휘장이 눈 녹은 급류처럼 넘실거린다. 지금 그 침대 위에는 '우상', 꿈의 여왕이 누워 있다. 그런데 그녀가 어떻게 여기에 있는 것일까? 누가 그녀를 데려왔을까? 어떤 마법의 힘이 이 몽상과 쾌락의 옥좌에 그녀를 모셔다놓았나? 어찌 됐건 그녀는 여기에 있다! 나는 그녀를 알고 있다.

보라, 황혼을 꿰뚫는 이 불타는 눈을, 내가 소름 끼치는 악의를 잘 아는 저 날카롭고 무시무시한 눈동자를! 이 눈동자는 그것을 무심코 바라본 사람의 시선을 끌어당기고 굴복시켜 삼켜버린다. 나는 호기심과 감탄을 불러일으키는 이 검은 두 별을 자주 연구했었다.

어떤 친절한 악마 덕택에 내가 이렇게 신비와 정적과 평화와 향기에 둘러싸여 있는 걸까? 오, 지고의 행복이여! 우리가 흔히 인생이라고 부르는 것은, 행복이 극에 이르러 있을 때조차, 지금 내가 분마다 초마다 인식하고 음미하는 이 최상의 삶과는 결코 상통하는 점이 없다!

아니다! 이미 분도 없고 초도 없다! 시간은 진작 사라지고, 주위를 지배하는 것은 '영원', 황홀한 영원이다!

그러나 소름 끼치는 육중한 노크 소리가 문간에서 울렸다. 지옥 꿈이라도 꿀 때처럼 명치 언저리를 곡괭이로 얻어맞은 기분이 들었다.

이윽고 '유령'이 들어왔다. 법률의 이름으로 나를 고문하러 온 집행관, 또는 가난을 호소해 안 그래도 고통스러운 내 마음을 비속한 자기 삶으로 더 괴롭히려는 뻔뻔스러운 정부(情婦), 아니면 다음 원고를 재촉하러 온 신문사 편집장의 심부름꾼이다.

천국의 방, 우상, 꿈의 여왕, 저 위대한 르네가 말했던 '공기의 요정',*¹ 이 모든 마법이 유령의 난폭한 노크 소리에 흔적도 없이 사라졌다.

무섭다! 기억이 돌아온다! 기억이 돌아온다! 그렇다! 이 초라한 방, 영원히 권태로운 이 거처가 내 방이다. 여기에 있는 것이라고는 모서리가 나간 먼지투성이 바보 같은 가구, 불씨도 잉걸도 없이 가래와 침으로 더럽혀진 벽난로, 먼지 위에 비 자국을 남긴 서글픈 창문, 지운 자국투성이거나 완성하지 못한 원고, 재수 없던 날을 연필로 표시해둔 달력!

내가 완벽한 감수성으로 취해 있던 다른 세계의 향기는, 아! 구역질 나는 정체 모를 곰팡내 섞인 지독한 담배 냄새로 바뀌었다. 이곳에서는 황폐한 악취가 난다.

이 좁고 혐오로 가득 찬 세계에서 내게 미소 던지는 유일하게 익숙한 것이 있다. 오래전부터 알던 무시무시한 연인, 아편 병이다. 모든 연인이 그렇듯, 아! 그녀도 애무와 배반으로 가득하다.

오! 그렇다! '시간'이 다시 나타났다. 이제 시간은 지배자로서 군림한다. 그리고 이 혐오스러운 늙은이와 함께, 그를 따라다니는 마성의 친구인 '추억', '회한', '경련', '공포', '고뇌', '악몽', '분노'와 '신경증'도 돌아왔다.

이제 똑똑히 초가 힘차고 엄숙하게 째깍거리며, 괘종시계에서 하나하나 튀어나와 말한다! "나는 '삶'이다. 견디기 어려운 무자비한 삶!"

인생에 희소식을, 가슴 깊은 곳에 설명할 수 없는 공포심을 불러일으키는 희소식*²을 전할 사명을 짊어진 것은 오로지 '일 초'이다!

그렇다! 시간이 지배한다. 난폭한 독재권을 다시 장악한 것이다. 그리하

---

*1 소년 시절 공상 속에 그렸던 젊고 아름다운 여인을 "공기의 요정"이라 불렀다고 한다.
*2 인생의 끝인 '죽음'을 알리는 소식.

여 황소 부리듯 그 두 개의 바늘로 나를 몰아세운다. "워워! 이 짐승 놈, 땀 흘려 일해라, 노예야! 살아가는 벌을 받아라!"

6 누구나 키마이라*¹를 업고 있다

온통 잿빛인 하늘 아래, 길도 잔디도 없고, 엉겅퀴도 쐐기풀도 나지 않은 먼지투성이 황야*²에서 나는 등을 구부리고 걸어가는 한 무리의 사람들을 만났다.

그들은 저마다 등에 밀가루 포대나 석탄 포대, 또는 로마 보병의 군장만큼이나 무거워 보이는 커다란 키마이라를 업고 있었다.

더구나 그 괴수는 움직이지 않는 무거운 짐이 아니라 탄력 있는 강인한 근육으로 사람들을 내리누르듯 세게 끌어안고 있었다. 업고 가는 사람의 가슴에 거대한 두 발톱이 파고들어 있었다. 그 흉측한 머리는 옛 전사들이 적에게 공포심을 심어주려고 썼던 무시무시한 투구처럼 사람들 이마 위에 얹혀 있었다.

나는 그중 한 사람을 불러, 그러고서 어디를 가는 중이냐고 물어보았다. 그는 자기도 다른 누구도 자신들이 어디로 가는지 모르며, 다만 앞으로 가고자 하는 저항하기 어려운 욕구가 부추기니 어딘가로 가고 있는 것은 분명하다고 대답했다.

더 이상한 점은 이들 나그네 가운데 누구도 자기 목과 등에 매달린 잔인한 짐승에게 화내는 기색이 없다는 것이었다. 그 괴물을 자기 육체의 일부분으로 생각하는 것처럼 보였다. 사나이들의 피곤에 절은 진지한 얼굴에서 절망의 그림자는 찾을 수 없었다. 그들은 우울한 둥근 하늘 아래, 하늘 못지않게 황량한 대지의 먼지 속에 발을 푹푹 묻으며, 영원히 갈망만 해야 하는 운명을 선고받은 자처럼 체념 어린 표정으로 가던 길을 계속 갔다.

행렬은 내 앞을 지나 지평선 너머로 사라져버렸다. 호기심 많은 인간의 시선이 미치지 못하는 이 행성의 둥근 표면 저쪽으로.

나는 얼마 동안 이 신비를 이해하려고 끈질기게 애써보았다. 그러나 이윽

---

*1 그리스 신화에서 불을 토하는 괴물. 영어로는 키메라라고 하며, 반인반수(半人半獸)의 괴물 티폰과 에키드나 사이에서 태어났다.

*2 앙리 르메트르는 "이 시의 황야는 뒷날 T.S. 엘리엇의 《황무지》의 이미지로 이어졌다"고 말했다 (Lemaitre, H. (éd) : Petits Poèmes en Prose(Le Spleen de Paris), Classiques Garnier, 1962).

고 불가항력의 '무관심'*³이 나를 때려눕히고, 사나이들을 짓누르던 키마이라보다 무겁게 나를 짓눌러버렸다.

---

*3 이 또한 다른 하나의 키마이라이리라.

7 어릿광대와 비너스상

얼마나 눈부신 날인가! 타는 듯한 태양 아래에서 이 널따란 공원은 '사랑'에 지배당한 청춘처럼 황홀경에 빠져 있다.

도취한 삼라만상은 어떠한 소리도 내지 않는다. 물조차도 깊은 잠에 빠진 듯하다. 인간 세계의 축제와는 아주 다르게 이곳에 있는 것은 실로 고요한 향연이다.

점점 더 밝아지는 빛줄기는 시시각각 모든 사물을 찬란하게 하고, 흥분한 꽃들은 빛깔의 정기를 하늘의 푸른빛과 겨루고 싶은 욕망에 불타며, 기온은 그 향기들을 형태로 만들어 태양을 향해 연기처럼 피워 올린다.

이렇게 삼라만상이 기뻐하는 속에서 나는 비탄에 잠긴 한 인간을 보았다.

반짝이는 우스꽝스러운 옷을 입고 머리에 고깔과 종을 단 가짜 천치, 국왕이 '회한'과 '권태'에 시달릴 때 그를 웃기는 역할을 자진해서 맡는 어릿광대가 거대한 '비너스상' 발아래 받침돌에 몸을 꼭 붙이고서 눈물이 그렁그렁한 눈으로 이 불멸의 여신을 올려다보고 있었다.

그 눈은 이렇게 말한다. "나는 사랑도 우정도 잃어버린 가장 보잘것없고 가장 고독한 인간입니다. 이 점에서는 가장 형편없는 동물보다 훨씬 못합니다. 그렇지만 나도, 이런 나도, 불멸의 '아름다움'을 느끼고 이해하기 위해 이 세상에 태어난 것입니다! 아! 여신이여! 내 슬픔과 망상을 불쌍히 여기소서!"

그러나 야속한 '비너스상'은 그 대리석 눈으로 알 수 없는 먼 곳을 바라볼 뿐이었다.

8 개와 향수병

"내 예쁜 강아지, 착한 강아지, 귀여운 멍멍아! 이리 와, 시내의 가장 좋은 향수 가게에서 사온 이 기막힌 향수 냄새를 맡아보렴."

개는 꼬리를 흔들며—이것이 이 불쌍한 동물에게는 웃음이나 미소에 해당하는 표현이라고 나는 믿는다—다가와서 궁금하다는 듯이 마개를 연 향수병에 그 축축한 코를 갖다 댔다. 그러더니 이내 겁에 질려 뒷걸음치고는 나를 비난하듯이 짖어댔다.

"아! 별수 없는 개새끼. 만일 너에게 배설물 꾸러미라도 줬다면, 기분 좋게 냄새를 맡고 어쩌면 그것을 다 먹어치웠을지도 모른다. 그러니 너 역시 내 슬픈 인생의 동반자 자격이 없다. 너 역시 저 민중과 다를 바 없다. 그들에게는 절대로 은은한 향수를 줘서는 안 된다. 그것은 그들을 짜증 나게 할 뿐이니까. 세심하게 오물이나 골라주면 된다."

9 서툰 유리 장수

순전히 명상적이며 행동에는 전혀 맞지 않는 성품의 사람들이 있다. 그러나 그들도 때로는 신비하고 불가사의한 충동에 떠밀려, 자기 자신조차 믿지 못할 만큼 재빠르게 행동에 뛰어드는 때가 있다.

이를테면 어떤 사람은 자기 집 관리인에게 어떤 슬픈 소식을 들을까 겁이 나서 한 시간이나 대문 앞을 어슬렁거리면서 감히 들어갈 엄두를 내지 못한다. 어떤 사람은 편지를 뜯지도 않고 보름이나 간직하거나, 벌써 일 년 전에 해야 했을 일을 육 개월이 더 지나서야 겨우 결심하고 이행한다. 그러나 이런 사람들도 때로는 활시위를 떠난 화살처럼 갑작스럽게 어떤 저항할 수 없는 힘에 떠밀려 행동에 뛰어드는 자신을 느끼는 법이다. 세상만사를 다 안다고 자부하는 윤리학자나 의사도 이런 사람들의 게으르고 방탕한 영혼에 대체 어디에서 이토록 강렬한 기백이 갑자기 찾아오는지, 또 가장 단순하고 가장 필요한 일조차 해치우지 못하는 그들이 어떻게 가장 부조리하고 때로 가장 위험하기조차 한 행동을 감행할 넘치는 용기를 순간적으로 발견해내는지 설명하지 못하리라.

내 친구 가운데 하나는 세상에서 가장 해롭지 않은 몽상가이지만, 언젠가 숲에 불을 질렀다. 그의 말로는 사람들이 주장하는 것처럼 과연 쉽사리 불이 붙는지 아닌지 실험하기 위해서였다는 것이다. 실험은 열 번을 내리 실패했지만, 열한 번째에 지나친 성공을 거두고 말았다.

다른 친구는 화약통 옆에서 담뱃불을 붙일지도 모른다. 운명을 보고, 알고, 시험하기 위해서. 무리하게 자신의 기백을 증명하기 위해서. 내기를 위해서. 불안한 쾌락을 맛보기 위해서. 또는 아무 이유 없이 그저 변덕과 무료함 때문에.

이는 권태와 몽상에서 솟아나오는 어떤 에너지이다. 그리고 이러한 에너지가 끈질기게 나타나는 것은, 앞서 지적했듯이, 대개 가장 따분하고 가장 몽상적인 사람들이다.

또 한 친구는 남들과 눈길이 마주치면 눈을 내리깔고, 카페에 들어가거나 극장 매표소*¹ 앞을 지날 때도 거기 있는 지배인들이 미노스나 아이아코스 또는 라다만티스*² 등 그리스 신화 속 신들의 위엄을 갖추고 있는 것처럼 생각되어 그 빈약한 의지를 그러모아야 할 만큼 겁쟁이면서도, 그의 곁을 지나가는 한 노인의 목에 느닷없이 매달려, 어리둥절한 군중 앞에서 열렬하게 입맞춤했다.

왜일까? 왜일까…… 그 노인의 얼굴에 항거할 수 없을 만큼 호감이 갔기 때문일까? 아마도 그럴 것이다. 그러나 본인조차 그 이유를 모른다고 생각하는 편이 더 옳을 것이다.

나도 이런 발작과 충동에 희생된 적이 한두 번이 아니다. 그러니 장난 좋아하는 악마가 우리 내부로 슬쩍 들어와 그들의 황당무계하기 이를 데 없는 의지로 우리도 모르는 사이에 우리를 행동하게 한다고 생각해도 좋으리라.*³

어느 아침 나는 우울하고 슬프고 무료함에 지친 기분으로 자리에서 일어났다. 그런데 뭔가 어이없는 짓을 하고 싶어 견딜 수가 없었다. 그래서 창문을 열었는데, 아, 역시!

(부디 이 점을 고려해주기 바란다. 어떤 사람들에게 이런 신비로운 기분은 노력이나 계획에서 나온 결과물이 아니라 우연한 영감에서 나온 결과물이며, 의사들은 히스테리 증세라 부르고 의사보다 좀더 사려깊은 사람들은 악마적이라고 칭하는 기분, 우리를 많은 위험한 행동 또는 무모한 행동으로 내모는 그 기분과—강렬한 욕망이라는 점만 보더라도—매우 닮은 것임을.)

길을 내려다봤을 때 맨 먼저 눈에 띈 사람은 유리 장수였다. 그 째지는 고함이 파리의 탁하고 우중충한 공기를 뚫고 나 있는 데까지 올라왔다. 그런데 이때 내가 그 불쌍한 사내에게 어째서 그런 갑작스럽고 잔인한 증오를 품었는지 나 자신도 설명할 수가 없다.

"이봐! 이봐!" 나는 그에게 올라오라고 소리쳤다. 내 방은 7층에 있고 계단은 매우 좁으니 사나이는 고생깨나 해야 할 것이며 그 깨지기 쉬운 상품이

---

*1 "장 자크(루소)는 카페에 들어갈 때도 어떤 동요를 느껴야 했다고 한다. 타고난 겁쟁이에게는 극장 매표소도 지옥 재판소처럼 보이곤 했다."(《불꽃놀이》6)

*2 모두 지옥 재판관.

*3 "인간의 어떤 돌발 행위나 사고는 인간 외부에 있는 사악한 힘의 개입을 가정하지 않고는 설명하기 어렵다는 생각에 나는 오랫동안 사로잡혀 있었습니다."(1860년 6월 26일자, 플로베르에게 보낸 편지) 인간의 근원적 사악함에 대한 이러한 성찰은 보들레르에게 큰 영향을 준 것으로 보이는 에드거 포의 작품에도 자주 보인다.

여기저기에 모서리를 부딪치리라고 생각하자 어떤 쾌감마저 느꼈다.

　마침내 그가 나타났다. 나는 유리를 남김없이 꼼꼼하게 살펴본 다음에 이렇게 말했다. "뭐야, 색유리가 없잖아! 장밋빛, 붉은빛, 푸른빛의 마술 유리, 천국의 유리는 어디 있지? 이런 뻔뻔스러운 사람을 봤나! 인생을 아름답게 보여주는 유리도 없이 거만한 얼굴로 이 빈민가를 돌아다니다니!" 그러고서 사나이를 계단 쪽으로 거칠게 밀치자, 그는 투덜거리면서 비틀댔다.

　나는 발코니로 가서 조그만 화분을 집어 들었다. 그리고 그가 문밖으로 나오기를 기다렸다가, 그가 짊어 맨 지게 끝을 향해 손에 든 무기를 수직으로 던졌다. 그 충격으로 그는 나둥그러지고, 그의 초라한 행상품은 벼락 맞은 수정 궁전*4이 깨지는 요란한 소리를 내며 그의 등에서 박살 났다.

　나는 광기에 도취하여 그에게 노기등등하게 외쳤다. "이것이 아름다운 인생이다! 이것이 아름다운 인생이다!"

　이런 신경질적인 장난은 위험을 동반하기 마련이고, 가끔 비싼 값을 치러야 한다. 그러나 한순간이나마 무한한 쾌락을 발견한 자에게 영원한 형벌이 대수랴?

---

*4 1851년 제1회 런던 만국박람회 때, 팩스턴의 설계로 하이드 파크에 설치된 거대한 유리 건축물. 이 상상 속 파괴 행위는 생산사회의 진보에 대한 시인의 자세를 말해준다.

10 새벽 1시에

마침내! 혼자가 되었다! 이제 늦은 귀가에 지친 승합마차 몇 대가 굴러가는 소리밖에 들리지 않는다. 앞으로 몇 시간쯤, 휴식까지는 아니라도 고요를 갖게 되리라. 마침내! 포학한 인간 얼굴*1은 사라졌다. 이제 나를 괴롭히는 건 나 자신뿐이리라.

마침내! 나는 어둠에 몸을 담그고 피로를 풀 수 있게 되었다! 먼저 자물쇠를 이중으로 채우자. 이렇게 문을 잠그면 고독이 더욱 깊어져, 나를 세상과 격리해주는 방어벽이 더욱 단단해지는 기분이다.

무서운 삶이여! 공포의 도시여! 오늘 일과를 돌이켜보자. 나는 문인 몇 명을 만났는데, 그중 한 사람이 육로로 러시아에 갈 수 있느냐고 물었다(러시아를 섬으로 알고 있는 게 분명하다). 그다음 한 잡지사의 편집장과 오래도록 논쟁했다. 그는 내가 뭐라고 반박할 때마다 "우리 회사에는 정직한 사람들만 모여 있소"라고 대꾸했다. 다른 신문 잡지 편집자들은 모두 건달들이라고 말하고 싶은 듯이. 또 스무 명 남짓한 사람들과 인사를 나누었다. 그중 열다섯 명은 처음 만난 사람들이었다. 따라서 딱 그 수만큼 악수했는데, 미리 장갑*2을 사두지 않은 것은 내 부주의였다. 그런 다음 소나기가 퍼붓는 동안 시간을 보내러 어느 여자 곡예사의 방에 들렀는데, 그녀는 내게 베뉘스트르*3의 의상을 그려달라고 부탁했다. 그다음 어느 극장 지배인에게 문안하러 갔는데, 그는 나를 되돌려 보내며 이렇게 말했다. "Z……를 찾아가 보십시오. 분명히 잘될 겁니다. 우리 극장 소속 작가 가운데 가장 둔하고 가장 어리석지만 가장 유명한 사람이니까요.*4 그와 대화를 나누면 그럴싸한 것을 얻게 될 겁니다. 그러고 나서 우리 다시 봅시다." 그다음 나는 이제껏 저지

---

*1 영국의 비평가 토머스 드 퀸시의 표현으로, 보들레르는 《아편쟁이》에서도 인용했다.

*2 장갑은 절교나 결투의 신호로 쓰였다. 《불꽃놀이》 7에 "많은 친구, 많은 장갑"이라는 구절이 있다.

*3 "비너스(베누스)"를 무식한 그녀가 이렇게 발음한 것.

*4 《인공 낙원》 첫머리에 "대단히 유명한 한 사나이가 동시에 매우 어리석은 자이기도 한 걸 보면, 아무래도 이 둘은 아주 훌륭한 대조를 이루는 듯하다"라는 구절이 나온다.

른 적 없는 구역질 나는 행동들을 수없이 자랑하고(왜였을까?), 기꺼이 저질렀던 다른 악행들, 즉 허풍 죄와 가식 죄는 비겁하게도 부인했다. 친구에게는 쉽게 들어줄 수 있는 도움을 거절했으면서, 어느 변변찮은 건달에게는 소개장을 써주었다. 아! 이게 다인가?

모든 사람에게 불만이 있고 나 자신에게도 불만을 느끼는 지금, 한밤의 고독과 정적 속에서 나는 조금이나마 속죄하고 긍지를 되찾고 싶다. 내가 사랑했던 사람들의 넋이여, 내가 찬미했던 사람들의 넋이여, 나를 강하게 하소서. 나를 북돋아주소서. 세상의 허위와 썩은 공기가 내게서 멀어지게 하소서. 그리고 당신, 나의 주 하느님이여! 내가 인간말짜가 아니며, 내가 경멸하는 자들보다 못하지 않음을 나 자신에게 증명하기 위해 적어도 아름다운 시 몇 줄을 이 손으로 쓸 수 있게 은총을 내려주소서!*5

---

*5 릴케는 이 부분을 《말테의 수기》에서 원어 그대로 인용했으며, 1903년 7월 17일자 루 안드레아스 살로메에게 보내는 편지에서 이렇게 썼다. "파리에서 나는 군중 속에서 얼마나 고독했는지 모릅니다. 만나야 할 것들에게 얼마나 많은 거절을 당했던지. ……밤중에 일어나, 즐겨 읽는 보들레르의 《작은 산문시》를 찾아 〈새벽 1시에〉라는 제목의, 그중에서도 가장 아름다운 시를 큰 소리로 읽었습니다. 이 시를 아시는지요? ……보들레르는 여기에 이르기까지 머나먼 길을 걸어 왔습니다. 게다가 넘어지고 기어가면서요. ……한밤중에 그의 말을 어린애처럼 소리 내어 흉내 내면, 그는 내 가장 친한 친구가 되고 이웃이 되어, 얇은 벽 너머에 파리한 얼굴로 서서, 떨어져가는 내 목소리에 귀 기울였습니다. 그럴 때면 우리 사이에 얼마나 신기한 결합이 생겼던지요……."

11 야생의 여인과 가식적인 연인

"임이여, 정말 그대는 한도 없이 무자비하게 나를 피곤하게 하는구려. 그대의 한숨 소리를 들은 사람은 그대가 이삭 줍는 육십 대의 노파나 술집 문간에서 빵 부스러기를 줍는 늙은 거지보다 더 걱정거리가 많은 줄 알겠소.

적어도 그 한숨이 회한을 말하는 거라면 조금이나마 그대의 명예가 되겠지만, 그대의 한숨은 충분한 안일과 과도한 휴식을 나타낼 뿐이오. 더구나 그대는 쓸데없는 말을 도무지 그치지 않는구려. '나를 많이 사랑해줘요! 내게는 사랑이 듬뿍 필요하답니다! 나를 이렇게 위로해줘요, 저렇게 어루만져줘요!' 자! 내가 그대를 치료해보겠소. 그리 멀리 가지 않더라도 장에만 가면 단 두어 푼으로 방법을 찾을 수 있을 게요.

자, 이 튼튼한 철창을 보시오. 이 안에 있는 북슬북슬한 괴물이 지옥의 아귀처럼 울부짖고, 고향을 강제로 떠나 화 난 오랑우탄처럼 철책을 흔들고, 표범 흉내를 내면서 빙빙 돌고, 흰 곰처럼 멍청하게 몸을 흔드는 꼴이 어쩐지 그대와 닮았구려.

이 괴물이 모든 남자들이 '내 천사여!'라고 부르는 동물, 다시 말해 여자요. 그리고 손에는 몽둥이를 들고 고래고래 소리 지르는 저 괴물은 남편이지. 저자가 자기 본처를 짐승처럼 사슬로 묶어서 장날 길바닥에 구경거리로 내놓은 것이오. 물론 관리 나리의 허가는 받았지.

저기 잘 보시오! 맹수 조련사인 남편이 던져주는 살아 있는 토끼며 꼬꼬대는 닭을 저 여자가 얼마나 탐욕스럽게(탐욕스럽게 먹는 척하는 건 아닌 것 같구려!) 갈기갈기 물어뜯는지를.[1] '워워! 그렇게 하루 만에 다 먹어치우면 어떻게 해!' 남편은 호통치고 이 현명한 말에 맞추어 인정사정없이 먹이를 빼앗지만, 튀어나온 창자는 흉포한 맹수 이빨에, 즉 여자 이 사이에 계속 걸려 있구려.

자! 여자가 얌전해질 때까지 몽둥이 한 대! 아직 맹수가 빼앗긴 먹이를 탐욕의 무서운 눈빛으로 노려보고 있으니. 그 몽둥이는 연극 소품이 아니오.

---

[1] 그 무렵 장터에는 실제로 날고기를 먹는 '야생의 여자'가 자주 등장했다고 한다.

그대도 들었소? 털이 저렇게 덥수룩한데도 살이 찰싹찰싹 울리는 소리를? 이제는 얼굴에서 눈알이 튀어나오고, 울부짖음은 더욱 자연스러워졌구려.*² 망치질 당하는 쇠처럼, 온몸에서 불꽃이 유감없이 튀고 있소.

아, 하느님! 저 꼬락서니가 당신께서 손수 빚으신 작품인 아담과 이브가 낳은 두 후예의 결혼 생활입니다. 영광의 열없는 쾌락을 모른다고는 하나, 저 여자는 분명히 불행합니다. 물론 이보다 더 불치의, 보상을 받을 수 없는 불행도 있습니다. 그러나 자신이 내던져진 세상에서 여자는 자신이 다른 운명을 받아 마땅하다고 끝내 생각하지 못하겠지요.

나의 거만한 임이여!*³ 이 세상에 가득한 지옥을 본 내가 그대의 굉장한 지옥을 어떻게 생각해주기 바라오? 그대 피부처럼 보드라운 천 위에서만 쉬고, 익숙한 하인이 정성스레 요리해 잘게 썰어 준 고기만 먹는 그대 같은 이의 지옥을?

건강하고 매력적인 내 임이여, 그 향수 냄새 나는 가슴을 부풀게 하는 그 작은 한숨들이 내게 무슨 의미가 있겠소? 책에서 배운 가식과 보는 이의 마음에 동정심과는 전혀 다른 감정을 불어넣는 그 지칠 줄 모르는 우울함이 내게 무슨 의미가 있겠소? 사실 나는 이따금 진짜 불행이 어떤 것인지 그대에게 가르쳐주고 싶은 욕망에 사로잡힌다오.

내 까다롭고 아름다운 임이여, 진창 속에 발을 묻고 천상의 왕을 구하듯이 멍한 눈동자로 하늘을 올려다보는 그대를 보노라면, 소원을 기도하는 어린 개구리*⁴가 떠오른다오.

혹시 그대가 나뭇가지를(그대도 잘 알겠지만, 지금 내가 그 꼴이오) 경멸한다면, 이윽고 학은 신 나서 그대를 쪼고, 집어삼키고, 제멋대로 죽일 거요!

아무리 내가 시인이라 해도, 나는 그대가 생각하는 만큼 마음이 넓지 않소. 그러니 그대가 너무 자주 그 가식적인 거짓 울음으로 나를 피곤하게 한

---

*2 "여자는 자연스럽다. 즉 가증스러운 존재이다."(《벌거벗은 내 마음》 3)

*3 précieuse(거만한 사람)에는 "(16세기 루이 왕조 시대의) 재능이 뛰어난 여인, (몰리에르의 희극에 등장하는) 거들먹거리는 부인"이라는 뜻이 있다.

*4 라 퐁텐의 우화시 〈왕을 구하는 개구리〉에 나오는 것으로, 하느님이 왕으로 내려주신 나뭇가지가 못마땅했던 개구리들이 이번에는 학을 보내달라고 졸랐다가 그 학에게 차례차례 잡아먹힌다는 이야기.

다면, 나는 그대를 저 야생의 여인처럼 다루거나 빈 병처럼 창밖으로 던져버릴 것이오."[5]

---

*5 랭보가 《일뤼미나시옹》의 〈단장〉에서 "나는 절대로 '사랑'을 창밖으로 내던지지 못하리라"라고 쓴 것은 이 부분을 인용한 것이 아닐까 추측된다.

12 군중

군중 속에 잠기는 것은 누구에게나 허락되는 재능이 아니다. 군중을 즐기는 것은 하나의 예술이다. 가장하고 가면을 쓰는 취미, 보금자리에 대한 혐오, 여행에 대한 정열을 요정이 요람에 불어넣어준 자만이 마음껏 모든 인류를 이용해 삶을 즐길 수 있다.

군중과 고독, 이 두 단어는 활동적이고 시상 풍부한 시인에게는 서로 바꿔 쓸 수 있는 동등한 어휘이다. 자신의 고독 안에 군중을 살게 하지 못하는 사람은 번잡한 군중 속에서 홀로 존재할 방법도 모른다.

시인은 마음대로 자기 자신도 남도 될 수 있는 비길 데 없는 특권을 누린다. 육체를 찾아 떠도는 넋처럼, 원하면 어떤 인격 속으로든 들어간다. 시인에게만큼은 모든 인간이 공석이다. 어쩌다 어떤 자리가 그에게 닫혀 있는 것처럼 보인다면, 그것은 그가 볼 때 방문할 가치 없는 자리이기 때문이다.

사색에 잠긴 고독한 산책자는 이 만인과의 합체에서 묘한 도취를 느낀다. 군중과 쉽게 혼인하는 자는 무아지경의 희열이 뭔지 아는데, 이는 금고처럼 마음을 닫은 이기주의자나 연체동물처럼 안에 틀어박힌 게으름뱅이는 영원히 알지 못할 체험이리라. 우연이 가져다주는 모든 직업, 모든 즐거움, 모든 고통을 시인은 자신의 것으로 삼는다.

우연히 눈에 띈 사람이나 지나가던 낯선 사람에게 시심(詩心)이든 동정심이든 자신을 모조리 바치는 영혼의 이 신성한 매음,* 이 표현할 길 없는 향연에 비하면 인간이 사랑이라고 이름 붙인 것은 얼마나 초라하고 얼마나 편협하며 얼마나 나약한가!

행복한 자들의 어리석은 긍지를 한순간 모욕하게 될지 몰라도, 그들의 행복보다 더 뛰어나고 더 광대하고 더 세련된 행복이 있음을 가끔은 가르쳐주

---

* 여기서는 '사랑'과 '매음'의 일반 통념이 뒤바뀌어, '사랑'의 천박함에 '매음'의 위대함을 대비했다. ―"사랑이란 무엇인가? / 자기 자신에서 벗어나려는 욕구. / 인간은 숭배하는 동물이다. / 숭배란 자기를 희생하고 매음하는 일이다. / 따라서 모든 사랑은 매음이다. / 매음하는 존재는 지고한 존재 즉 신이니, 신이야말로 개개인에게 가장 좋은 친구이며 마르지 않는 공동 저수지이기 때문이다."(《벌거벗은 내 마음》 25)

는 것도 나쁘지 않다. 식민지를 건설한 자들, 민중을 이끈 자들, 세계 오지로 떠난 선교사들은 틀림없이 그런 신비로운 도취를 알 것이다. 그리고 자신들의 재능이 만들어낸 장대한 가정 속에서, 자신들의 파란만장한 운명과 순결한 생애를 동정하는 사람들을 때때로 비웃을 것이다.

13 과부들

보브나르그*1는 말했다. 공원에는 좌절한 야심, 불행한 발명가, 꺾인 명예, 상처받은 마음, 내부에서 격동의 마지막 한숨이 여전히 미친 듯이 노호하는 모든 닫힌 영혼이 유쾌한 사람들과 한가한 사람들의 배려 없는 시선을 피해 주로 찾아가는 오솔길이 반드시 나 있다고. 그 어둑한 은신처야말로 인생의 절름발이들이 모이는 곳이라고.

시인과 철학자가 탐욕스러운 관찰의 눈을 기꺼이 돌리는 곳은 특히 이런 곳이다. 그곳에는 확실히 먹을거리가 풍부하다. 그들이 가기 꺼리는 장소가 있다면, 방금 내가 암시했듯이 그곳은 바로 부자들이 쾌락을 느끼는 곳이다. 그 공허한 소란에는 그들을 매료할 어떠한 것도 없기 때문이다. 반대로 그들은 모든 약한 것, 파괴된 것, 슬픈 것, 고아 같은 것에 저항할 수 없이 이끌리는 것을 느낀다.

노련한 눈은 절대로 잘못 보지 않는다. 굳은 얼굴이나 풀 죽은 얼굴에서, 움푹 꺼지고 생기 없는 눈이나 마지막 갈등의 불꽃으로 반짝이는 눈에서, 깊이 팬 수많은 주름에서, 아주 느리거나 아주 조급한 걸음걸이에서 곧 수많은 전설을 읽어들인다. 배신당한 사랑 이야기, 인정받지 못한 희생 이야기, 보상받지 못하는 노력 이야기, 겸허하고 조용히 견딘 굶주림과 추위 이야기를.

외딴 벤치에 홀로 앉아 쉬는 가난한 과부들을 본 적이 있는가? 상복을 입었든 안 입었든 그녀들을 알아보기란 쉽다. 가난한 자의 상복에는 반드시 뭔가 조화를 깨뜨리는 모자란 구석이 있어 과부의 모습을 더욱 서글프게 만들기 때문이다. 부자라면 자신의 괴로움을 멋들어진 옷으로 과시하지만, 가난한 자들은 고통에도 인색할 수밖에 없다.

아직 몽상을 나눌 수 없는 어린것의 손을 끌고 가는 과부와 완전히 혼자가 된 과부 가운데 어느 쪽이 더 비극적이고 슬플까? 나는 모르겠다……. 한번은 그런 슬픔에 잠긴 한 노부인을 몇 시간이나 뒤쫓은 일이 있다. 그녀는 다 해진 조그만 숄 아래로 잔뜩 긴장한 꼿꼿한 몸 전체에 금욕주의자의 긍지를

---

*1 1715~1747. 프랑스의 윤리학자. 저서로 《성찰과 잠언》 등이 있다.

내보이고 있었다.

　분명 그녀는 절대 고독*2 때문에, 다른 늙은 독신자들 같은 일상을 강요당
하고 있었다. 그리고 그러한 습관의 남성적 특징이 그 엄격함에 어떤 신비로
운 분위기를 더했다. 나는 그녀가 얼마나 초라한 카페에서 어떻게 아침을 먹
었는지 모른다. 나는 신문열람소까지 그녀를 쫓아갔다. 그리고 그녀가 오래
전에 눈물로 타버린 눈을 빛내며 신문지 위에서 맹렬하게 그녀만의 흥미를
끄는 기사를 찾는 모습을 오래도록 지켜보았다.

　마침내 오후가 되었다. 회한과 추억이 떼 지어 내려오는 쾌청한 가을 하늘
아래 그녀는 군중과 떨어진 공원 한쪽에 외따로 자리 잡았다. 그리고 파리
시민을 위한 군악대의 연주를 들었다.*3

　그것은 이 순수한 노부인의(또는 정결해진 노부인의) 자그마한 오락거리
가 분명했다, 어쩌면 벌써 몇십 년 전부터! 친구도, 대화도, 기쁜 일도, 의
지할 사람도 없이 무거운 나날을 보내는 그녀에게 하느님이 일 년에 삼백육
십오 번 내려주시는 위로였으리라.

　그리고 또 한 사람—

　보편적으로 공감 가는 시선은 아닐지라도 적어도 호기심에서, 나는 야외

---

*2 릴케도 같은 고찰을 한 적이 있다. —"여자의 운명에는 고뇌를 무한히 증대하는 이 고독이
　어울립니다. 격리된 고독 속에서만이 이러한 정화가 가능합니다."(마리 그나제나우 백작부인
　에게 보낸 편지. 1906년 11월)

*3 《악의 꽃》 가운데 〈작은 노파들〉에 다음과 같은 구절이 있다.

　　……

　　그중 한 사람은 저무는 해가 새빨간 상처로
　　하늘을 핏빛으로 물들일 무렵
　　생각에 잠겨 외딴 벤치에 앉아,

　　이따금 와서 공원을 가득 채우는
　　군악대의 요란한 금관악기 연주 듣기를 좋아했다.
　　기운을 되찾아줄 것 같은 금빛 노을 속에서
　　시민들 마음에 용기 부어주는 그 주악을.

　　아직 꼿꼿한 이 노파는 기품 있고 예의 바르게
　　씩씩한 그 군악을 심취한 듯 들었다!
　　이따금 한쪽 눈만 늙은 독수리 눈처럼 열리고,
　　대리석 같은 이마에는 월계수 관이 썩 어울릴 것 같았다!

연주회 울타리 주변으로 몰려드는 가난한 군중 위로 시선을 던지지 않을 수 없다. 관현악은 밤을 가로질러 축제와 승리와 기쁨의 노래를 던진다. 드레스 옷자락이 땅에 질질 끌리며 눈부시게 빛나고, 시선과 시선이 마주친다. 무위도식에 싫증 난 한가한 사람들이 몸을 흔들며 음악을 음미하는 척한다. 이곳에는 부유한 자와 행복한 자 말고는 아무것도 없다. 아무 고민 없이 멋대로 살아가는 쾌락을 호흡하고 과시하는 자 외에는 아무것도 없다. 철책 밖에 기대어, 바람결에 띄엄띄엄 실려 오는 음악을 주위들으며 안쪽의 눈부신 용광로를 바라보는 이 가난한 군중을 제외하고는.

가난한 사람의 눈 속에 부자의 기쁨이 이런 식으로 비치는 모습은 언제 봐도 흥미롭다. 그런데 그날 나는 노동복이나 무명옷을 입은 주위의 천박한 군중 사이에서 고상함이 눈부신 대조를 이루는 어떤 존재*4를 발견했다.

키 크고 매우 위엄 있는 부인이었다. 모든 자태가 어찌나 고상하던지, 옛날 귀부인을 그린 초상화 중에서도 그에 비견되는 여인을 본 기억이 없을 정도였다. 온몸에서 기품 있는 덕성의 향기가 배어나왔다. 슬픔에 잠긴 여윈 얼굴은 입고 있는 훌륭한 상복과 완벽한 조화를 이루었다. 그 속에 섞여 있으면서도 서로 눈길도 주지 않는 주위 천민들과 마찬가지로, 눈부신 세계를 깊은 눈빛으로 바라보면서 조용히 고개를 끄덕거리며 음악에 귀 기울이고 있었다.

기이한 광경이었다! '설사 정말로 빈곤하다 해도, 저 여인은 저렇게까지 돈을 아낄 필요가 없을 게 분명하다. 저 고상한 자태가 말해 주지 않는가. 도대체 왜 저 여인은 저렇게 엉뚱한 곳에 서 있는 걸까?' 나는 생각했다.

그러나 호기심에 끌려 그녀 곁을 지나가면서 나는 그 이유를 알 듯했다.

*4 이 여성은 어딘가 《악의 꽃》 가운데 〈스쳐 지나간 여인에게〉에 묘사된 "키 크고 호리호리한 여인이 상복을 입고 (……) 장중한 고통에 싸여" 스쳐 지나간 한 여인을 연상시킨다. 샤를 모롱은 이 여성이 젊어서 과부가 된 시인의 어머니(뇌이의 보들레르 부인)를 연상케 하며, 《악의 꽃》 가운데 〈백조〉의 앙드로마크의 이미지와도 연결된다고 말했다(《만년의 보들레르》 1982). 시인은 말했다. ―"나는 '아름다움'의 정의를 발견했다. ……'기쁨'은 '아름다움'으로 연결되지 않는다고 주장할 마음은 없지만, 내가 보기에 '기쁨'은 아름다움을 장식하는 것 가운데 가장 통속적인 것에 지나지 않는다. ―이에 반해 '우울'은 아름다움의 눈부신 반려자이다. 즉, 나는 '불행'을 동반하지 않는 '아름다움'은 거의 생각할 수 없다."(《불꽃놀이》 10). 발자크도 이렇게 썼다. "괴로움에 고통 받는 여인의 아름다움은 어떤 여인의 아름다움보다 마음을 잡아당기지 않는가?"(《랑제 공작부인》)

에두아르 마네 〈튈르리 음악회〉(유채), 1862.

이 고상한 과부는 자신처럼 검은 옷을 입은 아이의 손을 잡고 있었던 것이다. 입장료가 아무리 몇 푼 안 되기로서니 그 돈은 이 어린것에게 필요한 물건 하나를, 또는 사치품이나 장난감 하나를 사주기에 충분한 액수이리라.

　그녀는 생각에 잠기며, 꿈꾸며, 혼자서, 언제나 혼자서 걸어서 돌아갔을 것이다. 어린애*5란 소란스럽고 제멋대로이고 배려도 참을성도 없으며, 개나 고양이 같은 동물과 달라서, 오갈 데 없는 고뇌를 들어줄 의지할 만한 친구도 되지 못하니까.

＊5 "흔히 어린아이는 어른에 비해 원죄에 가깝다."(《외젠 들라크루아의 작품과 생애》)

14 늙은 광대

휴가 중인 사람들이 곳곳에 넘쳐 늘어서서 흥청거렸다. 광대, 마술사, 서커스의 바람잡이, 노점상인 등이 한 해의 불경기를 만회하기 위해 오랫동안 별러온 명절 가운데 하나였다.

이런 날에 민중은 고통도 노동도 그 어떤 것도 다 잊은 듯이 보인다. 사람들은 모두 어린애로 변한다. 꼬마들에게는 하루 동안의 휴가이다. 학교에 가는 공포가 스물네 시간 뒤로 미루어진 것이다. 어른들에게는 악랄한 생명의 권력과 맺은 휴전 조약이자, 전반적인 긴장과 투쟁의 짧은 유예 기간이다.

제아무리 상류 사회 인사나 정신적인 직업을 가진 사람이라 해도 이 서민적인 축전의 영향에서 벗어나기란 어렵다. 원하지 않더라도 이 태평스러운 분위기에서 자신들의 몫을 흡수하게 된다. 진짜 파리지앵인 나로 말할 것 같으면, 이 명절이 자기 것이라는 양 의기양양하게 나란히 늘어선 막사들을 남김 없이 둘러보기를 절대로 게을리하지 않는다.

막사들은 서로 질세라 고함치고 울부짖고 소리 지르며 정말이지 열띤 경쟁을 벌였다. 고함과 금관악기의 폭발음과 불꽃 터지는 소리가 뒤범벅되었다. 어릿광대며 얼간이들은 비바람과 햇볕에 그을려 메마른 얼굴을 움찔거리며, 자신의 연기에 자신만만한 배우처럼 시치미를 잡아떼고, 몰리에르에 버금가는 어느 재미있는 희극에 나온 우스운 대사며 경구들을 신 나게 떠들었다. 오랑우탄처럼 머리뼈도 이마도 없는 차력사는 지난밤 빨아둔 타이츠를 입고 자신의 거대한 팔다리를 뽐내며 으스댄다. 무희들은 자신들의 치마를 번쩍이게 하는 초롱불 아래를 요정이나 공주처럼 아름다운 자태로 폴짝폴짝 뛰어다녔다.

온통 빛과 먼지, 고함, 즐거움, 법석뿐이었다. 어떤 사람은 돈을 쓰고, 어떤 사람은 돈을 벌어들이지만, 쓰는 쪽이나 버는 쪽이나 즐겁기는 매한가지이다. 아이들은 막대 사탕을 사달라고 어머니 치맛자락에 매달리거나, 하느님처럼 눈부신 마술사를 더 잘 보려고 아버지 목말을 탔다. 곳곳에는 모든 향기를 지배하며 가히 이 축전의 대표적 냄새라 할 만한 튀김 냄새가 감돌았다.

그리고 줄지어 선 이 천막들 맨 끝에서 나는 보았다. 수치심 때문에 이 모든 화려함 밖으로 스스로 물러난 듯한 구부정하고 늙어 빠진 불쌍한 한 광대가 어떤 미개한 야만인의 것보다 허름한 임시 막사 기둥에 인간 폐물처럼 몸을 기대고 있는 모습을. 연기를 내며 녹아내리고 있는 초 두 자루가 그 궁상을 더욱 환하게 비추었다.

어느 곳에나 즐거움과 돈벌이와 쾌락이 있었다. 어느 곳에나 며칠간의 양식과 열광적인 생명력의 폭발이 있었다. 그러나 이곳에는 지독한 궁상이 있었다. 기예 따위보다 몇 배는 커서 부득이하게 대비를 빚어낸 서글픈 궁상이, 우스꽝스러운 누더기를 걸친 괴상한 차림의 궁상이 있었다. 이 불쌍한 사나이! 웃지 않았다. 울지도 않았다. 춤도 추지 않았다. 몸짓도 하지 않았다. 소리를 지르지도 않았다. 즐거운 노래든 구슬픈 노래든 부르지 않았다. 동정을 사려 하지 않았다. 입을 다물고 꼼짝도 안 했다. 모든 걸 포기한 채 아무것도 하지 않았다. 그의 운명은 끝장난 것이다.

그러나 이 보기 딱한 궁상 바로 몇 걸음 앞에 끊임없이 와서 멈춰 서는 군중과 초롱불 위로 그는 얼마나 그윽하고 인상 깊은 시선을 던졌던가! 나는 히스테리에 걸린 무서운 손에 목이 졸리는 기분을 느꼈다. 눈물이 떨어질 듯 말듯 앞을 가리는 것 같았다.

무엇을 하려는 걸까? 그 너덜너덜한 휘장 뒤 악취로 가득한 어둠 속에서 어떤 신기하고 멋진 재주를 보여줄 거냐고 이 불행한 노인에게 물어본들 무슨 소용이겠는가? 실제로 나는 차마 물을 수가 없었다. 나의 소심함에 독자 여러분은 웃으실 것이다. 고백하건대 나는 그를 모욕할까 봐 두려웠다. 마침내 나는 시끌벅적한 엄청난 인파가 나를 그에게서 멀리 데리고 갈 때 그 앞을 지나치며 널빤지 위에 돈 몇 푼을 놓기로 마음먹었다. 언젠가 그가 내 의향을 알아주기를 남몰래 기대하면서.

집에 돌아오면서도 그 광경을 떨쳐낼 수가 없어, 이 갑작스러운 고뇌를 분석하는 데 집중했다. 그리고 생각했다. '내가 방금 본 것은 늙은 문학자의 모습이다. 한 세대를 즐겁게 해주었지만, 그 세대는 지나가고 홀로 남은 것이다. 친구도 가정도 자식도 없고, 가난과 대중의 배은망덕 때문에 점차 재능을 잃은 늙은 시인의 모습이다. 뭐든 쉽게 잊는 대중은 이제 그 막사에 들어가려 하지 않는다!'

15 과자

나는 여행 중이었다. 나는 저항할 수 없는 장엄함과 숭고함을 갖춘 풍경[*1]
에 둘러싸여 있었다. 그 순간 분명히 그러한 풍경의 무언가가 내 영혼 속을
스쳐갔다. 내 생각은 주위 공기처럼 가볍게 날아다녔다. 이제 증오나 속세의
사랑과 같은 저속한 열정은 발아래 계곡 바닥에 길게 깔린 구름 떼처럼 아득
하게 느껴졌다. 내 영혼은 나를 둘러싼 친구처럼 광활하고 순결해 보였다.
지상에서의 모든 기억은 저 멀리 산비탈에서 어렴풋이 보이는 풀 뜯는 가축
들의 방울 소리처럼 약하고 희미하게만 내 마음에 와 닿았다. 한없이 깊어
검게 보이는 움직이지 않는 작은 호수의 수면을 이따금 구름 그림자가 하늘
을 가로지르는 거인의 망토 자락처럼 지나갔다. 그리고 나는 아주 고요하고
큰 움직임에 빚어지는 이 장중하고 희귀한 감각이 나를 공포 섞인 환희로 채
워주었던 것을 지금도 기억한다. 요컨대 나는 나를 둘러싼 감동적인 아름다
움 덕분에 온 우주를 느끼고, 완벽한 평화 상태에 놓인 나 자신을 느낀 것이
다. 그리고 마침내는 완벽한 행복과 지상 모든 악에 대한 완전한 망각 속에
서, 인간은 태어나면서부터 선하다고 주장하는 신문들을 예전처럼 우스꽝스
럽게는 생각하지 않게 되었다. ─그런데 그때 구제 불능의 육체적 욕구[*2]가
되살아나는 바람에, 이 오랜 등산에서 비롯한 식욕을 달래고 피로를 풀기로
했다. 나는 주머니에서 커다란 빵 한 덩어리, 가죽 컵, 강장제 병을 꺼냈다.
그 강장제는 그 무렵 약사들이 여행가들에게 팔던 것으로, 필요에 따라 눈을
녹여 함께 마시는 약이었다.

천천히 빵을 자르는데 아주 작은 소리가 들려왔다. 나는 눈을 들었다. 누
더기를 걸친 시꺼멓고 머리가 헝클어진 소년이 내 앞에 서서, 사나우면서도
애원하는 듯한 그 움푹 꺼진 눈으로 빵 덩어리를 삼킬 듯이 바라보고 있었
다. 이윽고 나는 소년이 낮은 쉰 목소리로 "과자!"라고 탄식처럼 내뱉은 소

[*1] 이 시의 배경을 이루는 풍경을 묘사하는 데는 1838년 무렵 17세였던 보들레르가 가족과 피레
　　네 지방을 여행했을 때의 인상을 바탕으로 쓴 초기 시가 활용되었다. "작은 호수"란 바레주
　　위쪽에 자리한 에스쿠브 호수로 보인다(클로드 피슈아, 장 지글러 《샤를 보들레르》).
[*2] 정신적 고양과 생리적 욕구의 격차에 모순이 담겨 있다.

리를 들었다. 거의 새하얀 내 빵에 경의를 표하려고 과자라고 부른 것을 듣고 웃지 않을 수 없었다. 나는 크게 한 조각을 잘라서 소년에게 내밀었다. 소년은 탐욕의 대상에서 눈을 떼지 않은 채 천천히 다가왔다. 그러고는 한 손으로 빵을 낚아채더니 황급히 달아나려고 했다. 내 선물이 진심이 아니거나 내가 중간에 마음을 바꿀까 봐 두려워하는 것처럼.

바로 그 순간, 그 소년과 쌍둥이로 보일 만큼 똑같이 생긴 또 다른 작은 야만인이 어디에선가 튀어나와서 소년을 떠다밀었다. 그들은 귀중한 먹이를 서로 빼앗으며 땅 위에서 엉켜 굴렀다. 둘 가운데 누구도 형제를 위해 빵 반쪽을 희생할 마음이 없는 듯했다. 첫 번째 아이가 화를 내며 머리카락을 움켜쥐자, 두 번째 아이는 귀를 물어뜯고서 그 피투성이 살 조각과 함께 사투리로 희한한 욕설을 내뱉었다. 과자의 정당한 소유자가 약탈자의 눈에 그 작은 손톱을 박으려 하자, 약탈자도 지지 않고 한 손으로 상대방의 목을 힘껏 조르면서 다른 손으로 이 싸움의 원인이 된 목표물을 주머니에 집어넣으려고 애썼다. 그러나 패자는 절망으로부터 되살아나 다시 일어서더니 머리로 상대방의 가슴팍을 들이받았고, 승자는 땅바닥에 나동그라졌다. 어린아이들의 힘으로는 불가능하다고 생각될 만큼 오랫동안 이어진 이 끔찍한 싸움을 여기서 더 묘사해 무엇하랴? 과자는 순간마다 이 손에서 저 손으로 넘어가고, 이 주머니에서 저 주머니로 옮겨갔다. 그리고 아! 그와 동시에 그 크기도 점점 변했다. 마침내 두 소년이 헐떡거리며 피투성이가 된 채 기진맥진해 땅바닥에 늘어졌을 때 그 싸움의 목표물은 아무런 형태도 남지 않았다. 빵 조각은 사라지고, 모래알과 구별할 수 없이 작은 가루가 되어 그 모래와 함께 흩어져버렸다.[3]

이 광경은 눈앞의 경치를 암울하게 만들어버렸다. 이 아이들을 만나기 전 내 영혼이 만끽했던 평화로운 기쁨은 흔적도 없이 사라지고 말았다. 그 뒤 나는 계속 이렇게 되뇌며 오랫동안 슬픔 속에 남겨졌다. "빵이 과자라고 불리는 비참한 나라가 있구나. 달콤한 과자 하나가 이렇게 엄청난 골육상쟁의 싸움을 부를 만큼 귀하게 여겨지는 비참한 나라가!"

---

[3] 《고독한 산책자의 몽상》〈아홉 번째 산책〉에 농부에게 과자와 빵을 던지고, 서로 빼앗는 모습을 보며 즐거워하는 일화가 있다.

16 시계

중국 사람들은 고양이의 눈 속에서 시간을 읽는다.

어느 날 남경 성 밖을 산책하던 한 선교사가 회중시계를 잊고 나온 것을 알아차리고 어떤 소년에게 시간을 물었다.[*1]

천진난만한 중국 소년은 순간 망설이더니 이내 생각을 고쳐먹었는지 이렇게 대답했다. "곧 알려드릴게요." 그러고는 곧 뒤룩뒤룩 살찐 고양이를 두 팔 가득 안고서 다시 나타났다. 그리고 사람들이 말하듯이 고양이의 흰 눈을 바라보면서 서슴지 않고 단호하게 말했다. "아직 완전히 정오는 아니에요." 그것은 정말이었다.

나로 말할 것 같으면, 펠린[*2]이라는 썩 그럴싸한 이름이 붙은, 그 동족의 명예인 동시에 내 자랑이며 내 정신의 향기이기도 한 아름다운 고양이 위로 몸을 구부리고서 밤이건 낮이건, 빛이 가득한 곳에서건 불투명한 그늘에서 건 그 멋진 눈 속에서 늘 시간을 또렷이 읽는다. 아득하고, 장중하고, 공간처럼 끝없고, 분이나 초와 구분되지 않는, —시계 위에는 표시되지 않는, 확고부동한, 그러나 한숨처럼 가볍고, 깜빡임처럼 재빠른 시간을.

이 미묘한 문자판 위에 내 시선이 머물러 있을 때 어떤 훼방꾼이 나를 방해하러 온다면, 또는 어떤 무례하고 불쾌한 수호신이나 불시에 나타난 악마가 와서 "무엇을 그렇게 주의 깊게 보느냐? 이 동물의 눈 속에서 무엇을 찾느냐? 시간을 아끼지 않는 게으름뱅이여, 거기에서 시간을 읽고 있느냐?"라고 묻는다면 나는 서슴지 않고 대답하리라. "그렇다. 나는 시간을 읽고 있다. 그것이야말로 '영원'이니까!"

그런데 부인,[*3] 때로는 이것이야말로 찬양할 만한, 그리고 당신처럼 과장된 연가 아닙니까? 정말이지 나는 이렇게 호들갑스러운 말을 늘어놓는 데에

[*1] 이 시가 발표되기 3년 전에 출판된 E.R. 유크 신부의 《중화제국》에 나오는 일화.

[*2] 펠린(Féline)은 형용사형으로 '고양이 같은'이라는 뜻이 된다.

[*3] 《악의 꽃》에는 이른바 〈장 뒤발 시〉와 〈마리 도브란 시〉에 각각 들어 있는 두 편의 〈고양이〉가 있는데, 이 "부인"이 그중 어느 여성을 가리키는지, 또는 아예 다른 여성을 가리키는지는 불명확하다. 또한 "진심으로 친애하는 펠린을 생각하며, Ch. 보들레르"라는 헌사가 딸린 1861년판 《악의 꽃》이 일부 남아 있으며, 시인의 수첩에도 펠린이라는 이름이 나온다.

대단한 기쁨을 느끼는 바입니다. 그렇다고 당신에게 딱히 그 보답을 요구할 마음은 없습니다.

17 머리카락 속의 반구(半球)

　오랫동안, 오랫동안 그대 머리카락 냄새를 들이마시게 해주오. 목마른 자가 샘에 얼굴을 묻듯이 그 머리카락에 내 얼굴을 푹 묻게 해주오. 수많은 추억이 공중에서 물결칠 수 있도록 그대 머리카락을 향기나는 손수건처럼 흔들게 해주오.

　그대 머리카락에서 내가 보는 모든 것과 내가 만지는 모든 것과 내가 듣는 모든 것을 그대도 알 수 있다면! 사람들의 넋이 음악을 타고 여행하듯이, 내 넋은 향기를 타고 여행해가네.

　그대 머리카락에는 돛과 돛대로 가득한 완벽한 꿈이 깃들어 있네. 또한 망망대해가 깃들어 있네. 그곳에 부는 계절풍이 나를 매력적인 땅으로 데리고 가네. 하늘은 한층 푸르고 그윽하며, 공기는 과일과 나뭇잎과 사람 살갗 냄새를 머금은 땅으로.

　그대 머리카락 속의 바다에서 나는 항구를 언뜻 보았네. 구슬픈 노랫소리, 온갖 인종의 건장한 남자들, 영원한 열기를 머금은 그 망망한 하늘 위로 복잡하고 정교하게 만들어진 온갖 형태의 선박이 잔뜩 모여 있는 항구를.

　그대 머리카락을 어루만지노라니 나는 또 떠오르네. 아름다운 선실 안에서 화분과 물그릇 사이에 놓인 소파 위에 몸을 던진 채 항구의 희미한 흔들림에 흔들리며 보냈던 저 길었던 시간의 나른함이.

　그대 머리카락의 불타는 난로 안에서 나는 아편과 설탕이 섞인 담배 냄새를 맡네. 그대 머리카락의 어둠 속에서 나는 무한히 빛나는 열대 지방의 창공을 보네. 그대 머리카락의 솜털로 뒤덮인 바닷가에서 나는 역청과 사향과 야자유 뒤섞인 냄새에 취하네.

　오랫동안 그대의 검고 무거운 머리 타래를 깨물게 해주오. 그대의 탄력 있고 억센 머리카락을 깨무노라면 추억을 먹는 기분이 든다오.

잔느 뒤발(1858~60년 무렵 보들레르가 기억을 더듬어서 그린 데생. 메모는 풀레 말라시스가 남김).

18 여행으로의 초대

내가 오랜 연인*¹과 함께 찾아가고 싶은 곳은 '별천지'로 불리는 아주 멋진 나라. 북유럽 지방의 안개에 파묻힌 신비한 나라이며 가히 서양의 동양이라고도, 유럽의 중국이라고도 부를 만한 나라. 그만큼 뜨겁고 변덕스러운 공상이 마음껏 활개치고, 섬세하고 기묘한 식물들이 꼼꼼하고 빈틈없이 국토를 장식하는 나라.

그곳이야말로 진정한 '별천지'. 그곳에서는 모든 것이 아름답고 풍요롭고 고요하고 순결하다. 그곳에서는 사치가 질서 속에 자신의 모습을 비추기를 즐기며, 삶은 윤택하여 호흡마저 달콤하다. 혼란과 소란과 예기치 못한 사건이 제거된 나라. 행복이 침묵과 결혼하고, 요리마저도 자극적이고 기름지면서도 시적인 나라. 내 사랑하는 천사여, 그곳에서는 모든 것이 그대를 떠올리게 한다.

추운 가난 속에서 우리를 사로잡는 못된 열병 같은 이 낯선 나라에의 향수를, 이 그칠 줄 모르는 호기심의 고통을 그대는 아는가? 아, 그대를 닮은 나라. 모든 것이 아름답고 풍요롭고 고요하고 순결한 나라. 공상이 서양의 중국을 건설하고 장식하는 나라. 생명이 숨 쉬기에 달콤하고, 행복이 이미 침묵과 결혼한 나라. 아, 참으로 가서 살고 살다가 죽어야 할 나라이다!

그렇다. 그곳이야말로 우리가 가서 숨 쉬고, 꿈꾸고, 무한한 감각으로 시간을 늘려야 할 나라. 어떤 음악가*²는 《왈츠로의 초대》를 썼다. 그렇다면 사랑하는 여인에게, 선택된 누이에게 바쳐야 할 《여행으로의 초대》를 쓴 것

---

*1 운문시 〈여행으로의 초대〉처럼 여배우 마리 도브랑(1827~1890)에게 영감을 얻어 쓴 시라는 것이 통설이지만, 피슈아는 이 "오랜 연인"이 장 뒤발 또는 《인공 낙원》 헌사에서 언급한 J.G. F(이것 역시 아마도 장)를 가리킬 가능성이 있다고 시사했다(Pichois, C. (éd) : LE SPLEEN DE PARIS(Petits poèmes en prose), Œuvres complètes I, Notices, Bibliothèque de la Pléiade, Gallimard, 1975).

*2 독일의 작곡가 칼 마리아 폰 베버(1786~1826). 1841년 베를리오즈가 이 《왈츠로의 초대》 (1819)를 오케스트라용으로 편곡했다. 뒷날 보들레르의 산문시에서 영감을 얻어 《여행으로의 초대》를 작곡한 작곡가로 앙리 뒤파르크(1848~1933), 에마뉘엘 샤브리에(1841~1894), 샹송 작가 레오 페레(1916~1993) 등이 있다.

은 누구인가?

그렇다. 그것이야말로 가서 행복하게 살아야 할 분위기이다. 그곳에서는 더 더딘 시간이 더 많은 생각을 품고 있다. 커다란 시계는 훨씬 깊이 있고 훨씬 의미 있는 엄숙함 속에서 세상의 행복을 종을 쳐서 알린다.

반들반들한 널빤지 위 또는 금박 입힌 어둡고 윤기 나는 가죽 위에는 그것을 그린 화가들의 넋처럼 침착하고 온화하고 심오한 그림이 조용히 숨 쉰다. 식당이며 응접실을 화려하게 물들이는 석양빛이 아름다운 천들과 납 창살 촘촘히 박힌 높은 장식 창을 통과하며 누그러져 들어온다. 큼직하고 기이하고 괴상하게 생긴 가구들은 세상 물정에 훤한 영혼처럼 자물쇠와 비밀로 몸을 두르고 있다. 거울, 금속품, 천, 금은 세공품, 도기 등은 보는 이의 눈에 소리 없는 신비한 교향악을 연주한다. 이때 모든 물건에서, 구석구석에서, 서랍 틈새에서, 천의 주름에서 야릇한 향기가 피어오른다. 이 방의 넋과 같은, 저 수마트라의 그리운 향기가.*3

내가 진짜 '별천지'라고 말한 그곳에서는 모든 것이 깨끗하고 풍요롭게 빛난다. 아름다운 양심처럼, 호화로운 요리 도구처럼, 찬란한 금은 세공품처럼, 요란한 빛깔의 보석처럼! 온 세상을 가질 자격이 있는 근면한 사람의 집이 그러하듯, 지상의 모든 보물은 그곳으로 모여든다. '예술'이 '자연'보다 우월한 것처럼 다른 어떤 나라보다 우월한 유일한 나라. 그곳에서는 환상을 통해 자연이 변형되고, 수정되며, 미화되고, 개조된다.

연금술사들이 원예를 연구하고 또 연구하여 행복의 한계를 끝없이 넓혀가기를! 자신들의 야심 찬 과제를 해결해줄 사람을 찾기 위해 그들이 6만 플로린에서 10만 플로린의 현상금을 걸기를! 그런데 나로 말하자면 이미 나는 나의 검은 튤립과 푸른 달리아*4를 찾았다!

비길 데 없는 꽃, 내가 발견한 튤립이여, 상징적인 달리아여. 진실로 가서 살며 꽃피워야 할 곳은 저 고요하고 꿈결 같은 아름다운 나라 아니겠느냐? 그곳에서 너희는 너희의 아날로지 속에 둘러싸이고,*5 그리하여―신비주의

---

*3 앙리 르메트르는 이 부분에 네덜란드의 내면과 회화의 특징이 잘 나타난다고 평하며 대표 화가로 피테르 데 호흐 등을 들었다(펠메르는 아직 알려지지 않았다).

*4 "검은 튤립"은 알렉상드르 뒤마의 소설을, "푸른 달리아"는 피에르 뒤퐁의 상송에서 따온 것.

*5 뒷날 마르셀 프루스트가 이 여성과 풍토의 유추라는 주제로 소설을 쓴다.

자*⁶들의 말을 빌리자면, 너희 고유의 교감 속에 너희 모습을 비춰볼 수 있지 않겠느냐?

꿈! 언제나 꿈이다! 영혼이 희망에 차고 정교해질수록 꿈은 그 영혼을 가능성에서 점점 멀어지게 한다. 인간은 누구나 몸 안에 끊임없이 분비되고 채워지는 일정량의 천연 아편을 지닌다. 그런데 우리는 태어나서 죽을 때까지, 우리가 결심하고 이루어낸 행위와 우리가 누린 환희로 채워진 시간을 얼마나 헤아릴 수 있나? 내 정신이 색칠해놓은 이 그림에서, 당신을 닮은 이 그림에서 언젠가 우리가 살 수 있을까? 마침내 그 안으로 들어갈 수 있을까?

이 보물들, 이 가구들, 이 사치, 이 질서, 이 향기들, 이 기적의 꽃들이 곧 그대이다. 이 커다란 강, 이 고요한 운하들 역시 그대이다. 재물을 가득 싣고 떠나는, 조작하는 단조로운 소리가 새어나오는 거대한 선박은 그대 가슴 위에서 졸거나 흔들리는 내 생각이다. 그대는 아름답고 맑은 영혼 안에 깊은 하늘을 비추면서 그것들을 소리도 없이 망망한 바다로 끌고 간다. ― 그리하여 동양의 산물을 가득 싣고 파도에 지쳐 고향 항구로 돌아올 때 그 또한 '무한'에서 당신에게 되돌아오는, 더욱 풍요로워진 내 생각이다.

---

*6 에마누엘 스베덴보리를 가리킴(이 신비사상가에 관해서는 50편 역주 8 참조).

19 가난한 이의 장난감

순진무구한 놀이를 가르쳐주겠다. 죄가 되지 않는 즐거움이란 아주 드물다!

아침에 큰길을 산책할 생각으로 집을 나설 때, 무엇이든 돈 몇 푼이면 살 수 있는 물건—이를테면 줄 한 가닥으로 조종하는 납작한 꼭두각시, 모루를 두드리는 대장장이, 꼬리 대신 호루라기가 달린 말에 앉은 기사 등—으로 주머니를 채워라. 그리고 술집 즐비한 거리*나 가로수 아래에서 마주치는 낯선 가난한 아이들에게 그것을 주어라. 그 아이들의 눈이 엄청나게 커지는 것을 보게 될 것이다. 아이들은 그 행운을 의심할 것이다. 그러나 다음 순간에는 그들의 손이 선물을 잽싸게 낚아챌 것이다. 그러고는 인간을 불신하는 버릇이 생긴 고양이가 당신이 준 먹이를 먼 곳까지 가지고 가서 먹는 것처럼 그들도 멀리 달아날 것이다.

널따란 정원을 둘러싼 철책 뒤, 태양이 눈부시게 비춰주는 아름다운 하얀 저택이 보이고, 귀엽기 그지없는 산책용 옷을 입은 깜찍한 소년이 서 있다.

사치와 무사태평과 풍요로운 생활에 익숙한 모습이, 중산 계급이나 빈민 계급 소년들과는 전혀 다른 반죽으로 빚어졌나 싶을 만큼 이런 소년들을 아름답게 만든다.

그 곁 풀 위에 훌륭한 장난감 하나가 놓여 있다. 주인처럼 싱그럽고, 니스 칠이 돼 있고, 금이 박히고, 붉은 옷을 입고, 깃털 장식과 유리 세공으로 뒤덮인 인형이다. 그렇지만 소년은 제가 좋아하는 장난감은 거들떠보지도 않는다. 그가 바라보는 것은 다음과 같은 것이었다.

철책 건너편 길 위의 엉겅퀴와 쐐기풀 사이에 서 있는 다른 소년이다. 더럽고 앙상하고 시커먼 하층 계급 소년이다. 마차 제조공이 바른 칠 밑으로도 훌륭한 그림을 꿰뚫어보는 달인의 날카로운 눈처럼 공정한 눈이 있어 이 소년에게서 궁상의 혐오스러운 녹을 씻어낸다면, 그 눈은 아름다움을 찾아낼 수 있으리라.

큰길과 저택, 이 두 세계를 가르는 상징적 철책 너머로 가난한 소년은 부

---

* 그 무렵 파리 외곽에는 주로 노동자를 상대하는 싸구려 술집이 즐비했다.

자 소년에게 자기가 가진 장난감을 보여준다. 철책 안 소년은 신기하고 낯선 물건이라도 보듯이 그것을 정신없이 들여다본다. 그런데 살을 박은 상자 안에서 이 더러운 소년이 만지고 찌르고 흔들고 하던 이 장난감은 살아 있는 쥐였다! 아이의 부모가 돈을 아끼려고 실생활 자체에서 이 장난감을 가져온 것이 틀림없다.

두 소년은 똑같이 흰 이를 드러내고서 형제처럼 마주 보고 웃는다.

20 요정들의 선물

요정들의 대집회가 열렸다. 스물네 시간 전에 막 세상에 태어난 모든 갓난아기에게 선물을 나눠주기 위한 자리였다.

고풍스럽고 변덕 심한 '운명의 자매들', 환희와 고뇌를 주관하는 괴기스러운 '어머니들'이 각양각색의 자태를 뽐냈다. 어떤 요정은 음울하고 무뚝뚝한 표정이었고, 어떤 요정은 경박하고 짓궂어 보였다. 옛날에 젊었던 요정은 지금도 젊고, 옛날에 늙었던 요정은 지금도 늙은 모습이었다.

요정들을 믿는 아버지들이 저마다 갓난아기를 안고 찾아왔다.

'재능', '재주', '행운', 불굴의 '상황' 등이 상품 수여식 단상에 쌓인 상품처럼 심판석 옆에 산더미처럼 쌓여 있었다. 다른 점은 이 선물들은 어떤 노력의 대가로서가 아니라, 아직 삶을 경험해보지도 않은 사람의 운명까지 결정짓는, 행복의 원천이라고도 불행의 원천이라고도 할 수 있는 은총으로서 주어진다는 것이었다.

가엾게도 요정들은 몹시 바빴다. 청원자가 많기도 했거니와, 신과 인간 사이에 놓인 이 중간 세계도 우리 인간 세계처럼 시간과 그의 한없는 후예인 '일', '시', '분', '초'라는 무서운 법칙하에 놓여 있기 때문이었다.

정말이지 요정들은 회견일의 장관이나 채무 탕감 명령이 떨어진 국경일의 공영전당포 직원처럼 정신없이 바빴다. 인간계의 재판관이 이른 아침부터 법정에 앉아 있다 보면 그만 저녁 식사며 가족이며 발에 익은 슬리퍼에 관한 상념에 빠지고 말듯이, 나는 이 요정들도 틀림없이 초조하게 시곗바늘을 흘끔거리곤 했으리라 생각한다. 초자연계의 심판에 때로 얼마간의 성급함이나 실수가 있다해도 놀랄 일은 아니다. 인간계의 심판에도 이따금 그와 같은 것이 있으니까 말이다. 그런 상황에서는 우리도 불공정한 심판관이 될 것이다.

이날도 어이없는 실수 몇 가지가 저질러졌다. 변덕보다 신중함이 요정들만이 지니는 불변의 특징이라고 한다면, 기묘하다고밖에 생각되지 않는 실수들이었다.

자석처럼 재산을 끌어들이는 능력은 어떤 부자의 외동아들에게 주어졌는데 그 아이는 자비심도, 인생에서 가장 발견하기 쉬운 선(善)을 부러워하는 마음도 눈곱만큼도 없었으므로, 커서 자신의 막대한 재산으로 말미암아 대단히 당혹스러운 지경에 이를 것이 분명했다.

'아름다움'을 사랑하는 마음과 시적 '능력'은 돌 쪼는 직업을 가진 초라한 가난뱅이의 아들에게 주어졌는데, 아무리 봐도 이 석공은 가련한 아들의 재능을 키워주거나 어려움을 덜어줄 수 있을 것 같지 않았다.

깜빡 잊고 말하지 않은 사실이 있다. 이 엄숙한 자리에서는 받은 선물에 불평을 늘어놓을 수도 없고, 어떤 선물이든 거절할 수도 없다는 것이다.

이윽고 요정들은 할 일을 다 했다고 생각하고서 모두 자리에서 일어났다. 이제 이 보잘것없는 인간들에게 던져줄 어떤 선물도 은총도 남아 있지 않았다. 그런데 그때 가난한 소상인인 듯한 정직해 보이는 사나이가 자리에서 일어나더니, 가까이에 있던 요정의 영롱한 안개 옷에 매달려 외치는 것이었다.

"아! 아주머니! 우리를 잊으셨어요! 내 아들이 남았는데요! 빈손으로 갈 수는 없습니다."

요정은 당황했을 것이다. 남은 것이 하나도 없었으니 말이다. 그런데 그때 어떤 법칙이 퍼뜩 떠올랐다. '땅의 신', '불의 신', '바람의 신', '바람의 여신', '밤의 여신', '물의 신', '물의 여신' 등 인간의 친구이자 가끔 자기 정열의 노예가 되기도 하는 만질 수 없는 신들이 사는 초자연계에서는 아주 드물게 적용되지만 누구나가 아는 법칙이었다. ―내가 말하고자 하는 것은, 나누어줄 것이 떨어졌을 때도 곧바로 선물을 만들어낼 만한 상상력만 가지고 있다면 예외로 추가 선물을 줄 수 있는 권한을 요정에게 허락하는 법칙이다.

착한 요정은 신분에 걸맞게 차분함을 보이며 대답했다. "그럼 네 아들에게는…… 그 아이에게는…… 남에게 사랑받는 재주를 선물하노라."

"어떤 식으로 사랑받는다는 겁니까? 사랑받는다는 게 무슨 뜻이죠? …… 무엇 때문에 사랑받습니까?" '절대 세계'의 논리까지는 이를 수 없는 몹시 통속적인 사람들 가운데 하나인 그 소상인*은 집요하게 따졌다.

"왜냐니! 왜냐니!" 요정은 성을 내며 그에게서 등을 홱 돌렸다. 그러고는 동료들을 따라가 이렇게 말했다. "아들에게 가장 좋은 것을 선물로 받았으면서 모든 것을 이해하려고 뻔뻔스럽게 따지고 들며, 감히 대꾸할 여지도 없는 질문을 퍼붓는 저 허영심 많은 프랑스인을 어떻게 생각하세요?"

* 프티부르주아(소시민) 계층의 편협한 심성에 대한 보들레르의 모순이 담겨 있다.

21 유혹 또는 에로스, 플루토스,*¹ 명예의 여신

　지난밤 거만한 두 '악마'와 그들 못지않게 괴기한 '마녀' 하나가 신비의 계단을 올라왔다. '지옥'은 이 계단을 통해 잠든 인간의 약점을 공격하며 그 사람과 은밀히 교통한다. 그들은 내 앞에 나타나, 연단에라도 선 것처럼 위풍당당하게 섰다. 세 악마의 몸에서 유황의 인광이 뿜어져나와, 밤의 어둠 속에서 그들의 모습을 또렷이 부각했다. 그들을 처음 본 순간 셋 다 진짜 '신'이 아닌지 착각했을 만큼 그들은 위엄 있고 당당해 보였다.

　첫 번째 '악마'는 남잔지 여잔지 구분이 안 되는 얼굴이었다. 몸의 굴곡은 고대 바쿠스*²처럼 부드러웠다. 어둡고 흐릿한 빛의 애수 띤 아름다운 두 눈은 폭풍우가 지나간 뒤 무거운 눈물을 머금은 제비꽃과 닮았다. 반쯤 열린 입술은 좋은 냄새가 풍겨나오는 따뜻한 향로 같았다. 그가 한숨 쉴 때마다, 사향 냄새 나는 곤충들이 그 훈훈한 숨결 속을 날아다니며 반짝반짝 빛났다.

　자줏빛 웃옷 둘레에는 아롱지게 빛나는 뱀이 허리띠처럼 감겨 있었는데, 뱀은 대가리를 쳐들고서 이글이글 타는 눈길을 그에게 나른하게 돌리고 있었다. 이 살아 있는 허리띠에는 기분 나쁜 액체가 가득 담긴 병이며 번쩍이는 칼, 외과 수술용 기구가 번갈아 가며 매달려 있었다. 오른손에는 빨갛게 빛나는 내용물이 담긴 병을 들고 있었는데, 이름표에는 다음과 같은 야릇한 문구가 적혀 있었다. "마셔라, 이것은 나의 피, 최고의 강심제." 왼손에는 바이올린을 들고 있었는데, 두말할 것도 없이 그것은 그가 고통과 쾌락을 노래할 때 켜거나 악마들의 야회 때 그의 광란을 주위에 전염시키는 데 쓰이는 것이리라.

　가느다란 발목에는 끊어진 금 사슬이 몇 개 매달려 있었다. 그 고리들이 불편해 어쩔 수 없이 땅 쪽으로 시선을 떨어뜨릴 때면, 그는 잘 세공된 보석처럼 매끄럽고 윤기나는 자신의 발톱을 황홀하게 바라보는 것이었다.

　그는 뭐라 위로할 길 없는 구슬픈 눈빛으로 나를 바라보았는데, 그 눈에는 인간을 함정에 빠뜨리는 황홀함이 흘러넘쳤다. 그가 노래하듯이 말했다.

＊1 각각 사랑의 신, 재물의 신.
＊2 술의 신.

"네가 원한다면, 만일 네가 원한다면, 너를 영혼의 왕으로 만들어주겠다. 너는 찰흙을 다루는 조각가보다 능숙하게 살아 있는 것들을 지배하게 되리라. 그리하여 너 자신에게서 벗어나 타자 속에서 자신을 잊고 타인의 영혼도 끌어내어 마침내는 그것을 네 영혼과 하나로 만드는, 끊임없이 생성되는 기쁨을 알게 되리라."

나는 대답했다. "그것참 고맙군! 하지만 틀림없이 내 보잘것없는 자아보다 나을 것 없어 보이는 추잡한 인간들만 만들게 될 것이다. 돌이켜 보면 부끄러운 과거지만, 나는 결단코 내 과거를 잊고 싶지 않다. 네가 누구인지 모르지만, 늙은 괴물아, 너의 그 신비한 칼과 그 수상쩍은 병과 너의 발을 옭아맨 그 사슬이 네 우정이 악의적임을 분명히 설명하는 상징이구나. 선물은 그냥 간직하여라."

두 번째 '악마'는 첫 번째 악마처럼 비극적이면서도 매혹적인 풍모도, 사람의 마음을 끌어당기는 몸짓도, 섬세하고 향기로운 아름다움도 없었다. 그는 눈 없는 부한 얼굴을 가진 뚱보였다. 무거운 커다란 배는 허벅지까지 처졌다. 피부는 빈틈없이 황금이 칠해져 있었는데, 꿈틀대는 작은 인간의 모습들이 세상의 모든 불행을 표현하며 문신처럼 그려져 있었다. 거기에는 자진해서 못에 매달린 깡마르고 왜소한 남자들이 있는가 하면, 떨리는 손보다 애원하는 눈이 더욱 간절하게 동냥하는 못생긴 난쟁이도 있고, 쭈그러진 젖통에 매달린 조산아를 안은 늙은 어미도 있었다. 이런 것 말고도 많은 군상이 그려져 있었다.

이 뚱뚱한 '악마'가 한쪽 주먹으로 거대한 배를 두드렸다. 거기에서 오래도록 울리는 쩌렁쩌렁한 금속성 소리가 길게 튀어나오더니, 수많은 인간의 목소리로 이루어진 어렴풋한 신음이 되어 저 멀리 사라졌다. 그는 천박하게 썩은 이를 드러내고는 바보처럼 껄껄대고 웃었다. 어느 나라 사람이고 잔뜩 먹은 뒤에는 모두 그러하듯이.*3

이 악마가 내게 말했다. "나는 너에게 모든 것을 얻을 수 있는 것, 모든 것의 가치가 있는 것, 모든 것을 대신할 수 있는 것을 주겠다!" 그러고는 그의 괴물 같은 배를 두드려 기괴한 소리를 내자, 그 청명한 메아리가 그의 천

＊3 앙리 르메트르는 이 부분에 드미에의 풍자화가 이미지화되었다고 말했다.

박한 말에 주석을 달았다.

나는 비위가 상해 얼굴을 돌리며 대답했다. "내가 즐겁자고 남을 불행하게 하기는 싫다. 나는 네 피부에 벽지처럼 그려진 모든 불행에 슬퍼하는 그런 부귀를 원치 않는다."

'마녀'로 말할 것 같으면, 그녀를 처음 본 순간 야릇한 매력을 느꼈다고 고백하지 않는다면 거짓말이리라. 이 매력을 설명하는 데, 이미 초로에 접어들었는데도 더 늙지 않고 그 아름다움이 가슴에 스며드는 폐허의 마력을 지니고 있는 보기 드문 미인을 비유하는 것보다 좋은 방법은 없을 것이다. 그녀는 위엄에 차 있으면서도 그것을 주체할 수 없는 듯이 보였다. 눈은 이미 생기를 잃었음에도 매혹하는 힘을 지녔다. 가장 인상적이었던 것은 그녀의 신비로운 목소리였다. 나는 그 목소리에서 감미로운 콘트랄토를 떠올렸다. 도수 높은 술로 씻긴 목구멍에서 나는 조금 갈라진 목소리를 들었다.

"내 힘을 알고 싶은가?" 가짜 여신이 매력 있는 역설적인 목소리로 말했다. "자, 들어보아라."

그러고는 세상 모든 신문의 표제로 갈대 피리처럼 리본 장식을 한 거대한 나팔을 입에 대고 내 이름을 외쳤다. 그러자 그 목소리가 큰 우렛소리처럼 공간을 가로질러 날아갔다가 가장 먼 행성에 부딪혀 메아리가 되어 내 귀로 되돌아왔다.

"아!" 나는 반쯤 제압당해 외쳤다. "이거야말로 대단하군!" 그런데 이 매력 넘치는 여장부를 좀더 자세히 살펴보니, 전에 그녀가 내가 아는 건달들과 술잔을 부딪치던 장면을 본 것 같은 기분이 들었다. 그 놋쇠의 쉰 소리는 어딘지 매음의 나팔을 떠올리게 했다.

나는 경멸을 가득 담아 대답했다. "꺼져! 나는 이름도 입에 담고 싶지 않은 놈들의 정부와 결혼할 위인이 아니다."

확실히 나는 이처럼 용기 있게 나를 극복한 것을 자랑스러워 할 권리가 있었다. 그러나 애석하게도 나는 잠에서 깨어났다. 몸에서 기운이 모두 빠져나간 듯했다. 나는 혼잣말했다. "그렇게까지 신중했던 걸 보면 나도 꽤 깊이 잠에 빠져 있었던 모양이구나. 아! 내가 깨어 있는 동안 그들이 다시 나타난다면 절대로 그렇게 까다롭게 굴지 않으련만!"

나는 목청껏 그들을 불렀다. 그들에게 용서를 빌고, 다시 호의만 보여준다면 얼마든지 내 명예를 더럽히겠노라고 외쳤다. 그러나 그들은 내게 몹시 심한 모욕감을 느낀 것이 분명했다. 다시는 돌아오지 않았으니까.

22 저녁 어스름

날이 저문다. 하루의 노동에 지친 가엾은 영혼에 커다란 평화가 찾아든다. 그리고 그들의 생각은 황혼녘의 어렴풋한 색으로 물든다.

이때쯤 저 산꼭대기에서 저녁의 투명한 구름을 뚫고 내 집 발코니까지 커다란 아우성이 들려온다. 불어나는 조수나 점점 거세지는 폭풍우 같은, 아득한 거리가 구슬픈 화음으로 바뀌는, 잡다한 외침이 뒤섞인 소리이다.

저녁이 되어도 마음을 안정시키지 못하고 밤의 도래를 야회의 신호로 착각하는 이 올빼미 같은 불행한 영혼은 무엇인가? 이 불길한 아우성은 산꼭대기에 자리 잡은 어두운 병원*¹에서 들려온다. 저녁이면 나는 담배를 물고서, 비죽비죽 늘어선 집들 창문 하나하나가 "지금 여기에 평화가 있다. 여기에 가족의 기쁨이 있다!" 말하는 이 광활한 골짜기의 휴식을 바라보면서, 저 산꼭대기에서 바람이 불어올 때 지옥의 화음을 닮은 아우성에 놀란 내 생각을 가만히 흔들어 달랜다.

황혼은 미치광이들을 자극한다. ─황혼이 되면 완전히 광기에 휩싸이던 두 친구를 기억한다. 그런 상태가 되면 한 친구는 우정이며 예의 같은 굴레를 모두 망각하고서 야만인처럼 아무에게나 횡포를 부렸다. 그가 어느 호텔 주방장 머리에 훌륭한 영계 요리를 던지는 장면을 본 일이 있다. 그 요리에서 모욕이 담긴 상형문자라도 발견했던 모양이다. 깊은 환락을 예고하는 저녁은 그에게는 가장 맛있는 것조차도 부패시키는 것이었다.

또 한 친구는 좌절한 야심가였는데, 해가 기울어감에 따라 차츰 짜증을 내고 점점 우울해하고 갈수록 심술궂어졌다. 낮에는 너그럽고 상냥했으나, 해가 지면 냉혹해지는 것이었다. 그리고 그의 황혼의 발작은 다른 사람에게뿐만 아니라 그 자신에게도 난폭하게 작용했다.

첫 번째 사람은 아내도 자식도 알아보지 못할 만큼 미쳐서 죽었고, 두 번째 사람은 끊임없는 위기감으로 인한 불안을 가슴에 품고 있었다. 나는 믿는다. 공화국이나 왕후가 줄 수 있는 모든 명예가 그들에게 주어진다 해도 저

---

*1 보들레르가 유년 시절 한때를 보낸 리옹의 푸르비에르 언덕에는 정신병원이 있었다.

녁은 그들 마음에 색다른 공상을 갈망하는 불씨를 댕기리라고. 그들의 정신에 이처럼 어둠을 드리우는 밤도 내게는 광명을 가져다준다. 같은 원인에서 서로 엇갈린 두 결과가 빚어지는 것은 가끔 보는 일이지만, 나는 여전히 그것이 걱정스럽고 불안하다.

오, 밤아! 오, 생기를 주는 암흑아! 너는 내게 마음의 축제를 알리는 신호이며, 고뇌로부터의 해방이다! 쓸쓸한 광야와 수도의 돌투성이 미로에서 반짝이는 별이요 환한 등불인 너는 자유의 여신이 비추는 횃불이다!

황혼아! 너는 어쩌면 이다지도 달콤하고 부드러우냐! 하루의 죽은 고뇌처럼, 의기양양한 밤의 위엄 아래 수평선에 아직도 꼬리를 끄는 장밋빛 잔영, 일몰의 마지막 영광 위에 탁하고 붉은 반점을 만드는 모든 촛불, 동방의 깊숙한 곳에서 보이지 않는 손이 이끌어내는 무거운 휘장, 이 모든 황혼의 정경은 생명의 장엄한 시간에서 인간의 마음속에서 갈등하는 모든 복잡한 정서를 흉내 낸다.[2]

무희가 입은 야릇한 의상에 비유할 수도 있으리라. 음울한 현재와 멀리 떨어진 그리운 과거처럼, 어두운 얇은 비단을 통해 반짝이는 치마의 화려함이 누그러져 보이는 의상에. 거기에 촘촘히 박힌 금빛 은빛 반짝이는 별들은 깊은 '밤'의 상복 아래에서만 환히 켜지는 공상의 촛불이다.

---

[2] 《악의 꽃》 제3판에 수록된 〈성찰〉은 다음과 같이 맺어져 있다.
보라……/빈사의 태양이 다리 아래에서 잠기는 것을.
그리고 '동방'에서 나부끼는 긴 수의 같은
다정한 '밤'이 걸어오는 소리를 들어라, 사랑스러운 내 고뇌여!

23 고독

어느 박애주의 신문 발행인이 고독은 인간에게 해롭다고 내게 말했다. 그리고 자신의 주장을 뒷받침하기 위해, 모든 무신론자가 흔히 그렇듯, 교회 '신부들'의 말을 인용했다.

나도 '악마'가 따분한 곳을 즐겨 방문한다는 것, 고독 속에 살육과 간음에 대한 '정령'이 뜨겁게 불타고 있다는 것을 안다. 그러나 어쩌면 고독은 자신의 영혼을 욕정과 망상으로 채우는 방탕한 사람에게만 위험하다고도 말할 수 있을 것이다.

높은 강단이나 연단에서 말하는 것을 가장 큰 기쁨으로 아는 수다쟁이가 로빈슨의 무인도에서는 미쳐버릴 위험이 있다는 것도 사실이다. 이 신문 발행인에게 크루소의 용기 있는 미덕을 요구하는 것은 아니지만, 그가 고독과 신비를 사랑하는 사람들을 함부로 비난하지 않기를 바란다.

수다스러운 사람 가운데에는 교수대 위에서 맘껏 연설하도록 허락된다면, 그리고 상테르 장군의 북소리*1가 뜬금없이 그 연설을 멈출 위험이 없다면 사형조차도 달게 받아들일 사람들이 있다.

나는 그들을 개탄하지 않는다. 그들의 장광설이 다른 사람들이 침묵과 사색에서 이끌어내는 것과 똑같은 쾌락을 그들에게 가져다줌을 헤아리기 때문이다. 다만 나는 그들을 경멸한다.

그러므로 나는 이 혐오스러운 신문 발행인이 나를 내 마음껏 즐기도록 내버려두었으면 한다.

"그렇다면 당신은······" 그는 꼭 사도처럼 코 먹은 목소리로 내게 말했다. "당신의 즐거움을 남과 나누고 싶은 욕구를 느끼지 않소?"

보아라, 이 교활한 샘쟁이를! 내가 자신의 즐거움을 경멸한다는 사실을 깨닫고서 내 즐거움 안으로 비집고 들어오려는 것이다, 이 혐오스러운 불한당은!

"고독할 줄 모르는 이 큰 불행! ······"*2 라 브뤼에르는 어딘가에서 이렇게

---

*1 루이 16세 때 상테르 장군은 북소리를 요란하게 울려서 연설을 방해했다고 한다. 다만 이는 와전이다.

말했다. 자신을 감당하지 못해 겁을 먹은 나머지 군중 속에서 자신을 잊으려고 달려가는 모든 사람에게 수치심을 주려는 것처럼.

　"우리 불행은 대부분 우리가 자기 방에 머물러 있지 못하는 데서 온다." 다른 현자 파스칼은 말했다. 이 말을 하며 아마도 그는 사색의 작은 방에서 미치광이들을 떠올렸으리라. 우리 세대가 쓰는 아름다운 이름으로 부르기 바란다면 '우애'라고 이름 붙여야 할 저 매음과 소란 속에서 행복을 찾는 모든 미치광이를.

---

*2 장 드 라 브뤼에르의 《성격론》에 나오는 이 말은 포의 소설 《군중 속의 남자》에도 인용되었다.

24 계획

인적 없는 넓은 공원을 산책하며 그는 중얼거렸다. "아, 그녀가 온갖 장식을 단 화려한 궁정복을 입고 아름다운 저녁 공기를 가로질러 널따란 잔디밭과 연못 앞에 있는 대리석 계단을 내려온다면 얼마나 아름다울까! 안 그래도 그녀는 공주의 자태를 타고났으니까."

잠시 뒤 그는 한길로 나와 걷다가 어느 판화 가게 앞에 멈춰 섰다. 그리고 마분지 상자 안에서 열대 지방 풍경을 그린 목판화를 발견하고 이렇게 중얼거렸다. "아니! 궁궐에서는 그녀의 소중한 삶을 소유하고 싶지 않아. 궁전에서는 제집에 있는 것 같은 기분이 들지 않겠지. 온통 금칠이 되어 있을 벽들에는 그녀의 초상화 하나 걸 자리가 없을 테고, 장엄한 회랑에는 아늑한 구석조차 없을 거야. 정말이지, 평생의 꿈을 영위하며 살 곳은 바로 이곳이야."

그러고는 판화를 꼼꼼히 뜯어보며 계속 마음속으로 중얼거렸다. "바닷가에 있는 아름다운 통나무집, 그 집을, 이름은 잊었지만 반짝이는 기이한 나무들이 둘러싸고 있어…… 공기 속에는 뭐라 표현할 길 없는 황홀한 냄새…… 오두막 안에는 장미와 사향의 강렬한 향기…… 우리의 소박한 터전 뒤쪽으로 조금 떨어진 곳에는 파도에 흔들리는 돛대의 꼭대기…… 창문에 드리워진 발로 스며든 장밋빛 햇살이 밝혀주고, 새 돗자리며 황홀한 향기를 피우는 꽃이며 육중한 검은 나무로 만든 포르투갈식 로코코 분위기의 진귀한 의자 몇 개(—거기서 그녀는 아편이 조금 섞인 담배를 피우면서 아주 상쾌한 바람을 맞으며 아주 조용하게 쉴 것이다!)가 장식해주는 방. 베란다 저쪽에는 햇살에 취한 새들의 지저귐과 흑인 여자 하인의 재잘거림이 우리를 둘러싸고…… 밤이면 음악성 풍부한 우수에 찬 필라오 나무가 내 몽상의 반주에 맞추어 탄식의 노래를 부르지! 그래, 여기야말로 내가 찾던 삶의 터전이다.* 궁전이 내게 무슨 소용이람?"

한길을 따라 좀더 걸어가자 깨끗한 여인숙이 눈에 띄었다. 화려한 색상의

---

* 청년 시절에 여행했던 인도양의 풍경을 회상한 것이리라.

인도 커튼이 유쾌하게 드리워진 창 하나로 두 웃는 얼굴이 밖을 내다보고 있었다. 그는 곧바로 혼잣말했다. "이렇게 가까이에 있는 것을 그렇게 멀리까지 찾으러 가다니, 아무래도 내 생각은 대단한 방랑벽이 있는 모양이군. 기쁨과 행복은 즐거움으로 넘치는, 우연히 맨 처음 나타난 이 여인숙 안에 있구나. 타오르는 난롯불, 오색영롱한 도기들, 소박한 저녁 식사, 투박한 술, 조금 거칠지만 산뜻한 침구와 널따란 침대……. 이보다 좋은 것이 있을까?"

더는 외부 소음 때문에 '지혜'의 충고가 지워지지 않는 시간에 그는 홀로 집으로 돌아오며 중얼거렸다. "오늘 나는 공상 속에서 집 세 채를 가졌고, 그곳에서 똑같은 즐거움을 발견했다. 내 영혼은 이처럼 날렵하게 여행하는데, 내 몸뚱이를 다른 곳으로 떠밀 이유가 어디에 있으랴? 계획을 실행하는 것이 무슨 소용이랴? 계획이란 그 자체로 충분히 즐거운 것을."

25 아름다운 도로테

태양은 무서운 직사광선으로 도시를 내리덮는다. 모래산은 눈부시게 빛나고, 바다도 반짝인다. 혼미해진 세계는 힘없이 쓰러져 낮잠을 잔다. 잠든 이가 반쯤 깨어 죽음의 쾌락을 맛보는, 달콤한 죽음의 낮잠이다.

이러한 시간에 도로테*1는 인적 없는 거리를 태양처럼 위풍당당하게 걸어간다. 끝없는 푸른 하늘 아래서 이 시각에 살아 있는 유일한 사람으로서 빛 위에 선명한 검은 그림자를 드리우면서.

저토록 날씬한 몸통을 저토록 풍만한 허리 위에서 나긋나긋하게 흔들며 그녀는 걸어간다. 몸에 착 달라붙은 밝은 장밋빛 명주옷은 그녀의 검은 피부와 뚜렷한 대조를 이루며 늘씬한 몸통과 움푹한 등과 뾰쪽한 가슴 윤곽을 도드라지게 한다.

그녀의 붉은 양산이 햇빛을 통과시켜 그녀의 검은 얼굴 위에 피처럼 붉은 그림자를 던진다.

거의 푸르게 보이는 숱 많은 머리카락을 풍성하게 틀어 올렸는데, 그 무게가 그녀의 가느다란 목을 뒤로 잡아끌어 그녀에게 당당하고 나른한 분위기를 준다. 귀여운 귓불에서는 무거운 귀고리가 은밀히 재잘거린다.

바다에서 불어오는 미풍이 그녀의 하늘하늘한 치맛자락을 이따금 들어 올려 미끈하고 멋진 다리를 보여준다. 유럽 어느 미술관에 소장된 대리석 여신상의 발과 닮은 그녀의 발은 고운 모래 위에 발자국을 충실하게 찍어놓는다. 해방되었다는 자부심보다 찬양받는 즐거움이 훨씬 클 만큼 허영기가 많아서 도로테는 자유의 몸임에도 맨발로 걷는다.

이렇게 균형 잡힌 모습으로 그녀는 살아 있다는 행복감에 천진한 미소를 머금고서 걸어간다. 저 멀리에서 자신의 걷는 모습과 아름다움을 비춰주는

---

*1 청년 시절 인도양 여행 때 부르봉 섬(현재 레위니옹 섬)에서 알게 된 흑인 소녀로 추정된다. 《악의 꽃》 제3판 〈머나먼 곳에〉에서도 노래했다. 1859년 12월 15일 알퐁스 드 칼론에게 보낸 편지에 "도로테(열대 자연의 아름다움, 흑인 아름다움의 이상)"라고 나와 있다. 파스칼 피어는 마찬가지로 제3판에 수록된 청년기(1845)의 시 〈어느 말라바르 여인에게〉에서 노래한 여성상도 이 도로테의 초상에 살아 있다고 평했다(《보들레르》).

거울이라도 보고 있는 듯이.

물어뜯는 듯한 태양 아래에서 개들조차 고통으로 신음하는 이 시간에 도대체 어떤 피치 못할 사정이 이 나른하고 청동처럼 아름답고 차가운 도로테를 이처럼 걷게 하는 것일까?

무슨 까닭에 그녀는 꽃과 돗자리가 아주 적은 비용으로 훌륭한 규방을 만들어주는 오두막을 버리고 왔을까? 그곳에서 빗질을 할 때도, 담배를 피울 때도, 부채질하거나 커다란 새털 부채에 붙은 거울을 들여다볼 때도 그토록 무한한 기쁨을 느꼈는데? 그러는 동안 그곳에서 백 걸음쯤 떨어진 곳에서는 바위를 때리는 파도가 그녀의 어렴풋한 몽상에 힘차고 단조로운 반주를 해주고, 게와 쌀과 사프란을 넣은 스튜가 끓는 쇠 냄비가 마당 구석에서 그녀에게 자극적인 냄새를 풍겼는데?

어쩌면 동료에게서 이 유명한 도로테 이야기를 듣고 온 어느 젊은 장교와 어느 먼 바닷가에서 밀회라도 하러 가는 것이리라. 틀림없이 이 순진한 여자는 장교에게 오페라 극장에서 열리는 무도회 이야기를 해달라 조르고, 카피르족*²이라면 늙은 여인들조차 기쁨에 들떠 이성을 잃는 일요 무도회에 갈 때처럼 그 오페라 극장에도 맨발로 갈 수 있는지 묻고, 파리의 아름다운 귀부인들은 모두 자기보다 예쁘냐고 물어보겠지.

모든 사람이 도로테를 찬양하고 사랑한다. 곧 열한 살이 되는, 그러나 이미 성숙하고 매우 아름다운 여동생을 되사기 위해 한 푼 두 푼 금화를 모아야 하는 형편만 아니었다면 더없이 행복했을 텐데! 그래도 착한 도로테는 꼭 성공할 것이다. 아이의 주인은 금화 이외의 아름다움을 이해하기에는 너무나도 지독한 수전노이니까!

---

*2 남아프리카 남부 카프라리아 지방에 사는 원주민.

26 가난뱅이의 눈

아! 그대는 오늘 왜 내가 당신을 미워하는지 알고 싶어하는구려. 하지만 그대가 그 이유를 이해하기란 내가 당신에게 그 이유를 설명하는 것보다 훨씬 어려울 것이오. 내가 생각하기에, 그대는 이해력 떨어지는 여성의 가장 좋은 본보기이니까.

우리는 내게는 짧게 느껴진 긴 하루를 함께 보냈소. 우리는 우리의 생각이 모두 일치해야 하며, 이제부터는 우리 두 영혼도 하나여야 한다고 굳게 약속했소. —그러나 돌이켜 보면 그것도 하나의 꿈에 지나지 않았나 보오. 모든 사람이 꿈꾸지만, 누구도 이루지 못한 꿈이라고밖에는 설명할 수 없는.

그날 저녁, 조금 피곤해진 당신은 새로 난 길*1 한 귀퉁이에 새로 생긴 카페 앞에 앉고 싶다고 말했소. 아직 석고 부스러기가 흩어져 있었지만, 카페는 미완성이면서도 이미 그 호화로움을 명예롭게 과시하고 있었소. 카페에는 불이 밝게 켜져 있었소. 가스등*2도 개점의 의욕을 보이며, 식욕을 위해 희생된 모든 역사와 모든 신화를 환히 비추었소. 잠깐 눈 멀게 하는 새하얀 벽을, 눈부신 거울을, 쇠시리와 코니스의 황금을, 개 목에 줄을 걸어 잡고 있는 볼이 오동통한 소년을, 주먹 위에 앉은 매를 보며 웃는 귀부인들을, 머리 위에 과일이며 파이며 사냥감을 이고 있는 요정과 여신들을, 바바루아³가 담긴 조그만 단지며 오색 아이스크림이 든 찬란한 오벨리스크를 손 위에 얹어 보여주는 헤베와 가니메데스*4를.

우리 바로 앞 보도에는 마흔 살쯤 된 순박해 보이는 사나이가 우두커니 서

---

*1 제2제정하인 1850년대 말부터 60년대에 걸쳐 파리에서는 센 지사 오스만이 주도하는 도시대개조가 진행되었다. 오늘날 볼 수 있는 거리는 대부분 이때 개통된 것이다.

*2 이때 가스등이 설치되면서 파리 시내 조명이 비약적으로 개선되어 시민들이 밤길을 걷기 좋아졌다.

*3 홍차에 달걀노른자, 우유, 키르슈 등을 넣어 만든 음료. 바이에른의 왕자들이 파리에 유행시킨 데서 이렇게 불렸다고 한다.

*4 그리스 신화. 헤베는 청춘의 여신으로, 올림포스산 꼭대기에서 벌어지는 신들의 잔치에서 술을 따르는 역할을 맡았다. 트로이의 미소년 가니메데스는 제우스에게 유괴되어 헤베의 대역을 맡았다.

있었소. 피곤한 얼굴에는 희끗희끗한 수염이 나 있고, 한 손에는 작은 사내아이의 손을 잡고 다른 팔에는 아직 걷지도 못하는 연약한 갓난아기를 안고 있었지. 그는 유모 구실을 하느라 어린것들에게 저녁 바람을 쐬어주는 참이었소. 모두 누더기 차림이었지. 그 세 얼굴은 대단히 진지했으며, 나이에 따라 미묘한 차이는 있었지만 그 여섯 개의 눈은 새 카페를 똑같이 감탄한 시선으로 뚫어지게 바라보았소.

아버지의 눈이 말했소. "어쩌면 이렇게 아름다울까! 어쩌면 이렇게 아름다울까! 가난뱅이들의 황금을 모조리 이 벽 위에 발라놓은 것 같구나." ― 소년의 눈은 이렇게 말했소. "어쩌면 이렇게 아름다울까! 어쩌면 이렇게 아름다울까! 그렇지만 이 집은 우리와는 다른 사람들만 들어갈 수 있다." ― 마지막으로, 갓난아기의 눈은 너무나도 강렬한 매혹에 멍하고 끝없는 환희밖에 표현하지 못했소.[5]

샹송 작가들[6]은 기쁨이 영혼을 착하게 하고 마음을 부드럽게 한다고 노래했소. 그날 저녁 적어도 그 샹송은, 나에 관한 한 옳았소. 단지 이 일가족의 눈에 마음이 부드러워지기만 한 것이 아니라, 우리 목마름을 채우고도 남을 만큼 지나치게 큰 잔과 주전자가 조금 부끄러워지기도 했소. 사랑하는 여인이여, 그때 나는 그대 눈에서도 내 생각을 읽으려고 그대에게 시선을 돌렸소. 그리고 내가 그토록 아름답고 신비로우며 부드러운 그대 눈 속에, 달님의 마음이 깃들어 변덕이 자리 잡고 사는 그대의 푸른 눈 속에 잠겨갈 때, 그대가 내게 말했소. "놀라서 눈을 휘둥그레 뜨고 있는 저 인간들이 견딜 수 없군요. 카페 주인한테 저들을 쫓아내라고 말 좀 해줄래요?"

서로 마음이 통하기란 이토록 어려운 일이오, 내 다정한 천사여. 서로 사랑하는 사이에도 생각은 이토록 단절되어 있구려![7]

---

[5] 유리로 격리된 내부와 외부는 부와 빈곤의 대비로 나타내며, 《악의 꽃》 가운데 〈과부들〉의 공원 야외 음악회 장면과 겹친다.

[6] 그 무렵 인기 있던 풍속작가 겸 작사가 폴 드 코크(1794~1871)가 여기 포함된다.

[7] "인간 만사가 다 그렇듯이, 연애에서도 서로를 안다는 것은 오해의 결과이다. 이 오해가 곧 쾌락이다. 남자는 '오! 내 천사!'라고 부르짖고, 여자는 '아앙! 아앙!' 하고 비둘기 같은 콧소리를 낸다. 그러면 이 두 바보는 완전히 마음이 통했다고 착각한다. ―의사 전달을 불가능하게 하는, 넘을 수 없는 심연은 넘을 수 없는 채로 남는다."(《벌거벗은 내 마음》 30)

27 장렬한 죽음

 팡시울은 훌륭한 어릿광대이자 왕의 친구나 다름없었다. 그러나 직업상 희극에 몸을 바친 자에게 진지한 문제는 숙명적인 매력을 지니는 법이다. 조국이나 자유 같은 관념이 한 어릿광대의 머리를 점령해버렸다는 사실이 이상하게 들리기는 하지만, 어느 날 팡시울은 불만을 품은 몇몇 귀족이 모의한 음모에 끼어들고 말았다.
 군주의 폐위를 도모하고 거기다 그 사회의 의사 따위는 묻지도 않고 사회 변혁까지 이루려는 이런 우울한 기질의 사람들을 당국에 고발하는 착한 사람들은 어느 나라에나 있기 마련이다. 문제의 귀족들은 체포되어 당연히 사형에 처해지게 되었다. 팡시울도 예외는 아니었다.
 나는 모반자들 사이에 총애하는 배우가 끼어 있는 것을 본 왕이 몹시 슬퍼했으리라고 믿어 의심치 않는다. 이 왕은 딱히 착하지도 악하지도 않았다. 그러나 지나친 감수성 때문에 다른 왕들보다 잔인하고 폭군처럼 행동하는 일이 많았다. 열렬한 미술 애호가이자 뛰어난 감식가이기도 한 왕은 쾌락에는 정말이지 지칠 줄을 몰랐다. 백성과 도덕 문제에는 매우 무관심했으며, 진정한 예술가로서 권태를 가장 위험한 적으로 생각했다. 세계에 군림하는 이 권태라는 폭군을 피하거나 무찌르기 위해 그가 기울인 갖가지 기괴한 노력을 본 엄정한 역사가들은, 이를테면 그의 영토 내에서는 쾌락이나 쾌락의 가장 정교한 형태인 놀라움[*1]을 목적으로 하는 글 외의 다른 글을 써도 좋다는 허락이 떨어졌더라면 틀림없이 그에게 '괴물'이라는 칭호를 바쳤을 것이다. 이 왕의 가장 큰 불행은 그의 재능에 걸맞은 으리으리한 무대를 한 번도 갖지 못했다는 것이었다. 세상에는 너무 좁은 공간에서 질식하는 바람에 그 이름과 선한 의지를 끝내 후세에 알리지 못한 젊은 네로가 많다. 즉 선견지명이 없는 하느님이 이 왕에게 그의 국가보다 큰 재능을 부여했던 것이다.
 갑자기 왕이 모든 모반자에게 특사를 내리리라는 소문이 돌았다. 팡시울이 가장 훌륭하게 할 수 있는, 가장 중요한 배역을 맡은 연극이 발표된 것이

---

*1 보들레르의 미학적 범주 가운데 하나. 《1851년의 살롱》에서 "아름다움은 늘 사람을 놀라게 한다"고 말했다.

소문의 계기였다. 사형을 선고받은 귀족들도 참석할 거라는 소문도 돌았다. 경박한 사람들은 이것이 모욕당한 왕이 너그러운 성품을 지녔다는 뚜렷한 증거라고 덧붙였다.

왕처럼 선천적으로 또는 의도적으로 괴상한 것을 좋아하는 사람에게는 덕이든 아량이든 모든 것이 가능하다. 거기에서 뜻밖의 기쁨을 발견하리라고 기대하는 때에는 더욱 그렇다. 그러나 왕의 이 호기심 많고 병적인 영혼의 심층을 꿰뚫어볼 수 있는 나 같은 사람에게는, 이것이 사형 선고를 받은 한 사나이를 무대에 올려 그 기량을 평가하고자 하는 왕의 욕심에서 비롯된 일이라고 보는 편이 훨씬 타당하게 생각된다. 왕은 이 기회를 이용하여 무척 흥미로운*2 생리학상 실험을 한 것이다. 즉 예술가의 평소 재능이 그가 놓인 뜻밖의 상황에 어디까지 변질되고 망가지는지 검토하고자 했던 것이다. 이 의도 말고 그의 마음속에 너그러움과 관계된 것이 조금이라도 있었을까? 끝내 밝혀낼 길이 없겠지만.

마침내 그날이 왔다. 작은 궁정은 눈부시게 꾸며졌다. 이 작은 나라의 특권 계급이 진짜 경사스러운 날에 자신의 재력이 허락하는 한 준비할 수 있는 온갖 사치를 다했다. 직접 보지 않고는 상상조차 할 수 없을 것이다. 마술처럼 호화로운 장식과 그에 대한 정신적·신비적 흥미에서 그것은 이중으로 진짜 제전이었다.

배우 팡시울*3은 생명의 신비를 상징적으로 표현하는 것을 목적으로 하는 몽환극의 주요 역할이 가끔 그렇듯이 대사가 아예 없거나 매우 적은 역할을 특히 잘 연기했다. 그는 조금도 어색함 없이 경쾌하게 무대에 등장했다. 거기에는 지켜보던 귀족들 마음에 관용과 용서의 마음을 북돋아주는 힘이 있었다.

보통 어떤 배우를 가리켜 "훌륭한 배우"라고 했다면, 그것은 그 역할 뒤에 있는 배우가, 바꿔 말하자면 그 연기, 노력, 의지가 읽힌다는 뜻의 상투어구로서 쓴 말이다. 그런데도 어떤 배우가 자신이 맡은 배역을 기적적으로

---

*2 '무척'이라고 번역한 capital은 '중대한'과 '죽음(사형)에 관한'이라는 이중 의미를 갖는다.

*3 페냥프르 극장의 팬터마임 배우로서 피에로를 완성한 장 가스파르 드뷔로(1796~1846)가 팡시울의 모델이라고 주장하는 평론가들도 있다(J-L. Steinmetz (éd.): *Le Spleen de Paris*(Petits poèmes en Prose), Le Livre de Poche, 2003).

역동적이고 생기발랄하게 살아 움직이고 눈에 보이는 듯하게 연기하여, 아름다움의 일반적이고 막연한 상징인 고대 최고 조각상의 경지에까지 이르렀다면, 분명 아주 특별하고 예상 밖의 일일 것이다. 이날 밤 팡시울은 그가 연기하는 인물이 진짜로 살아 있는 현실의 사람으로 느껴질 만큼 완벽한 이상의 화신이었다. '예술'의 광채와 '순교자'의 영광과 뒤섞인 신기한 혼합 상태에서, 누구에게도 보이지 않고 오로지 나에게만 보이는 불멸의 후광을 머리 주위에 두르고서 이 어릿광대는 무대 위를 왔다 갔다 하며 울고 웃고 몸을 비틀었다. 팡시울은 무어라 형언할 수 없는 우아함으로 신성함과 신비로움을 가장 기상천외한 익살에까지 끌어들였다. 이 잊을 수 없는 밤을 여러분께 묘사해드리려고 노력하는 동안에도 내 펜은 떨리고, 내 눈에서는 새로운 감동의 눈물이 끊임없이 샘솟는다. 반박의 여지 없는 분명한 방법으로 팡시울은 내게 예술에 도취하는 것이야말로 다른 방법보다 나락의 공포를 감추기에 꼭 알맞다는 사실을 증명해 보였다. 천재는 무덤 가장자리에서도, 바로 팡시울처럼, 무덤과 파멸에 관한 모든 관념을 내려놓고 천국에 몰입하여, 그 무덤조차 보지 않게 되는 즐거움을 가지고 희극을 연기할 수 있다는 사실을 증명해 보였다.

모든 관객은, 비록 감정이 무디고 경박했지만, 곧 이 예술가에게 완전히 압도되었다. 이제 아무도 죽음, 장례, 고문에 관해 생각하지 않았다. 모두 마음에는 아무런 불안도 없었으며, 생기 넘치는 예술의 걸작을 바라보며 점점 커지는 쾌락에 빠져들었다. 끊임없이 터져나오는 희열과 감탄의 목소리가 그칠 줄 모르는 우레처럼 세차게 둥근 천장을 뒤흔들었다. 왕조차도 매혹되어 조신의 박수에 자신의 박수를 섞었다.

그러나 통찰력 있는 눈이 보기에 왕의 도취는 절대로 순수하지 않았다. 자신의 전제 권력이 패배했다고 느꼈던 것일까? 사람들의 간담을 서늘하게 하고 겁에 질리게 하는 자신의 재량이 모욕당했다고 느꼈던 것일까? 기대와 예상이 어긋난 데 대해 실망하고 우롱당했다고 느꼈던 것일까? 왕의 얼굴을 관찰하는 동안 이처럼 결코 정확한 증거는 아니지만 결코 헛다리만도 아닌 생각들이 내 머릿속을 스쳐갔다. 안 그래도 창백한 왕의 얼굴은 겹겹이 쌓여가는 눈처럼 새롭게 창백함을 더해갔다. 죽음을 그토록 훌륭하게 풍자하는 자신의 옛 친구이자 이상한 어릿광대의 재능에 공공연히 갈채를 보내는 사이에도 그 입술은 더욱 굳게 다물어지고, 그 눈은 질투나 원한과도 닮은 내면의 불길로 타올랐다. 이윽고 나는 왕이 자기 뒤에 서 있던 한 시동에게 몸을 기울이고서 무언가 귓속말하는 것을 문득 보았다. 귀여운 소년이 장난꾸러기 같은 얼굴을 미소로 빛내더니, 긴급한 심부름이라도 하러 가는 사람처럼 급히 왕 곁을 떠났다.

잠시 뒤, 길고 날카로운 휘파람이 팡시울을 절정의 순간에 멈춰 서게 하고, 동시에 관객의 귀와 가슴을 찢어놓았다. 이 뜻밖의 야유가 튀어나온 관객석에서 한 소년이 웃음을 죽이며 복도 쪽으로 재빨리 뛰어나갔다.

큰 충격을 받고 꿈속에서 깨어난 팡시울은 눈을 감았다가 이내 휘둥그레 떴다. 그러고는 입을 벌리고 헐떡이더니 앞뒤로 비틀거리다가 마루 위에 털컥 쓰러져 죽어버렸다.

정말로 그 휘파람이 칼처럼 재빠르게 사형집행관의 역할을 대신한 것일까? 왕은 그 책략에 살인적 효력이 있음을 예측했을까? 의심하고 싶지 않다. 또한, 그는 둘도 없이 친애하는 팡시울을 그리워했을까? 그렇게 믿는 편이 정당하고 마음 편하다.

사형을 선고받은 귀족들은 이 연극 관람을 마지막으로 그날 밤 이승을 하직했다.

그 뒤로 여러 나라 최고의 무언극 배우들이 이 궁정 앞에 와서 연기를 선보였지만, 누구도 팡시울의 훌륭한 재능을 되살려내지 못했으며 그만큼 인기를 얻지도 못했다.

28 가짜 돈

담배 가게에서 나오자 내 친구는 화폐를 꼼꼼히 분류했다. 조끼 왼쪽 주머니에는 작은 금화를, 오른쪽에는 작은 은화를, 바지 왼쪽 주머니에는 큰 동전 한 줌을, 오른쪽 주머니에는 특별히 골라낸 2프랑짜리 은화 한 닢을 집어넣었다.

'쓸데없이 꼼꼼한 분류법이로군!' 나는 혼자 생각했다.

덜덜 떨며 우리 쪽으로 모자를 내밀고 있는 한 거지와 마주쳤다. ―나는 그 거지의 애원하는 눈이 말하는 침묵의 웅변보다 사람을 불안하게 하는 것을 알지 못한다. 그 눈에는 민감한 감수성의 소유자가 읽을 수 있는 한없는 비굴함과 비난이 담겨 있었다. 채찍으로 얻어맞은 개의 젖은 눈 속에도 이 복잡하고 심오한 감정과 가까운 것을 읽을 수 있다.

내 친구가 준 동냥은 내가 준 것보다 훨씬 많았다. 내가 말했다. "자네가 옳았네. 깜짝 놀란 뒤에 남을 놀래는 것보다 큰 기쁨은 없으니까." 그가 자신의 낭비를 변명하듯이 침착하게 대답했다. "가짜 돈이었어."

언제나 오후 2시가 되면 정오를 찾기에 바쁜 내 불쌍한 머리에 이런 생각이 떠올랐다(운명은 내게 얼마나 고달픈 재능을 주었는가!). 이 친구의 그러한 행위는 저 불쌍한 사나이의 삶에 어떤 사건을 만들어주고 싶다는 욕망에서 비롯된 것일 때만, 또는 한 거지의 삶에 가짜 돈이 빚어내는 일련의 결과―불행한 것이건 그렇지 않건―를 알고 싶다는 욕망에서 비롯된 것일 때만 비난을 면할 수 있다는 생각이었다. 가짜 돈이 진짜 돈이 되어 불어나지는 않을까? 또는 가짜 돈 때문에 그 거지가 감옥에 들어가지는 않을까? 술집 주인이나 빵 가게 주인이 그를 가짜 돈 제조자나 유포자로 몰아 당장에라도 그를 체포하게 할지도 모른다. 어쩌면 그 가짜 돈은 어느 가난한 투기꾼에게 며칠 동안 부(富)의 씨앗이 될지도 모른다. 이처럼 내 공상은 친구 마음에 날개를 달고서 모든 가능한 가정에서 모든 가능한 결론을 추론해내고 있었다.

그때 친구가 내 말을 되풀이하며 공상을 중단시켰다. "그래, 자네 말대로네. 어떤 사람에게 그가 기대하는 것보다 많이 줌으로써 그를 놀래는 것보다 더 달콤한 즐거움은 없으니까."

나는 눈을 휘둥그레 뜨고 그의 얼굴을 뚫어지게 바라보았다. 그리고 그의 눈이 의심의 여지 없는 순수함으로 빛나는 것을 보고 경악을 금할 수가 없었다. 그가 자선을 베풂과 동시에 이득 보는 거래도 꾀하려 했다는 사실을 분명히 읽었기 때문이다. 즉 그는 40수*¹와 동시에 하느님의 마음을 얻어 경제적으로 천국을 획득한 데다 자선가라는 칭호까지 거저 얻으려고 한 것이다. 내가 조금 전 가능성 가운데 하나로 생각했던 악랄한 욕망이었다면 나는 그를 거의 용서했을 것이다. 가난한 자를 위험에 빠뜨려놓고 즐기는 것을 독특한 취미려니 생각했을 것이다. 그러나 어리석은 계산속은 도저히 용서할 수 없다. 사악함은 절대로 비난을 면하기 어렵지만, 그래도 자신의 사악함을 아는 사람은 조금이나마 가치가 있다.*² 가장 돌이킬 수 없는 악덕이란 우매함에서 비롯된 악이다.

---

*1 화폐 단위.
*2 "자각된 악은 자각되지 못한 악만큼 추악하지 않으며, 치료될 가능성이 더 많았다. G. 상드는 사드만도 못하다."(《위험한 관계》에 관한 각서)

29 너그러운 도박꾼

어제 번잡한 거리를 지나가다가, 평소 가까이 지내고 싶다고 생각했던 한 신비로운 '인물'과 스치는 것을 느꼈다. 한 번도 만난 적이 없는데도 그를 곧 알아볼 수가 있었다. 그도 평소 나에게 같은 욕구를 느꼈던 모양이다. 지나가면서 내게 의미 있는 눈짓을 보냈던 것이다. 나는 서둘러 그 눈짓에 따랐다. 나는 조심스럽게 그를 따라갔다. 곧 우리는 파리의 어느 호화 저택과도 비교할 수 없는 으리으리한 지하실로 내려갔다. 여태껏 이 마법 같은 은신처 옆을 그토록 자주 지나다녔으면서 어떻게 그 입구*¹를 눈치채지 못했는지 의아했다. 그곳에는 몽환적이면서도 기분 좋은 분위기가 감돌아서 인생의 진저리 나는 공포 따위는 거의 즉시 모조리 잊고 말았다. 사람들은 헤아리기 어려운 최고의 행복을 들이마시고 있었다. 로터스 열매*²를 따 먹고 영원한 오후의 햇살이 비추는 마술 섬에 상륙하여 음률 있는 폭포수 소리에 나른한 졸음을 느낀 사람이, 다시는 집도 아내도 아이들도 보고 싶지 않으며 바다의 높은 파도도 더는 타고 싶지 않다고 생각할 때 느꼈음 직한 행복감이었다.

거기에는 숙명적인 아름다움이 두드러지는 신비로운 남녀의 얼굴이 있었다. 언제 어느 나라에서인지 정확히 기억나지는 않지만, 언젠가 그들을 본 적이 있는 기분이 들어, 보통 낯선 사람을 볼 때 느끼는 위화감보다는 형제자매 같은 친근함을 느꼈다. 그들 눈이 지닌 독특한 표정을 어떤 방법으로든 여기에 묘사해야 한다면 나는 이렇게 말하겠다. 그 눈들보다 권태에 대한 공포와 스스로 살아 있음을 느끼고자 하는 끝없는 욕망에 뜨겁게 빛나는 눈을 일찍이 본 적이 없다고.

자리에 앉는 순간 내 안내자와 나는 오래 알고 지낸 완벽한 친구가 되어버렸다. 우리는 식사를 하고, 흥에 겨워 각종 신기한 술을 마셨다. 그런데 그 술들 못지않게 신기한 것은 몇 시간이 지나도 내가 그 사나이보다 덜 취한

---

*1 벤야민은 이 부분을 인용하며 "패시지의 모습은 보들레르의 〈너그러운 도박꾼〉 첫머리에 잘 나와 있다"고 말했다(《파사젠베르크 I ─파리의 원경》).
*2 세상 근심을 잊게 한다는 그리스 전설상의 식물로, 호메로스 《오디세이》 제9장에 나온다.

것 같더라는 점이었다. 그건 그렇다 치고, 초인간적 쾌락인 노름이 술잔을 나누는 우리의 손을 자주 중단시켰다. 그리고 나는 겁도 없이 경솔한 영웅심에 불타 내 영혼을 승부에 걸었다가 그만 잃고 말았음을 고백해야겠다. 영혼이란 만질 수도 없고 흔히 아주 불필요하며 때로는 아주 거추장스러워서, 나는 영혼을 잃고서도 산책 중에 명함을 잃었을 때만큼도 못한 안타까움을 느꼈을 뿐이다.

우리는 그 비유할 수 없는 맛과 향기로 영혼에 미지의 나라와 행복에 대한 향수를 느끼게 하는 궐련 몇 개를 천천히 피웠다. 결국 나는 이 모든 쾌락에 취해, 그도 딱히 불쾌해하지 않는 것 같은 친근감을 드러내며, 찰랑거리는 술잔을 들고서 이렇게 외쳤다. "당신의 영원한 건강을 위하여, 염소 영감!"

우리는 또한 우주에 관해, 우주의 창조와 미래의 파멸에 관해, 현세기의 위대한 사상들, 다시 말해 진보와 완성 가능성에 관해, 흔히 인간이 탐닉하는 모든 형식에 관해 이야기도 나누었다. 마지막 문제에 관해 '전하(殿下)'는 경쾌하면서도 반박할 여지 없는 농담을 끝도 없이 쏟아냈다. 그 어떤 유명한 이야기꾼에게서도 찾아볼 수 없던 감미로운 어법과 잔잔한 풍자로써 그는 자신의 의견을 피력했다. 오늘날까지 인간의 뇌를 점유한 각종 철학의 부조리한 점을 설명하고, 누구와도 그 유익함과 소유권을 나누고 싶지 않은 몇 가지 근본 원리도 알려주었다. 그는 세계 곳곳에서 받고 있는 악평에 대해 어떤 식으로든 조금도 변명하지 않았다. 그리고 자신은 미신 타파에 가장 관심을 기울이는 인물이라고 단언했다. 또한 자신의 능력에 두려움을 느낀 적이 딱 한 번 있었는데, 바로 그의 동료들보다 교활한 어떤 설교사가 단상에서 "친애하는 동포 여러분, 지식의 진보를 자랑하는 소리를 들을 때는 악마의 가장 교묘한 계략[3]이 여러분으로 하여금 '악마 따위는 존재하지 않는다'고 믿게 하는 것임을 절대로 잊어서는 안 됩니다!"라고 외치는 것을 들었을 때였다고 고백했다.

---

[3] "오늘날 인간들에게는 악마를 믿기가 악마를 사랑하기보다 어렵다. 누구나 악마를 섬기면서 믿으려고 하지는 않는다. 악마의 놀라운 교활함이다."(《악의 꽃》 서문 초고) 피슈아에 따르면, 이 산문시에 칭찬을 아끼지 않았던 앙드레 지드는 《사전꾼의 일기》에서 이 문제를 다루며 "인간들이 악마를 부정하면 할수록 그 존재는 현실성을 띤다. 악마는 우리의 부정 안에서 그 존재를 확고히 한다"고 말했다.

이 고명한 설교사*⁴에 관한 추억이 우리를 자연스레 한림원 문제로 이끌었다. 내 기이한 술친구는 자신이 한림원 교육자들의 글과 말과 양심을 고취하는 일을 대부분 등한시하지 않으며, 눈에 띄지는 않지만 한림원의 모임에는 거의 출석하노라고 주장했다.

이토록 큰 호의에 용기를 얻은 나는 그에게 하느님의 소식과 최근에 하느님을 만나보았는지 물었다. 그는 문득 슬픈 기색을 보이면서도 시원스럽게 대답했다. "우리는 만나면 인사는 나눈다. 하지만 타고난 예의로도 오랜 원한을 지우지 못하는 두 늙은 귀족의 인사 같은 것이다."

이 전하가 이렇게 오래도록 일반인에게 알현을 허락한 예가 일찍이 있었는지 알 수 없었다. 나는 너무 친하게 군 것이 아닌지 걱정스러웠다. 이윽고 새벽이 추위에 떨면서 유리창을 뿌옇게 만들 때, 이 유명한 인물이, 자기도 모르게 많은 시인에게 그 영광을 칭송받고, 많은 철학자에게 헌신받는 이 인물이 내게 말했다. "나는 그대가 나에 관해 좋은 추억을 간직하기를 바란다. 그리고 사람들이 그토록 나쁘게 말하는 '나'도 때로는, 그대들 인간의 속어를 빌려 말하자면, 착한 악마임을 그대에게 증명해 보이고 싶다. 그대가 잃은 영혼이라는 돌이킬 수 없는 것 대신, 이기기만 했다면 분명히 손에 넣었을 보상을, 다시 말해 평생 모든 병과 모든 진보의 원천인 '권태'를 사랑하는 괴상한 마음을 경멸하고 극복할 가능성을 주겠다. 이후에는 내가 그 실현을 도와주지 않는 한 어떤 소망도 그대 혼자서는 이루지 못할 것이다. 그대는 천박한 그대의 동료들 위에 이윽고 군림할 것이며, 그들은 그대에게 온갖 아첨과 숭배를 바칠 것이다. 노력 한 점 기울이지 않아도 은과 금과 다이아몬드와 대궐 같은 집이 먼저 그대를 찾아와 제발 가져달라고 애원할 것이다. 공상이 명하는 대로 어느 때고 고향과 조국을 바꿀 수 있을 것이다. 늘 따뜻한 날씨에 여인들은 꽃처럼 좋은 향기를 풍기는 매혹적인 나라에서 지치지도 않고 쾌락을 탐닉하리라. ―그리고, 그리고……." 그는 계속해서 덧붙이며 일어나 기분 좋은 미소를 지으면서 내게 작별을 고했다.

그렇게 많은 사람 앞에서 모욕당할지도 모른다는 두려움만 없었더라면 나

---

*4 위스망스는 《피안》에서 "'생각건대 악마의 가장 위대한 힘은 자기 존재를 부정시키는 데 성공했다는 것이다'라는 것을 증명한 사람은 (노트르담의) 라비뇽 신부이다"라고 썼는데, 이 시에 나오는 "고명한 설교사"가 라비뇽 신부를 가리키는지는 불분명하다.

는 기꺼이 이 너그러운 도박꾼의 발치에 쓰러져 그의 놀라운 아량에 감사했을 것이다. 그런데 그와 헤어지자 치유할 수 없는 의혹이 야금야금 가슴을 파고들어왔다. 나는 그 놀라운 행복을 감히 믿을 수가 없게 되었다. 그리하여 잠자리에 들어 어리석은 습관대로 계속 기도를 올리면서 비몽사몽 중에 이렇게 되풀이하는 것이었다. "하느님이시여! 내 주 하느님이시여! 악마가 약속을 지키게 해주옵소서!"

30 교수형 밧줄
—에두아르 마네에게

내 친구가 말했다. "환상은 인간 사이의 관계나 인간과 사물과의 관계만큼이나 허다합니다. 그리고 환상이 사라질 때, 다시 말해 우리가 사물이나 사건을 우리 생각 밖에 존재하는 그대로 보게 될 때 우리는 반쯤은 사라진 환상에 대한 애석함과 반쯤은 새로운 것, 즉 현실적인 사실 앞에서 유쾌한 놀라움이 교차하는 이상야릇한 감정을 느끼지요. 세상에 확실하고 평범하고 어느 것이나 거의 같아서 착각의 여지가 없는 성질이 존재한다면, 그건 모성애일 겁니다. 모성애 없는 어머니를 상상하기란 뜨겁지 않은 빛을 상상하는 것만큼이나 어렵지요. 자, 그렇다면 어머니가 자식에게 하는 모든 행위와 모든 말을 순전히 모성애 탓으로 돌리는 것도 지극히 당연하지 않습니까? 이쯤에서 이야기를 하나 들어보십시오. 나는 이상하게도 이 이야기를 들으면 자연스레 환영이 보입니다.

화가라는 직업 탓에 나는 길에서 마주치는 사람들의 표정이며 용모를 주의 깊게 살피는 버릇이 있습니다. 남들보다 훨씬 인생을 발랄하고 의미 있게 바라보게 해주는 이 직업에서 우리가 어떤 기쁨을 느끼는지는 당신도 잘 아시겠지요. 우리 동네에서, 잔디로 덮인 넓은 공터가 지금도 건물들 사이를 메우고 있는 이 외진 마을에서, 나는 한 아이*1를 관찰하곤 했습니다. 그 아이는 다른 아이들에 비해 훨씬 열정적이고 장난꾸러기 같은 얼굴을 하고 있어서 나는 대번에 반해버렸지요. 아이는 여러 번 모델이 되어주었습니다. 나는 아이를 때로는 어린 방랑자로, 때로는 천사로, 때로는 신화에 나오는 '사랑의 신'으로 변형했지요. 아이에게 방랑자의 바이올린을 들게도 하고, '가

---

*1 알렉상드르라는 이름의 소년. 1859년 봄부터 1860년 여름 사이에 파리 라부아지에 거리 또는 빅투아르 거리에 있던 마네의 화실에서 일어난 사건을 가리킨다. 바타유는 "마네의 최고 걸작인 〈개를 끌고 가는 소년〉(알렉상드르가 죽은 뒤 그린 작품으로, 소년의 소묘를 바탕으로 그린 것으로 알려져 있다)은 헤아릴 수 없는 슬픔을 느끼게 한다. 명백히 이 슬픔은 개를 끌고 가는 소년 전에 마네가 사용한 〈버찌를 든 소년〉의 죽음과 관계있다. 화실에서 붓을 씻거나 팔레트 위의 물감을 긁어내거나 때로는 모델이 되어주었던 이 소년은 화가에게 꾸중을 듣고 목을 매달았다(보들레르의 단편 〈교수형 밧줄〉에 나온 내용이다)"고 말했다.

시관'을 씌우기도 하고, 수난자처럼 '못' 박히게도 하고, 에로스의 '횃불'을
들게도 했습니다. 나는 이 천진난만한 소년의 익살스러운 동작이 무척 마음
에 들었습니다. 그래서 어느 날 가난한 그 부모에게 간청했지요. 아이를 잘
입히고, 용돈도 좀 주고, 내 붓을 빠는 일이나 작은 심부름 말고는 아무것도
시키지 않겠노라 약속할 테니 아이를 내게 달라고. 깨끗이 씻고 나니 아이는
귀여워졌습니다. 그 애가 우리 집에서 보낸 시간은 아버지의 다 쓰러져가는
오두막에서 살았던 때에 비하면 천국처럼 느껴졌을 겁니다. 다만 한 가지 말
해두어야 할 것이 있습니다. 이 꼬마가 조숙한 슬픔이라는 이상한 발작을 보
여 나를 놀라게 했다는 사실과 머지않아 설탕과 술에 과도하게 집착하기 시
작했다는 사실입니다. 어찌나 심하던지, 수차례 경고했음에도 어느 날 또 좀
도둑질하는 장면을 발견하고는 인제 그만 부모에게 돌려보내겠다고 협박했
을 정도였답니다. 그러고서 나는 외출했는데, 여러 볼일이 겹쳐서 꽤 오래
집을 비우게 되었지요.

집에 돌아와서, 맨 먼저 내 시선을 강타한 것이 그 꼬마임을, 옷장 널빤지
에 매달려 있는 내 인생의 장난꾸러기 동반자임을 알았을 때 얼마나 놀라고
공포스러웠던지! 아이의 발은 거의 바닥까지 닿고, 아이가 차버린 게 분명
한 의자가 그 옆에 나뒹그러져 있었으며, 머리는 경련을 일으켜 한쪽 어깨로
기울어 있었습니다. 부푼 얼굴과 크게 열린 채 무섭게 고정된 눈을 보았을
때는 그가 살아 있지 않나 하고 착각했답니다. 몸뚱이를 내리는 일은 당신이
상상하는 것만큼 쉽지는 않았습니다. 벌써 완전히 굳어서, 그 몸뚱이를 바닥
에 덜커덕 떨어뜨리기에는 뭐라 형용할 수 없는 혐오감이 느껴졌지요. 그래
서 한쪽 팔로 단단히 끌어안고서 다른 쪽 손으로 끈을 끊어야 했습니다. 그
래도 다 끝난 게 아니었습니다. 녀석이 너무 가느다란 끈을 쓰는 바람에 그
것이 살 속으로 깊이 파고든 거지요. 그래서 이번에는 뾰족한 가위로 부푼
살을 헤집고 끈을 찾아 목에서 제거해야 했습니다.

아, 이 말을 잊었군요. 물론 나는 큰 소리로 도움을 요청했습니다. 하지만
이웃들은, 나는 그 이유를 모르겠지만, 죽은 사람의 일에는 절대로 끼어들지
않는다는 문명인의 습관에 지나치게 충실해서 나를 도우러 와주지 않았습니
다. 그러다가 마침내 의사가 와서, 아이가 죽은 지 여러 시간이 되었다고 선
고했습니다. 이번에는 수의를 입히기 위해 옷을 벗겨야 했는데, 시체가 얼마

에두아르 마네 〈앵두를 든 소년〉(유체), 1860~61.

나 뻣뻣하게 굳었던지 팔다리를 구부리기는 단념하고 옷을 자르고 찢고 해서 겨우 벗겼을 정도였지요.

나는 당연히 경찰에게 사건 경위를 보고해야 했는데, 그는 나를 삐딱하게 바라보며 '아무래도 수상한데!' 하더군요. 물론 죄인에게든 무고한 사람들에게든 일단 겁을 주고 보려는 직업상 버릇과 고질화한 저의에서 한 말이었지요.

아직 해야 할 가장 큰 의무가 남아 있었는데, 내게 그것은 생각만으로도 끔찍한 고통이었습니다. 바로 아이 부모에게 알리는 일이었지요. 발도 차마 떨어지지 않더군요. 하지만 겨우 용기를 쥐어짰습니다. 그런데 너무나 놀랍게도 어머니는 아주 침착한 게 아닙니까! 눈물 한 방울 흘리지 않더군요. 나는 이 기이한 상태를 그녀가 느끼고 있을 공포 탓이라고 생각했습니다. 그리고 '가장 끔찍한 고통은 말없는 고통이다'라는 유명한 격언을 떠올렸지요. 반면 아버지는 반은 얼이 빠지고 반은 꿈꾸는 듯이 덤덤하게 이렇게 말하더군요. '결국 이렇게 끝나는 것이 아마 나을지도 몰라요. 어차피 그놈은 불행하게 끝날 운명이었어요!'

그러고서 나는 시체를 내 소파에 누이고 하녀에게 마지막 지시를 내리기에 정신이 없었습니다. 그때 어머니가 내 화실로 들어왔습니다. 아들의 시체가 보고 싶다면서요. 정말이지 나는 그녀가 불행에 정신이 나가는 것을 막을 수도, 이 비통한 최고의 위로를 거절할 수도 없었답니다. 이윽고 그녀는 아들이 목을 맸던 장소를 가르쳐달라고 간청했습니다. 나는 대답했지요. '안 됩니다! 부인에게 좋지 않을 겁니다.' 그러고서 무의식중에 내 눈이 그 음산한 옷장 쪽으로 향했을 때, 나는 그 옷장에 아직도 박혀 있는 못과 거기에 매달려 있는 기다란 끈을 발견하고는 공포와 분노가 뒤섞인 혐오감을 느꼈습니다. 나는 재빨리 달려가 이 불행의 마지막 흔적을 휙 잡아 뜯었습니다. 그러고서 열린 창문으로 내던지려는데, 불쌍한 어머니가 내 팔을 붙들고서 뿌리칠 수 없는 목소리로 말하는 것이었습니다. '오, 선생님! 그것을 제게 주세요! 부탁입니다! 제발 부탁입니다!' 절망감에 미친 나머지 이제는 아들이 죽을 때 도구로 쓴 물건에까지 애착을 느낄 정도로 눈이 멀어버렸나 보다 생각했지요. 그녀는 그것을 아들의 끔찍하면서도 소중한 유품으로 간직하려는 게 분명하다고. ─그녀는 끈과 못을 가져갔습니다.

드디어! 마침내! 모든 것이 끝났습니다. 이제 남은 일은 이따금 내 뇌리를 찾아오는 이 소년의 시체와 한 점을 응시하던 커다란 눈의 지긋지긋한 환영을 조금씩 떨쳐내기 위해 평소보다 열심히 다시 일에 몰두하는 것뿐이었지요. 다음 날 나는 편지를 한 꾸러미 받았습니다. 나와 같은 건물에 사는 사람이 보낸 편지도 있고, 이웃집에서 보낸 편지도 있었지요. 한 통은 2층에서, 한 통은 3층에서, 한 통은 4층에서 보낸 식이었습니다. 어떤 편지는 심각한 요구를 장난스럽게 숨기려고 반쯤 농담 투로 쓴 것이었고, 어떤 편지는 아주 노골적이고 맞춤법도 형편없었지만, 목적은 모두 같았습니다. 즉 내게서 저 불길한, 그러나 행운을 가져다주는 교수형 밧줄을 한 토막이라도 얻어내기 위해서였지요.*2 말해두고 싶은 점은, 발신자 가운데에는 남자보다 여자가 많으며 뜻밖에도 모두 비천한 하층민만 있었던 것은 아니라는 사실입니다. 나는 아직도 그 편지들을 보관하고 있답니다.

그때 갑자기 어떤 섬광이 머리를 스쳤습니다. 그리고 나는 이해했지요. 왜 그 어머니가 그토록 집요하게 내게서 그 끈을 빼앗아가려고 했는지를. 또한 어떤 거래로 자신을 위로하려 했는지를."

---

*2 교수형 집행에 쓰인 줄에는 마력이 있어서 두통, 열병 따위를 낫게 하고 행복을 가져다주어 사고를 예방한다고 믿어졌다. 사형집행인은 그 줄을 팔고 돈을 챙겼다. 제임스 조이스 《율리시스》 제12장에도 "그리고서 놈은 '사형수가 대롱대롱 매달리자, 밑에서 기다리던 두 사나이가 발꿈치를 잡아당겨 숨통을 확실히 끊은 다음 줄을 잘게 잘라 한 사람에게 2~3실링씩 받고 팔았다'고 이야기했다"는 일화가 있다.

31 적성

가을의 태양 빛이 언제까지고 머물며 놀고 있는 듯이 보이는 아름다운 정원에, 어느덧 푸르러진 창공에 여행하는 대륙처럼 금빛 구름이 떠가는 아래에 사랑스러운 네 아이가 있었다. 네 소년은 놀기도 지쳤는지 잡담을 하고 있었다.

한 소년이 말했다. "나는 어제 극장에 갔지. 뒤쪽으로 바다와 하늘이 보이는, 널따랗지만 쓸쓸한 궁전 안에는 마찬가지로 서글퍼 보이는 진지한 얼굴의 남녀 몇 명이 모두 노래하듯이 이야기하고 있었어. 이 근방에서 흔히 볼 수 있는 사람들보다 훨씬 잘생기고 훌륭한 옷을 입고 있었지. 서로 위협하기도 하고, 애원하기도 하고, 슬퍼하기도 하고, 허리에 찬 단검 위로 손을 몇 번이나 가져가기도 했지. 아! 정말 멋있더라! 여자들은 우리 집에 찾아오는 여자들보다 훨씬 아름답고 훨씬 키도 컸어. 움푹 꺼진 커다란 눈에 뺨이 불덩이처럼 빨개서 그토록 무서워 보였는데도 좋아하지 않고는 배길 수가 없었어. 무서워서 울고 싶어지는데도 어쩐지 기쁜 거야…… 그리고 무엇보다도 신기한 것은 그 광경을 보고 있노라면 그들과 같은 옷을 입고 같은 것을 말하고 같은 행동을 하고 같은 목소리로 이야기하고 싶어진다는 거지……."

넷 중 한 아이는 아까부터 친구 이야기는 듣는 둥 마는 둥 하고 어딘지 알 수 없는 하늘 한 군데를 경탄의 눈으로 뚫어지게 바라보다가 갑자기 외쳤다. "저기 좀 봐! ……너희도 보이니? 외따로 떨어진 작은 구름 위에, 천천히 흘러가는 저 새빨간 작은 구름 위에 누군가가 앉아 계셔. 저분도 분명히 우리를 보고 계실 거야."

"누구 말이야?" 다른 소년들이 되물었다.

"하느님!" 그 소년이 확신에 찬 투로 대답했다. "아! 벌써 꽤 멀어졌어. 곧 너희에겐 안 보이겠다. 틀림없이 하느님은 여행하면서 모든 나라를 일일이 둘러보고 계신 거야. 저거 봐, 저쪽 지평선과 아슬아슬하게 맞닿은 나무들 뒤쪽으로 사라지고 계셔…… 앗, 이제 종탑 뒤로 가셨다…… 아! 이제 보이지 않는구나!" 그러고서 소년은 오랫동안 같은 쪽을 향한 채, 땅과 하늘을 가른 지평선을 꼼짝 않고 바라보았다. 그 눈은 황홀함과 아쉬움이 뒤섞인

뭐라 설명할 수 없는 감정으로 빛났다.[1]

"쟤 바보 아니야? 자기한테만 하느님이 보인다니!" 그때 세 번째 소년이 말했다. 그 소년의 작은 온몸에서는 발랄함과 묘한 생기가 넘쳤다. "너희한 테는 좀처럼 일어나지 않는 일이 나한테 어떻게 일어났는지, 지금 너희가 얘 기한 연극이나 구름보다 조금 더 재미있는 이야기를 들려주지. 얼마 전 우리 엄마아빠가 나를 여행에 데리고 가셨어. 그런데 우리가 묵었던 여관에 침대 가 부족해서 내가 하녀와 한 침대에서 자게 됐단다." 그러고는 친구들을 가 까이 끌어모으고 한층 목소리를 낮추어 말했다. "기분이 아주 야릇하더라! 혼자 자는 게 아니라 하녀랑 한 침대 안에 있는 데다 어두웠으니까. 나는 잠 이 오지 않아서, 하녀가 자는 내내 그녀의 팔과 목덜미와 어깨를 어루만지며 놀았단다. 그 하녀는 세상 어떤 여자보다도 팔과 목이 포동포동하고, 피부는 편지지나 질 좋은 종이처럼 보드라웠어. 정말로 매끈매끈했어. 여자를 깨울 지도 모른다는 두려움과 뭐라 설명해야 할지 모를 두려움이 없었더라면 나 는 계속 그러고 있었을 거야. 그 정도로 즐거웠어. 그러고서 나는 등까지 내 려오는 사자 갈기처럼 풍성한 여자 머리카락에 얼굴을 묻었지. 지금 이 정원 에 핀 꽃처럼 정말로 좋은 냄새가 나더라. 너희도 그런 기회가 있으면 나처 럼 해봐, 그러면 알게 될 거야!"

이 신기한 비밀을 털어놓은 소년은 이야기 중에도 이어지는 어떤 경탄스 러움에 눈을 커다랗게 뜨고 있었다. 석양빛이 그 헝클어진 갈색 머리카락 사 이를 통과해 정열의 유황빛 후광처럼 빛났다. 이 소년이 구름 속에서 '성스 러운 것'을 찾느라 인생을 허비하는 일은 없을 것이며, 오히려 다른 곳에서 가끔 그것을 발견하리란 것은 쉽게 짐작이 간다.[2]

마지막으로 네 번째 소년이 말했다.[3] "너희도 알다시피 우리 집에는 재미 있는 일이 하나도 없어. 식구들은 엄청난 구두쇠여서 연극 따위에는 절대로 데려가주지 않고, 하느님조차 나나 내가 느끼는 따분함을 신경 써주시지 않

---

[1] "이미 어렸을 적부터 시작된 신비를 찾는 경향. 내가 신과 나눈 대화."(《벌거벗은 내 마음》 45)

[2] "이 대목에 보들레르의 죄 관념의 특징과 숨김없는 고백이 지니는 후광의 특징이 잘 드러난 다."(벤야민)

[3] 프란츠 리스트가 저서 《헝가리 집시와 그 음악에 관하여》에서 인용한 레나우의 시 〈집시 세 명〉에서 영감을 얻었다(Kopp).

아. 그리고 날 귀여워해줄 예쁜 하녀도 없어. 그러니까 내게 즐거움이라 할 만한 일은 특별한 목적지 없이 누구의 참견도 받지 않고 앞으로 똑바로 계속 걸어가면서 늘 새로운 나라를 구경하는 정도일 거야. 나는 여기에서는 어디에 있어도 절대로 행복하지 않아. 다른 곳으로 가야만 행복해질 것 같아. 그런데! 지난번 옆 마을 장날에 나는 내가 동경하는 대로 사는 세 사나이를 발견했단다. 너희는 아마 별 관심 없었을 거야. 그들은 몸집이 크고, 피부는 흑인처럼 검고, 누더기 차림이지만 위풍당당했어. 남의 시선은 전혀 개의치 않는다는 태도였지. 그들이 곡을 연주하는 동안, 그 검고 커다란 눈은 무척 반짝반짝 빛났어. 음악은 어쩌나 놀랍던지, 때로는 듣는 이를 춤추게 하고 때로는 울리다가 마침내는 춤추면서 울고 싶게 만들어서, 너무 오래 듣노라면 누구나 미치광이처럼 돼버렸지. 한 사나이는 활로 바이올린을 켜면서 애수를 이야기하는 것처럼 보이고, 또 한 사나이는 가죽 띠로 목에 매단 조그만 피아노의 현을 작은 망치로 두드리면서 옆 사나이의 탄식을 비웃는 듯이 보였어. 세 번째 사나이는 그 사이사이마다 심벌즈를 쩌렁쩌렁 울렸지. 구경꾼이 다 흩어진 뒤에도 그 거친 연주를 그치지 않았을 만큼 그들은 자기만족에 빠져 있었지. 마침내 그들은 동전을 줍고는 짐을 메고 훌쩍 떠났어. 나는 그들이 어디에 사는지 알고 싶어서 그들을 따라갔지. 저 멀리 숲 가장자리까지 따라가서야 나는 그들이 일정한 거처가 없다는 사실을 알았어.

그때 한 사나이가 말했어. '천막을 쳐야 할까?'

그러자 다른 사나이가 대답했지. '아니! 그럴 필요 없어! 이렇게 멋진 밤인걸!'

세 번째 사나이가 수입을 헤아리면서 말했어. '이 고장 사람들은 음악을 도통 모르더군. 여자들은 꼭 곰처럼 춤추던걸. 다행히 한 달 안으로 오스트리아에 도착할 테니 훨씬 음악을 이해하는 사람들을 만나게 되겠지.'

그러자 나머지 두 사나이 가운데 하나가 이렇게 말했어. '어쩌면 스페인으로 가는 편이 나을지 몰라. 계절이 계절이니만큼 장마철은 피하고 싶거든. 적시는 건 목구멍만으로 충분하니까.'

보다시피 나는 그들의 말을 다 기억하고 있어. 그러고서 그들은 브랜디를 한 잔씩 마시더니 이마를 별 쪽으로 향한 채 잠들어버렸어. 나는 그들에게 나를 데리고 가주고, 악기도 가르쳐달라고 애원하고 싶었지. 하지만 차마 용

376 샤를 피에르 보들레르

기가 안 났어. 사실 어떤 일이건 결심하고 실행하기란 무척 어려운 일이니까. 프랑스를 벗어나기 전에 붙들려 돌아오게 될까 봐 겁도 났고."

　시큰둥한 다른 세 친구를 보고 나는 이 소년이 이해받지 못하는 존재라는 생각이 들었다. 나는 그 소년을 주의 깊게 바라보았다. 그 눈과 이마에는 듣는 이로 하여금 공감할 수 없게 하는 조숙하고 숙명적인 무언가가 깃들어 있었다. 그러나 바로 그 점이 왠지 모르게 내 공감을 자극했다. 그동안 모르고 지냈던 동생이 생긴 것 같은 엉뚱한 생각이 들 정도였다.

　이미 해가 저물고, 장엄한 밤이 자리를 잡았다. 소년들은 제각기 흩어져 돌아갔다. 자신들도 모른 채 환경과 우연이 이끄는 대로 운명을 성숙시키기 위해, 가족들의 분노를 사기 위해, 영광과 불명예로 걸음을 서두르기 위해.

32 티르소스*1
—프란츠 리스트*2에게

티르소스란 무엇인가? 도덕적이자 시적 의미로는 신의 대변자이자 하인인 남녀 성직자들이 신을 찬양할 때 손에 드는 제사장의 상징이다. 그러나 형이하학적으로 말하자면 일개 지팡이에 지나지 않는다. 홉의 버팀목, 포도 넝쿨의 받침 기둥, 건조하고 단단하고 곧은 나무토막일 뿐이다. 지팡이 둘레에는 줄기와 꽃들이 변덕스러운 곡선을 이루며 즐겁게 장난친다. 줄기들은 얼기설기 얽혀 있고, 꽃은 종이나 엎어놓은 술잔처럼 대롱대롱 매달려 있다. 복잡하게 얽힌 이 부드러우면서도 찬란한 색채와 곡선에서 놀라운 영광이 뿜어져나온다. 곡선과 나선이 직선의 비위를 맞추고자 그 주위에서 말없는 사랑을 쏟으며 춤추고 있다고나 할까? 모든 섬세한 꽃부리, 꽃받침, 폭발하는 향기와 색채가 거룩한 지팡이 둘레에서 신비한 판당고*3를 춘다고나 할까? 그런데 어떤 경솔한 인간이 이 꽃과 포도 넝쿨들은 지팡이를 위해 만들어졌다거나 이 지팡이는 꽃과 포도 넝쿨들의 아름다움을 부각하기 위한 핑계에 지나지 않는다고 감히 단정할 수 있으랴? 티르소스는 숭배받아야 할 비범한 지도자요, 신비롭고 격정적인 미의 다정한 술친구요, 다른 말로 하자면 그대의 놀라운 이중성의 표현이다. 못 말리는 바쿠스의 꼬임에 넘어간 그 어떤 요정도, 그대가 동포의 마음 위에 그대의 재능을 흔들어대는 만큼의 정력과 변덕으로, 열정적인 동료들 머리 위에 티르소스를 흔들지 못하리라. —이 지팡이는 곧고 단단한 그대의 흔들리지 않는 의지이다. 꽃들은 그대의 의지

---

*1 주신(酒神) 바쿠스의 지팡이로 끝에 솔방울이 달려 있고 담쟁이덩굴로 감겨 있다. 드 퀸시의 《어느 아편중독자의 고백》에도 인용되었다.

*2 1861년 보들레르는 바그너에 관한 논고를 집필하며 프란츠 리스트(1811~1886)의 저서 《리하르트 바그너의 〈탄호이저〉와 〈로엔그린〉》을 참조하고, 완성한 소책자 《리하르트 바그너와 〈탄호이저〉의 파리 공연》을 리스트에게 선물했다. 이때 리스트도 자신의 책 《헝가리 집시와 그 음악에 관하여》(1859)를 보들레르에게 선물했다. 《벌거벗은 내 마음》에는 "방탕과 이른바 보헤미안 기질을 칭찬하는 것은 음악으로 표현되어 배가된 감각의 숭배이다. 이에 관해서는 리스트를 참조했다"고 나온다.

*3 캐스터네츠로 반주하는 삼박자의 스페인 무곡.

둘레를 산책하는 그대의 공상이다. 남성 주위에서 현혹의 피루엣*⁴을 추는 여성적 요소이다. 그대는 직선과 아라베스크, 의지와 표현, 확고한 의지와 에두른 표현, 목표의 일관성과 방법의 다양성으로 이루어진 분리할 수 없는 전능한 재능의 혼합물이다. 그런데 감히 어떤 분석가가 그대를 나누겠다는 가증스러운 용기를 품겠는가?

친애하는 리스트여. 안개 저편 수많은 강줄기 너머 피아노가 그대 영광을 칭송하고 인쇄술이 그대 슬기를 번역하는 도시들을 건너, 영원한 도시의 번영 속에서든 감브리누스*⁵가 축복하는 몽상의 나라들의 안개 속에서든 어디에서나 환희의 노래와 이루 말할 수 없는 고통의 노래를 즉흥적으로 만들거나 난해한 사색을 종이 위에 털어놓는 그대여. '쾌락'과 '고통'을 노래하는 영원한 가수요 철학자요 시인이요 예술가여, 그 불멸의 이름으로 나는 그대를 찬양한다!

---

*4 발레에서, 한 발을 축으로 팽이처럼 도는 춤 동작.
*5 샤를마뉴 시대에 브라반트 지방을 다스렸던 전설의 왕으로, 맥주 양조법을 발명했다고 전해진다. "영원한 도시"는 물론 로마, "몽상의 나라들"은 독일 제국을 가리킨다.

33 취해라

늘 취해 있어야 한다. 그것이 모든 것이요 유일한 문제이다. 당신의 두 어깨를 짓눌러 당신을 땅 쪽으로 구부러지게 하는 무시무시한 '시간'의 무게를 느끼지 않으려면 끊임없이 취해 있어라.

그런데 무엇에 취한다? 술이든, 시든, 덕이든, 그건 당신 마음대로 하라. 어쨌든, 취해 있어라.

가끔 궁전 돌계단 위에서, 도랑가의 초록 풀밭 위에서, 또는 방 안의 음울한 고독 가운데에서 이미 취기가 가신 채로 깨어나거든 바람이건 파도건 별이건 새건 커다란 시계건 모든 지나가는 것, 탄식하는 것, 움직이는 것, 노래하는 것, 말하는 것에게 지금이 몇 시인지 물어보아라. 그러면 바람과 파도와 별과 새와 시계가 대답할 것이다. "지금은 취할 시간이다! 학대받는 노예가 되어 '시간'의 손아귀에 떨어지지 않으려면 취해라. 끊임없이 취해 있어라! 술이든, 시든, 덕이든, 당신 좋을 대로."

34 벌써!

태양은 벌써 백번이나, 끝이 보일까 말까 한 바다라는 광활한 수조에서 때로는 찬란하게 때로는 쓸쓸하게 솟아올랐다. 그리고 벌써 백번이나, 때로는 눈부시게 때로는 침울하게, 노을 지는 광활한 욕조 안에 잠겼다. 요즘 우리는 하늘의 다른 쪽을 응시하고, 그 반대쪽 하늘의 알파벳을 읽을 수 있었다. 여행자들은 한숨지으며 불평했다. 육지에 가까워져서 더욱 고통스럽다는 듯이. 그들이 말했다. "대체 언제쯤이면 파도에 흔들려 우리보다 더 크게 코고는 바람 소리에 시달리지 않고 잘 수 있을까? 언제쯤이면 흔들리지 않는 안락의자에서 음식물을 소화시킬 수 있을까?"[1]

어떤 이는 가정을 생각하고, 어떤 이는 부정하고 음침한 아내며 소란스러운 자식들을 그리워했다. 모두 보이지 않는 육지를 미친 듯이 상상하고 있었기에, 풀이라도 있었으면 짐승보다 더 열광적으로 풀을 먹었을 것이라 생각되었다.

마침내 해안선이 보인다는 신호가 들렸다. 배가 더욱 다가감에 따라 눈부시게 아름다운 육지가 보였다. 생명의 음악이 그곳에서 어렴풋한 속삭임이 되어 흘러나오는 듯했다. 초록이 우거진 바닷가에서 꽃과 과일의 그득한 향기가 몇 리 떨어진 이곳까지 풍겨오는 것 같았다.

사람들은 곧 즐거워져서 우울한 기분을 떨쳐버렸다. 모든 다툼은 잊고, 모든 잘못은 서로 용서했다. 결투 약속도 기억에서 사라지고, 원한도 연기처럼 날아가버렸다.

나만이 홀로 서글펐다. 생각도 할 수 없게 슬펐다. 신성을 빼앗긴 제사장처럼, 나는 가슴을 에는 듯한 고통 없이는 이 바다에서 떠날 수가 없었다. 악마처럼 매혹적인 이 바다에서, 무서우리만큼 단조롭고도 변화무쌍한 이 바다에서, 과거에 살았고 지금도 살고 앞으로도 살아갈 모든 영혼의 불평과 고통과 환희를 간직하고서 이따금 장난과 걸음걸이와 분노와 미소로써 그것들을 모조리 표현해내는 듯한 이 바다에서![2]

---

[1] 산문시 24편 역주 참조.

이 비할 데 없는 아름다움에 작별을 고할 때가 되자 나는 죽을 만큼 괴로움을 느꼈다. 그래서 배에 함께 있던 사람들이 입을 모아 "아, 드디어!"라고 말했을 때 나만은 "아, 벌써!"라고 외칠 수밖에 없었다.

그러나 곧 온갖 소음과 정열과 안락과 잔치가 있는 육지였다. 풍요롭고 번영한, 약속으로 가득한, 장미와 사향의 신비로운 향기를 우리에게 보내는, 생명의 음악이 사랑의 속삭임이 되어 들려오는 육지였다.

＊2 《벌거벗은 내 마음》 30편에 다음과 같은 구절이 있다. "바다의 조망은 어찌 이리도 무한하며 어찌 이리도 영원히 상쾌한가? / 바다가 끝없는 관념과 운동의 관념을 동시에 주기 때문이다. 6 내지 7리외(옛 프랑스의 거리 단위로, 1lieue≒4km)의 거리가 인간에게는 무한한 반경을 나타낸다. 축소된 무한함이기는 하다. 그러나 전체적인 무한의 관념을 충분히 암시할 수 있다면, 그건 그것대로 괜찮지 않은가? 12나 14리외(직경으로), 운동하는 액체의 12나 14리외가 있다면, 찰나의 순간 보금자리에서 인간에게 게시될 수 있는 최고도의 미의식을 주기에 충분하다."

샤를 메리용 〈처형장〉(동판화), 1854.

35 창문

열린 창문을 밖에서 들여다보는 사람은 닫힌 창문을 안에서 내다보는 사람만큼 많은 것을 발견하지 못한다. 촛불로 밝혀진 창문보다 더 심오하고 더 신비하며 더 풍요롭고 더 음울하며 더 매혹적인 것은 없다. 대낮에 보는 것은 유리창 너머에서 일어나는 일보다 언제나 덜 흥미롭다. 어둡거나 밝은 이 구멍 안에는 인생이 숨 쉬고 꿈꾸고 괴로워한다.

지붕들의 물결 저편에서 나는 본다. 어느덧 나이를 먹어 주름살투성이인 가난한 부인이 방 안에서 끊임없이 허리를 굽힌 채 무언가를 하는 모습을. 얼굴, 옷, 몸짓 등 사소한 것에서 나는 이 여인의 과거를, 아니 차라리 이 여인의 전설을 지어낸다. 그리고 이따금 눈물을 흘리며 그 꾸며낸 이야기를 나 자신에게 들려주곤 한다.

여인이 아니라 늙고 가난한 사내였다 해도 역시 나는 쉽게 그의 전설을 지어냈을 것이다.

그러고서 나는 남의 인생을 살고 괴로워했다는 사실에 만족감을 느끼며 자리에 눕는다.

여러분은 내게 이렇게 말할지도 모른다. "그 전설을 진짜로 착각하는가?" 그러나 그 이야기가 내게 살아갈 힘을 주고, 내 존재를 느끼게 하고, 내가 누구인지를 알게 하는 이상, 내 밖에 놓인 현실 따위가 무슨 대수랴?

36 그리고픈 욕망

인간은 불행할지 모르나, 욕망에 시달리는 예술가는 행복하다!

밤 속으로 이끌려가는 나그네 뒷모습에서 느껴지는 아쉽고도 아름다운 물 상처럼, 그토록 드물게 내 앞에 나타났다가 그토록 재빨리 달아나버린 그 여인*¹을 그리고 싶은 욕망이 강렬하게 나를 사로잡는다. 아, 지난번 사라진 뒤 벌써 얼마나 오랜가!

그녀는 아름답다. 아니, 아름다움을 넘어 놀라움이다. 그녀는 어둠으로 가득 차 있다. 그녀는 깊은 밤을 생각나게 한다. 그녀의 눈은 신비함으로 묘연하게 빛나는 두 개의 동굴*²이다. 그녀의 시선은 번개처럼 주위를 비춘다, 어둠 속에서 폭발하는 빛이다.

빛과 행복을 뿌려주는 검은 천체를 상상할 수 있다면, 나는 그녀를 검은 태양*³에 비유하리라. 그러나 그녀는 차라리 달을 연상시킨다. 분명히 그녀에게 무서운 영향력을 끼친 것은 달이다. 쌀쌀맞은 신부를 닮은 목가적인 흰 달이 아니라, 폭풍우 치는 밤하늘에 깊숙이 걸려, 지나가는 구름에 지워지는 불길하고 취한 듯한 달이다. 순결한 사람들의 잠자리를 찾아오는 평화롭고 얌전한 달이 아니라, 하늘에서 쫓겨나, 겁에 질린 풀잎 위에서 테살리아 무녀들의 무자비한 강요에 떠밀려 춤춰야 하는 저 패배하고 분노한 달이다!*⁴

그녀의 작은 이마에는 집요한 의지와 제물에의 애착이 숨어 있다. 내 마음을 불안하게 하는 얼굴 아래 미지와 불가능을 호흡하며 벌름대는 콧구멍 주변에는 화산 지대에 피어난 기적의 꽃송이를 꿈꾸게 하는, 붉고 하얀 달콤한 커다란 입이 설명하기 어려운 상냥한 웃음을 터뜨린다.

---

*1 《악의 꽃》 가운데 〈스쳐 지나간 여인에게〉의 "한 번 번쩍⋯⋯ 그다음은 어둠! —홀연히 사라진 미인이여"가 생각난다.

*2 《표착물》 가운데 〈베르트의 눈〉에 비슷한 표현이 있다(베르트에 관해서는 산문시 37편 역주 참조).

*3 이 낭만주의적 당착어법은 독일의 시인 장 파울 리히터의 〈꿈〉에서 유래한 것으로 보인다.

*4 로마의 시인 루카누스의 서사시 《파르살리아》 제6장에 묘사된 정경. 보들레르는 젊어서부터 루카누스에 빠져 《파르살리아》를 번역하려고도 했다. 창작 예정이던 산문시 제목 가운데 〈루카누스의 마지막 노래〉가 있다.

세상에는 정복욕과 쾌락을 불러일으키는 여인들이 있다. 그러나 이 여인은 그 시선 밑에서 천천히 죽어가고 싶은 욕망을 불러일으킨다.

37 달의 은총

요람 안에서 잠자는 너를 창문 너머로 들여다본 변덕 그 자체인 달이 이렇게 말했다. "참 마음에 드는 아이로군."

그래서 달은 구름 계단을 사뿐사뿐 내려와 소리도 없이 유리창을 통과해 들어왔다. 그러고는 어머니처럼 다정하게 네 위로 몸을 굽혀 네 얼굴을 자신의 색으로 물들였다. 네 눈동자는 초록빛으로 변하고, 네 뺨은 몹시 파리해졌다. 이 방문자를 바라본 탓에 네 눈은 이상하리만치 커졌으며, 달이 그토록 정답게 네 목덜미를 껴안은 탓에 너는 영원히 눈물을 흘리고 싶은 욕망에 사로잡혔다.

그러나 달은 기쁨에 넘쳐, 빛나는 공기처럼, 발광하는 독처럼, 방 안을 구석구석 밝혔다. 그 살아 있는 빛 하나하나가 이렇게 생각하고 이렇게 말했다. "너는 영원히 내 입맞춤의 영향을 받을 것이다. 너는 나처럼 아름다워지리라. 내가 사랑하는 것을 사랑하고, 나를 사랑하는 것을 사랑하리라. 물을, 구름을, 정적을, 밤을, 끝없는 녹색 바다를, 형태가 없으면서 동시에 무한한 형태를 가진 물을, 네가 없는 장소를, 네가 모르는 연인을, 악마 같은 꽃을, 황홀한 향료를, 피아노 위에서 숨죽인 채 부드럽고 쉰 목소리로 여인처럼 한숨짓는 고양이를!

그리하여 너는 내 연인들에게 사랑받고, 내 총신들에게 섬김을 받게 되리라. 밤이 어루만지는 시간에 내가 역시 목덜미를 껴안았던 초록빛 눈을 가진 사내들의 여왕이 되리라. 바다를, 소란스러운 광활한 녹색 바다를, 형태가 없으면서 동시에 무한한 형태를 가진 물을, 그들이 없는 곳을, 그들이 모르는 여인들을, 낯선 종교의 향로와도 닮은 불길한 꽃을, 의지를 뒤흔드는 향료를, 광기의 표상인 음탕한 야생동물을 사랑하는 사람들의 여왕이 되리라."

내 저주받은 귀염둥이야, 그러기에 지금 나는 네 발치에 엎드려 끔찍한 '신성'의 그림자를, 운명을 예언하는 대모의 그림자를, 변덕스러운 악독한 유모의 그림자를 찾아 네 온몸을 구석구석 뒤지지 않을 수 없구나.

38 어느 쪽이 진짜 그녀인가?

진짜 베네딕타를 알았던 적이 있다. 그녀는 주위 공기를 이상(理想)으로 채웠으며, 그 눈은 위대함에 대한, 아름다움에 대한, 영광에 대한 갈망으로, 불멸을 믿게 하는 모든 것에 대한 갈망으로 충만했다.

그러나 이 기적의 소녀는 오래 살기에는 너무나 아름다웠다. 그리하여 내가 그녀를 알게 된 지 며칠 만에 죽어버렸다. 봄이 묘지 안에서까지 향로를 흔들던 어느 날 그녀를 묻은 사람은 바로 나였다. 인도 궤짝처럼 썩지 않는 향나무로 만든 관에 분명히 그녀의 시체를 넣고 땅에 묻은 것은 나였다.

그리고 내 눈이 내 보물을 묻은 곳을 아직 응시하고 있을 때, 갑자기, 죽은 그녀와 놀랄 만큼 닮은 한 소녀를 보았다. 그녀가 신경질적이고 기분 나쁠 만큼 난폭한 동작으로, 아직 다져지지 않은 흙 위를 제자리걸음 하며 깔깔대면서 말했다. "내가 진짜 베네딕타예요! 내가 바로 지독한 악당이에요! 하지만 당신은 집착 때문에 앞날을 내다보지 못한 벌로 이대로의 나를 사랑해야 해요!"

나는 분이 치밀어 이렇게 대답했다. "싫어! 싫어! 싫어!" 그러고는 거절 의사를 더욱 표현하려고 발을 세차게 굴렀다. 다리가 새 무덤에 무릎까지 빠질 정도로. 덫에 걸린 이리처럼 이상의 무덤에 영원히 옭아매였을 정도로.

39 순수혈통 말

그녀는 아주 못생겼다. 그러나 매혹적이다!

'시간'과 '사랑'은 그녀 위에 발톱 자국을 남겼다. 그리고 무자비하게도, 매 순간과 매 입맞춤이 청춘과 싱그러움에서 무엇을 빼앗아가는지를 그녀에게 가르쳤다.

그녀는 정말 못생겼다. 그녀는 개미이며, 거미이다. 차마 말하기는 뭣하지만, 해골이기조차 하다. 그러나 그녀는 음료이며, 영약이며, 마술이다! 요컨대 그녀는 묘하다!

'시간'도 그녀의 완벽하게 균형 잡힌 걸음걸이와 불멸의 우아한 몸매를 퇴색시키지 못했다. '사랑'도 그녀의 어린애처럼 싱그러운 숨결을 바꾸지 못했다. 세월이 흐른 지금도 그녀의 풍성하고 기다란 머리카락에서는 남프랑스 태양의 축복을 받은 사랑과 매력의 도시인 님, 에스, 아를, 아비뇽, 나르본, 툴루즈 등의 치명적인 활기가 야성의 향기가 되어 뿜어져나온다!

'시간'과 '사랑'이 날카로운 이빨로 그녀를 물어뜯었지만, 소용없었다. 끝내는 사내아이 같은 그녀 가슴의 막연하지만 영원한 매력을 조금도 줄이지 못했다.

쇠약해지기는 했으나 지치지 않고 언제나 씩씩한 그녀는, 아무리 삯마차에 묶여 있어도 진정한 애호가의 눈이라면 이내 식별할 수 있는 혈통 좋은 명마를 연상케 한다.

그리고 그녀는 무척 상냥하고 무척 열정적이다! 그녀는 우리가 가을에 사랑하듯 사랑한다. 사람들은 말할 것이다. 다가오는 겨울이 그녀 마음에 새로운 불씨를 댕기면 맹목적인 연정에 지치는 날은 없을 거라고.

40 거울

흉측하게 생긴 한 남자가 방 안으로 들어와 거울에 자신을 비추어 본다.

"뭣 하러 거울 따위는 보느냐? 불쾌감만 느낄 게 뻔한데."

흉측한 사나이가 내게 대답했다.

"이보시오, 89년에 선포된 불멸의 원칙*에 따르면, 모든 사람은 똑같은 권리가 있소. 따라서 나도 거울 앞에 설 권리가 있지. 불쾌하고 말고는 내 의식에 관한 문제질 않소."

상식적으로는 분명 내가 옳다. 그러나 법률적으로는 그도 틀리지 않다.

---

* 프랑스대혁명의 표어인 "자유, 평등, 박애"를 가리킨다.

41 항구

삶의 투쟁에 지친 영혼에게 항구는 더없는 휴식처이다. 끝없는 하늘, 흘러가는 건축물 같은 구름, 끊임없이 색이 변하는 바다, 반짝이는 등대 등은 눈을 조금도 지치게 하지 않고 오로지 위로해주는 기막힌 프리즘이다. 파도에 규칙적으로 흔들리는 복잡한 마룻줄로 단장한 늘씬한 선박은 인간의 영혼으로 하여금 아름다움과 운율에 지속해서 관심을 두게 한다. 그리하여 특히 이미 호기심과 야심을 잃어버린 자에게는 망루 안에 누운 채로 또는 방파제 위에 팔을 괸 채, 떠나는 사람과 돌아오는 사람, 희망을 품을 여력이 있는 사람, 여행을 떠나거나 부자가 되고 싶어하는 사람들을 관찰하기에 신비롭고 귀족적인 쾌락이 있는 장소이다.

요한 바르톨트 용킨트 〈옹플뢰르 항구 입구〉(동판화), 1864.

42 애인들의 초상

남자들만의 방, 자세히 말하자면 세련된 노름방에 붙은 끽연실에서 네 사내가 담배를 피우며 술을 마시고 있었다. 언뜻 보기에 그들은 젊지도 늙지도 않았으며, 잘생기지도 못생기지도 않았다. 그러나 늙고 젊고를 떠나서 모두 쾌락에 익숙한 자들 특유의 뭐라 설명하기 어려운 특징을 지니고 있었다. 즉 "우리는 격렬하게 살았다. 그리고 지금도 사랑하고 존경할 수 있는 것을 찾고 있다"라고 분명하게 말하는 듯한 저 쌀쌀하고 조소적인 어떤 슬픔을 지니고 있었다.

그중 한 사람이 여자 이야기로 화제를 돌렸다. 그런 이야기를 하지 않았다면 그들은 더욱 철학적이었겠지만, 술을 마신 다음에는 천박한 주제를 경멸하지 않는 사람이 있는 법이다. 그럴 때 사람은 무도곡이라도 감상하는 것처럼 이야기에 귀 기울인다.

사나이가 이렇게 말을 꺼냈다. "남자라면 누구나 셰뤼뱅*1의 시기를 겪지. 숲의 여신이 자리를 비운 틈에 참나무 줄기를 힘껏 껴안는 시기 말일세. 연애의 첫 번째 단계지. 두 번째 단계에 들어서면 선택을 시작하네. 숙고가 가능해졌다는 건 이미 데카당스라는 의미지. 바로 이 시기에 결정적으로 미인을 찾게 된다네. 나로 말할 것 같으면, 나는 아주 오래전부터 세 번째 단계의 변환기에 있다는 사실을 남몰래 명예로 생각하네. 이 시기에는 향수나 옷이나 그 밖에 장신구를 가미하지 않으면 어떤 미인에게도 만족하지 못하지. 하나 더 고백하자면, 나는 이따금 미지의 행복이라도 동경하듯이, 절대 평정을 특징으로 하는 네 번째 단계를 동경한다네. 아무튼 셰뤼뱅의 시기였을 때를 제외하고 나는 여자들의 짜증 나는 어리석음과 참을 수 없는 그 천박함에 누구보다도 민감했었네. 동물이 특히 사랑스럽게 느껴지는 건 그 순수함 때문이야. 이런 내가 마지막 여자 때문에 얼마나 고통받아야 했는지 한번 들어보게.

그 여자는 어떤 귀족의 사생아였네. 아름답기야 말할 필요도 없네. 그렇지

---

*1 보마르셰 《피가로의 결혼》에 등장하는, 사랑에 눈뜨기 시작한 소녀. 모차르트의 가곡에서는 "케루비노."

않았다면 내가 무엇 때문에 관심을 두었겠나? 그러나 그녀는 그런 장점을 분수에 맞지도 않는 괴상한 야심으로 헛되이 만들었네. 무슨 말이냐 하면, 남자처럼 굴고 싶어하는 여자였다는 거야*2. '당신은 남자가 아니에요! 아! 내가 남자라면! 우리 둘 가운데 남자는 나예요!' 이것이 노래나 흘러나오기 바랐던 그 입에서 튀어나오는 참기 어려운 후렴구였네. 책이나 시나 오페라를 보고 내가 감탄이라도 할라치면 그녀는 냉큼 이렇게 말하는 거야. '대단히 힘차다고 믿고 있는 거죠, 그렇죠? 당신이 힘을 알기나 해요?' 그러고는 궤변을 늘어놓았지.

어느 날 그녀는 화학에 손을 댔네. 그 뒤로 나는 내 입과 그녀 입 사이를 유리 마스크가 가로막고 있다는 사실을 깨달았네. 이렇게나 대단한 여자였네. 어쩌다 내가 좀 과한 몸짓으로 떼밀기라도 할라치면 누가 건드린 미모사처럼 몸을 움츠리는 거야……."

"그래서 어떻게 끝났나? 자네가 그렇게 참을성 있는 사람인 줄은 몰랐는데." 셋 가운데 한 사람이 말했다.

"하느님이 이 병에 치료제를 내리셨어." 그가 말을 이었다. "어느 날, 이 관념적인 힘을 좋아하는 미네르바가 내 하인과 이마를 맞대고 있는 장면을 목격했지 뭔가. 두 사람이 얼굴을 붉히지 않게 하려면 내가 조용히 물러나야 할 장면이었지. 그날 저녁 당장 급료를 주고 두 사람 모두 내쫓아버렸네."

아까 끼어들었던 사나이가 말을 꺼낸다. "난 나 자신을 원망할 수밖에 없네. 행복이 나를 찾아와 머물렀는데도 나는 알아차리지 못했거든. 그때 운명이 세상에서 가장 정숙하고, 가장 순종적이고, 가장 헌신적이고, 늘 내게 마음 쓰는, 그러면서도 늘 정도를 지키는 여인을 내게 보냈었는데 말일세! '저도 그러겠어요. 그게 당신에게 기분 좋은 일이니까요.' 뭘 물어보면 그녀는 늘 이렇게 대답했지. 이 연인의 가슴에서 가장 격렬한 사랑의 감정을 끌어내기보다 자네들이 이 벽이나 안락의자를 채찍질하는 편이 훨씬 많은 쾌락의 한숨을 이끌어낼 수 있을 걸세. 일 년이나 같이 산 뒤 그녀는 한 번도 환희를 느끼지 못했노라고 고백했다네. 나는 이 불공평한 결투에 싫증이 났고, 이 완벽한 여인은 다른 남자와 결혼했지. 시간이 많이 흐른 뒤 나는 문

---

*2 시인의 《위험한 관계》에 관한 각서에는 "늘 남자 역할을 하고 싶어하는 여자, 커다란 타락의 징후"라고 되어 있다.

득 이 여인을 보고 싶어졌네. 그녀는 내게 예쁜 여섯 아이를 보여주며 말했네. '전 시집을 갔지만, 당신 애인이었을 때처럼 아직 '처녀'랍니다.' 그 몸은 조금도 변하지 않은 걸세. 때때로 나는 후회가 드네. 그녀와 결혼할 걸 그랬다고."

듣고 있던 친구들이 웃음을 터트렸다. 이번에는 세 번째 사나이가 말했다.

"여보게들, 나는 자네들이 소홀히 생각할지 모르는 쾌락을 아네. 이제부터 연애의 우스꽝스러움에 관해, 그럼에도 계속 찬미하고 싶어지는 우스꽝스러움에 관해 이야기하겠네. 나는 마지막 애인을 자네들이 자네들 애인을 증오했건 사랑했건간에, 자네들이 할 수 없을 만큼 훨씬 더 찬미했어. 아무튼, 사람들은 모두 나처럼 그녀를 찬미했네. 우리가 요리점에 들어가면 몇 분 뒤에는 모두가 식사도 잊은 채 그녀를 황홀하게 바라보았지. 웨이터며 계산대 앞의 여자조차 그 분위기에 전염되어 할 일을 잊을 정도였다네. 요컨대 그때 나는 살아 있는 '경이로움'과 얼굴을 마주 대고 살았던 거야. 그녀는 세상에서 가장 경쾌하고 가장 천진한 모습으로 먹고, 깨물고, 씹고, 우물대고, 삼켰네. 이런 식으로 그녀는 오랫동안 나를 황홀경에 잡아두었지. '배가 고파요!'라고 말할 때 그녀는 부드럽고 몽환적이며, 영국식으로 소설적인 분위기를 띠었네. 그녀는 밤낮 가리지 않고 이 말을 되풀이하며, 보는 이를 황홀하고 기분 좋게 하는 세상에서 가장 아름다운 이를 드러내곤 했네. ─그녀를 폭식 괴물이라는 이름으로 장터에 내놓고 구경거리로 삼았더라면 나는 분명히 한밑천 톡톡히 챙겼을 걸세. 나는 먹을 것을 충분히 주었지만, 그녀는 나를 떠나버렸네……. ─결국 식료품 상인이라도 발견한 거냐고? ─뭐 비슷하다 할 수 있지. 육군 경리부 직원인가 뭔가 하는 작자에게 갔으니까. 틀림없이 그는 무슨 속임수를 써서 병사 몇 명분 식량을 빼돌려 그 불쌍한 갓난이를 먹여 살리고 있겠지. 내 짐작이지만."

네 번째 사나이가 입을 열었다. "흔히 여자를 이기적이라고들 비난하지만, 나는 그 정반대 일 때문에 끔찍한 고통을 견뎌왔네. 자네들은 애인의 결점을 불평하지만, 내게는 복에 겨운 소리로 들리네."

이 말을 한 인물은 거의 성직자에 가깝도록 매우 진지하고 온화해 보였다. 그러나 불행히도 그의 밝은 잿빛 눈은 "나는 원한다!"라든가 "이렇게 해야 한다!"라든가 "결단코 용서하지 않겠다!"라고 말하고 있었다.

"만일 예민한 G군과 겁 많고 경솔한 K군과 J군, 자네들이 내가 아는 그 여인을 사귀었더라면 자네들은 달아나거나 죽어버렸을 걸세. 하지만 나는 보다시피 살아남았네. 감정이나 계산에서 절대로 오류를 범할 수 없는 인물을 상상해보게나. 딱할 정도로 차분한 성격, 꾸며내지도 부풀리지도 않는 헌신, 나약하지 않은 온화함, 격하지 않은 긴장감을 상상해봐. 내 연애담은 거울처럼 잘 닦인 깨끗한 표면 위를 가는 끝없는 여행과 같았다네. —현기증이 날 만큼 단조롭고, 내 모든 감정과 몸짓을 내 양심 같은 냉소로 빠짐없이 정확하게 반영하고, 그 때문에, 늘 붙어다니는 내 유령의 말 없는 비난을 곧바로 받아들이지 않고는 바보 같은 몸짓 하나 감정 하나조차 내 마음대로 표현할 수 없었지. 내게 연애란 감시와도 같았네. 내가 얼마나 많은 쾌락을 포기하고 아쉬워했는지 아나! 내 의지와는 상관없이 얼마나 많은 의무를 져야 했는지 아나! 이윽고 연애는 내 멋대로 쾌락을 누렸더라면 얻어낼 수 있었을 모든 행복을 내게서 앗아가버렸네. 절대로 어길 수 없는 냉혹한 규칙으로, 내 모든 변덕을 방해했어. 그리고 더욱 무시무시한 건, 위기가 다 지나간 뒤에도 내 마음에 감사의 감정을 불러일으키지도 않았지. 그녀에게 '제발 불완전해져봐! 고통이나 분노를 느끼지 않고도 당신을 사랑할 수 있게!'라고 소리치며 달려들고 싶은 걸 몇 번이나 참았던지! 마음은 원망으로 가득하면서도 나는 몇 년이나 그녀를 존경했네. 그런데 그 때문에 죽은 쪽은 내가 아니더군!"

"맙소사! 그럼 그녀가 죽었군그래." 친구들이 말했다.

"그래! 그런 상태는 이어지지 않았네. 연애는 내게 나를 짓누르는 악몽이 되어버렸지. '정치가'가 입버릇처럼 말하듯이, 이기느냐 죽느냐, 이것이 운명이 나에게 제시한 갈림길이었네! 어느 저녁 숲 속…… 늪 가에서…… 그녀의 눈은 천국의 온화함을 비추고 내 마음은 지옥처럼 경련을 일으켰던 우울한 산책을 마친 뒤에……."

"그 뒤에 뭐!"

"어떻게 됐나!"

"어떻게 됐다는 건가!"

"예정된 결말이었네. 나는 이를테면 잘못 없는 하인을 회초리질 하거나 야단치거나 해고하기에는 너무나도 정의로웠네. 그리고 그 정의로움을 그녀 때문에 품게 된 공포심과 조화시켜야 했지. 그녀에 대한 존경심을 잃지 않으면서 그녀에게서 나를 해방해야 했단 말일세. 자네들은 그 완전무결한 여자를 내가 어떻게 했어야 한다고 생각하나?"[*3]

세 친구는 멍하고 조금 얼빠진 눈빛으로 이 사나이를 바라보았다. 이 친구의 말을 이해하지 못하는 척하려는 듯이, 또는 자기들이었다면 아무리 합당한 이유가 있었더라도 그렇게까지 극단적인 행동은 하지 못했으리란 것을 암암리에 고백하려는 듯이.

그러고서 그들은 이처럼 가혹한 삶을 주는 '시간'을 죽이기 위해, 그리고 이처럼 느리게 흘러가는 '삶'을 재촉하기 위해 술을 더 가져오게 했다.

[*3] 비슷한 주제가 《악의 꽃》의 〈살인자의 술〉과 계획만으로 끝난 희곡 《주정뱅이》의 줄거리(1854년 1월 28일 이포린 테스랑에게 보낸 편지)에서도 다루어졌다.

43 정중한 사격수

마차가 숲을 가로지르고 있을 때, 어느 사격장 근처에서 그는 마차를 세우고 이렇게 말했다. "'시간' 죽이기로 총을 몇 방 쏴보는 것도 재미있겠군. 이 괴물을 죽이는 것이야말로 누구에게나 가장 흔하고 가장 정당한 일 아닌가?" —그리하여 그는 감미롭고도 혐오스러운 아내에게, 자신에게 그토록 많은 쾌락과 그토록 많은 고통을 주며 어쩌면 재능의 대부분까지도 주고 있는 이 신비로운 여인에게 정중하게 손을 내밀었다.

처음 몇 발은 표적을 한참 벗어났다. 한 발은 천장에 가서 박히기까지 했다. 그러자 매력적인 부인이 남편의 서투름을 놀리며 깔깔대고 웃었다. 그가 갑자기 그녀를 돌아보며 말했다. "저 오른쪽을 보구려. 고개를 쳐들고 오만한 얼굴을 한 인형. 그런데! 사랑스런 천사여, 저 인형을 당신이라고 생각하겠소." 그러고는 눈을 감고 방아쇠를 당겼다. 인형 목이 정확하게 잘렸다.

그는 재빨리 자신의 감미롭고도 혐오스러운 아내에게, 피할 수 없는 무자비한 '뮤즈'에게 허리를 굽혀 경례하고는, 정중하게 그 손에 입 맞추며 이렇게 덧붙였다. "아! 내 사랑스런 천사여, 내게 능숙한 솜씨를 주어서 당신에게 얼마나 감사한지 모르오!"

44 수프와 구름

내 귀여운 미친 애인*이 나에게 저녁 식사를 차려주었다. 나는 하느님께서 수증기로 만드신 움직이는 건축물을, 만질 수 없는 그 멋진 구조물을 식당의 열린 창으로 바라보았다. 그러다가 감격에 겨운 나머지 이렇게 중얼거렸다. "이 모든 환상은 내 어여쁜 연인의 눈, 내 귀여운 미친 요물색 눈과 거의 똑같을 만큼 아름답군."

그때 갑자기 나는 주먹으로 등을 한 방 세차게 얻어맞았다. 그리고 쉰 듯한 매력적인 목소리를 들었다. 독한 술에 상한 듯한 신경질적인 목소리가, 내 귀여운 여인의 그 목소리가 이렇게 말했다. "멍청한 구름 장수 같으니라고. 어서 그 수프나 먹지 못하겠어요?"

---

*이 여성은 시인의 마지막 애인 베르트를 가리키는 것으로 추정된다(산문시 37편 역주 참조).

45 사격장과 묘지

'묘지가 보이는 주막'*1 —"기이한 간판이로군." 산책자가 중얼거렸다. "하지만 갈증을 부르는 썩 훌륭한 이름이야. 이 술집 주인은 호라티우스*2나 에피쿠로스*3의 아류 시를 읽은 게 틀림없어. 어쩌면 제대로 된 주연에는 인생의 덧없음을 나타내는 해골 같은 상징물이 꼭 있어야 한다고 생각했던 고대 이집트인처럼 심오한 세련미*4를 가졌는지도 모르지."

그는 주막으로 들어가, 묘비를 바라보며 맥주 한 잔을 마시고, 천천히 엽궐련 한 대를 피웠다. 그러자 이 묘지 아래로 내려가고 싶다는 충동에 사로잡혔다. 그만큼, 무성히 자란 풀은 사람을 유혹하는 듯이 보이고 풍성한 햇볕은 묘지를 한가득 비추었다.

과연 그곳은 볕과 열기가 맹위를 떨쳤다. 시체를 먹고 살찐 화려한 꽃 양탄자 위로 만취한 태양이 길게 뻗은 모양 같았다. 생명의 끝없는 속삭임이 공기를—무한히 작은 것들의 생명을—채웠다. 근처 사격장에서 들려오는 총성이, 교향악이 낮게 깔린 가운데 샴페인 마개가 뽑히는 소리처럼 규칙적으로 그 공기를 갈랐다.

그때, 머리 위로 내리쬐는 태양 아래에서, 죽음의 강렬한 향기가 감도는 공기 속에서, 그가 앉은 묘석 밑에서, 속삭임이 들렸다. 목소리는 이렇게 말했다. "죽은 자와 그 거룩한 휴식을 아랑곳하지 않는 소란스러운 산 자들아, 너희의 표적과 너희의 총이 저주받으리라! '죽음'의 성지 옆으로 살육 기술

---

*1 1864년 4월 24일에 브뤼셀을 방문한 보들레르는 5월 초 친구이자 그림 판매상인 아서 스테벤스를 따라 교외의 지인 집을 방문하게 되는데, 이때 센 계곡이 내려다보이는 야트막한 언덕 위에서 역마차 창으로 "무덤이 보이는 술집"이라는 독특한 간판을 보고 놀란 사연이 전기에 쓰여 있다.

*2 퀸투스 호라티우스 플라쿠스(기원전 65~기원전 8). 로마의 대시인. 작품으로 《풍자시》, 《카르미나》, 《서간시집》 등이 있다.

*3 에피쿠로스(기원전 342년 무렵~기원전 271년 무렵). 헬레니즘 시대 그리스 철학자. 정신적 쾌락을 최고선으로 보았으며, 많은 신봉자를 낳았다(에피쿠로스 학파).

*4 몽테뉴 《수상록》의 한 구절로 잘 알려진 이 고사는 헤로도토스, 플루타르코스, 페트로니우스, 세네카 등의 글에서도 보인다.

을 배우러 오는 참을성 없는 산 자들아, 너희의 야심이 저주받으리라! 너희의 계획이 저주받으리라! 그 상패가 얼마나 받기 쉽고 그 목적이 얼마나 이르기 쉬운가를 안다면, 그리고 '죽음'을 제외한 모든 것이 얼마나 허무한가를 안다면, 부지런한 산 자들아, 너희는 그토록 사서 고생하지 않을 것을. 오래전부터 '과녁'을, 즉 혐오스러운 인생에서 유일한 진짜 과녁*5을 겨눈 자의 잠을 이토록 자주 방해하지는 않을 것을!"

*5 《악의 꽃》 가운데 〈가난한 자들의 죽음〉에는 이런 구절이 나온다. "'죽음'이 위로해줍니다, 살아가게도 해줍니다! / 이것이 삶의 목표, (……) 유일한 희망입니다."

46 후광의 분실

"세상에! 이럴 수가! 왜 이런 곳에 당신이? 왜 이런 몹쓸 곳에 당신이! 영기로 호흡하는 당신이! 신들의 양식만을 먹는 당신이! 이거 참 놀랍군요."

"여보게, 자네도 알다시피 나는 말과 마차가 무섭네.*¹ 방금 가로수 길을 급히 가로지를 때, 사방팔방에서 죽음이 달려드는 지독한 혼란 속에서 흙탕물을 뛰어넘다가 그만 머리에서 후광이 떨어져 머캐덤 포장길*² 진창에 처박히고 말았지. 그런데 주울 용기가 나지 않는 거야. 뼈라도 부러뜨릴 바에야 내 상징을 잃어버리는 편이 낫겠다고 판단했거든. 그리고 곧 생각했지. 불행도 쓸모가 있을 때가 있다고. 이제 나는 남몰래 산책도 하고, 저속한 짓도 하고, 남들처럼 방탕에 빠질 수도 있네. 그래서 보다시피 자네들과 똑같이 된 거야!"

"하지만 적어도 후광을 잃었다고 게시하거나, 경찰에 분실 신고를 해야죠."

"아니, 천만에! 나는 지금이 좋네. 내 얼굴을 아는 사람은 자네가 유일하고. 어쨌든, 위엄 따위는 지긋지긋하네. 어느 엉터리 시인이 후광을 주워 뻔뻔스럽게 머리 위에 올려놓은 모습을 상상하는 것도 나쁘지 않고 말이야. 사람을 행복하게 한다는 게 얼마나 유쾌한 일인가! 특히 나를 웃기는 행복한 사람을! X나 Z 같은 사람이 그러겠지 상상해보게! 그렇지 않나! 얼마나 우스운가!"

---

*1 "대도시에서 오가는 마차에 치일 위험을 오늘날 자동차 사고를 당할 위험보다 크게 묘사했다는 점이 중요하다(벤야민)." 보들레르는 1861년 5월 8일 오피크 부인에게 보낸 편지에서 이렇게 썼다. "나와 함께 있지 않을 때는 절대로 절대로 걸어서 외출하지 마십시오, 나도 큰길은 무섭습니다."

*2 스코틀랜드의 목사 존 머캐덤이 고안한 쇄석포장법. 파리에는 1849년에 처음으로 도입되었다.

47 수술칼 아가씨

가스등 불빛 아래 어느 교외 변두리에 막 다다랐을 때, 누군가의 팔이 내 겨드랑이 밑으로 스윽 파고드는 것을 문득 느꼈다. 그리고 내 귓전에 말하는 목소리가 들렸다. "의사시죠, 선생님?"

돌아보니, 키가 크고, 건장하고, 시원스러운 눈매를 가진 여성이었다. 화장은 옅었으며, 머리카락은 모자 끈과 함께 바람에 펄럭이고 있었다.

"아니요, 난 의사가 아닙니다. 실례하겠습니다."

"오! 의사시잖아요! 선생님은 의사예요. 제가 아는 걸요. 우리 집에 가요. 제게 아주 만족하실 거예요. 자, 어서 가요!"

"어쩌면 당신을 만나러 갈 수도 있겠죠. 단, 그 의사 선생인지 뭔지가 다녀간 뒤에요……."

"어머나! 어머나!" 그렇게 외치더니 그녀는 여전히 내 팔에 매달린 채 깔깔 웃으며 말했다. "선생님은 장난꾸러기 의사시네요. 전 그런 의사 분들을 여러 명 알고 있죠. 자, 오세요."

나는 신비로운 것을 대단히 좋아한다. 그 신비를 파헤치고 싶다고 늘 생각하니까. 그래서 나는 이 친구가, 아니 이 예기치 않았던 수수께끼가 이끄는 대로 몸을 맡겼다.

그녀의 초라한 방에 관한 묘사는 생략하겠다. 그런 묘사는 잘 알려진 몇몇 옛 프랑스 시인의 작품 속에서도 찾아볼 수 있을 것이다. 단, 레니에*1도 구분할 수 없을 아주 사소한 차이는, 유명한 의사의 초상화 두세 점이 벽에 걸려 있다는 점이었다.

나는 대단한 환대를 받았다! 활활 타오르는 난롯불, 따뜻한 술, 잎궐련. 그녀는 이런저런 것들을 내게 권하면서 자신도 잎궐련 한 대에 불을 붙였다. 그러고서 이 우스꽝스러운 여인은 내게 말했다. "댁에 계신 것처럼 편히 있으세요. 그러면 병원이며 즐거웠던 젊은 시절이 떠오를 거예요…… 어머나, 저런! 흰머리가 왜 이렇게 많이 났죠? L 병원에서 인턴으로 있을 때만 해도

---

*1 마튀랭 레니에(1573~1613). 프랑스의 시인. 로마의 시인 호라티우스와 유베날리스의 영향을 받아 풍자시를 썼다.

이러지 않았잖아요. 그리 오래전 일도 아닌데. 어려운 수술 때면 선생님께서 늘 그분을 거들었던 것도 기억해요. 그분은 자르고, 베고, 깎고 하기를 좋아했었죠! 그분에게 기구며 실이며 솜을 건네주던 사람은 늘 선생님이셨어요. —수술이 끝나면 그분은 회중시계를 바라보고 의기양양하게 말씀하셨죠. '여러분, 5분 걸렸군요!' 네, 그래요! 저는 어디든지 간답니다! 그래서 전 선생님들을 잔뜩 알죠."

그러더니 잠시 뒤 말을 놓고 응답송처럼 되풀이하는 것이었다. "넌 의사지? 그렇지, 자기?"

밑도 끝도 없는 이 말에 나는 벌떡 일어났다. "아니야!" 나는 화가 나서 소리쳤다.

"그럼 외과 의사?"

"아니! 아니라고! 외과 의사였다면 당장 네 목을 자를 거야! 제기랄!"

"기다려. 보여줄 게 있어." 그녀가 말했다.

그러고는 옷장 선반에서 종이 한 다발을 꺼냈다. 그 무렵 최고 명의들을 그린 모랭*2의 초상화들로, 볼테르 강가에 벌써 몇 년 전부터 전시되어 있는 것이었다.

"자! 이 사람 알아보겠어?"

"그래, X 씨군. 밑에 이름이 쓰여 있잖아. 개인적으로도 아는 사이지만."

"그럴 줄 알았어! 자, 봐! 그게 Z 씨…… 강의 때 X 씨더러 '영혼의 음흉함을 얼굴에까지 드러내고 있는 괴물!'이라고 말한 사람이지. 어떤 문제에 자기와 다른 의견을 가졌다는 이유만으로 말이야! 그때 학교에서는 모두가 비웃었어! 기억나? —그거! 그게 K 씨. 자기 병원에서 치료받던 모반자를 정부에 고발한 사람이지. 폭동이 있었던 그때*3에 말이야. 이렇게 잘생긴 분이 어쩜 그렇게 무자비할 수 있을까? ……이번에는 W 씨군. 영국의 명의지. 파리에 여행 왔을 때 붙잡았어. 꼭 아가씨처럼 생겼어. 그렇지 않아?"

내가 같은 원탁 위에 놓여 있는, 끈으로 묶은 작은 꾸러미에 손을 대자 그녀가 말했다. "잠깐 기다려. 이쪽 꾸러미는 인턴이고, 이쪽 꾸러미는 통근 의사야."

---

*2 판화가 니콜라 외스타슈 모랭(1799~1850).

*3 로벨 코프는 1848년 6월 폭동을 가리킨다고 봤다(Kopp).

그러고는 아까보다 훨씬 젊은 얼굴들을 찍은 사진을 부채꼴로 펼쳐 보였다.

"다음에 만날 때는 너도 사진을 주시겠지, 자기?"

이번에는 나도 고집스럽게 물고 늘어졌다. "그런데 왜 나를 의사라고 생각하지?"

"그처럼 품위 있고, 여자에게 그처럼 상냥하니까!"

"이상한 논리로군!" 나는 혼잣말했다.

"아니! 난 절대로 틀린 적이 없어. 난 정말로 많은 의사들을 알고 있어. 그분들이 너무 좋아서, 병에 걸리지 않았을 때도 그분들을 만나러, 오로지 그분들을 만나러 가끔 외출할 정도야. 매정하게 '조금도 아픈 데가 없는데요!'라고 말하는 분도 있어. 하지만 나를 이해해주시는 분도 있지. 내가 아양을 잘 떠니까."

"그래도 이해받지 못할 때는 어떻게 해?"

"할 수 없지! 그럴 때면 공연히 방해한 셈이니까 벽난로 위에 10프랑을 두고 돌아와. 그분들은 정말 친절하고 상냥해! 자선 병원에서는 천사처럼 아름답고 얌전한 젊은 인턴을 발견했어! 가난하고, 부지런한 아이이지! 그의 동료들이 말하길, 그의 부모님은 가난해서 아무것도 보내줄 수가 없대. 그래서 나는 자신감이 생겼지. 그다지 젊지는 않지만, 아직 예쁘니까. 내가 그에게 말했어. '우리 집에 가끔 놀러와. 나에 대해 전혀 어렵게 생각할 것 없어. 나는 돈 따위는 필요 없으니까.' 물론 여러 수를 써서 이 뜻을 이해시키려고 노력했지. 대놓고 말할 수는 없잖아. 그렇게 사랑스러운 아이의 자존심을 건드리면 안 되니까. 그런데! 내가 그에게 차마 말할 수 없었던 묘한 욕망을 품고 있었다면 넌 믿을 수 있겠어? 나는 그가 수술복 차림으로 왕진 가방을 들고서 날 만나러 오기를 바랐던 거야. 피를 조금 묻힌 채로!"

사랑하는 여배우에게 "이번 작품에서 호평받았던 배역의 무대 의상을 한 번 보고 싶군요"라고 말하는 소심한 남자처럼 자못 천진난만한 말투였다.

나는 계속 집요하게 물었다. "네 가슴에 이렇게 괴상한 열정이 처음 생겨났던 시기와 계기를 기억해?"

그녀는 내 말뜻을 잘 이해하지 못했다. 그러다가 겨우 알아듣고는 허공을 바라보며 매우 슬픈 표정으로 대답했는데, 나는 그 표정을 잊을 수가 없다. "몰라…… 기억나지 않아."

산책하는 법과 관찰하는 법을 안다면 대도시에서는 얼마나 많은 괴이한 일이 발견될까? 인생은 죄 없는 괴물로 꿈틀거린다. ―주여, 오, 하느님이여! 조물주여, 지배자여, '법'과 '자유'를 만드신 분이여, 모든 것을 자연스럽게 내버려두시는 주권자여, 방임하시는 심판관이여, 동기와 이유로 충만하시며, 칼끝에 치유의 힘을 두셨듯이 이 마음을 회개시키기 위해 내 정신에 공포심을 두신 분이여! 주여, 불쌍히 여기소서,*4 미치광이들을 불쌍히 여기소서! 오, 조물주여! 왜 그들이 존재하며 왜 그렇게 되었는지, 어떻게 했어야 그렇게 되지 않았을지 아시는 유일한 분인 당신 눈에도 괴물이 존재합니까?

---

*4 이하를 프랑수아 모리악은 자신의 소설 《테레즈 데케루》에서 인용했다.

48 이 세상 밖이라면 어디라도
ANY WHERE OUT OF THE WORLD

인생은 하나의 병원이다. 그곳에서는 모든 환자가 끊임없이 침대를 바꾸고자 하는 욕망에 빠져 있다. 어떤 이는 적어도 난로 앞에서 고통을 견디고 싶다 생각하고, 어떤 이는 창가로 가면 병이 나을 거라고 믿는다.

나로서는 지금 여기가 아닌 다른 곳으로 가면 언제나 행복할 것 같다. 따라서 이사 문제는 끊임없이 내가 내 영혼과 토의하는 문제 가운데 하나이다.

"영혼아, 대답해주렴. 불쌍하고 차가운 내 영혼아, 리스본에 가서 살면 어떠냐? 그곳은 분명 따뜻할 테니 너도 도마뱀처럼 원기를 되찾을 것이다. 듣자 하니, 그 도시는 물가에 있고 모조리 대리석으로 만들어졌으며, 그곳 주민들은 나무를 죄 뽑아버릴 만큼 식물을 싫어한다는구나. 햇볕과 광물과 그것들을 비추는 물로만 이루어진 풍경이야말로 네 취향과 딱 맞아떨어지지 않느냐!"

영혼은 대답이 없다.

"너는 움직이는 것을 바라보면서 쉬는 걸 무척 좋아하지? 그렇다면 축복받은 땅 네덜란드에 가서 살고 싶지 않으냐? 미술관에서 네가 자주 그림으로 볼 때조차 감탄하곤 했던 그 나라에서라면 틀림없이 기분전환이 될 것이다. 너는 높이 솟은 돛대며 집 아래에 매어둔 배를 좋아하지? 그렇다면 로테르담은 어떠냐?"

영혼은 여전히 말이 없다.

"바타비아라면 마음에 들겠지? 그곳에서는 열대 지방의 아름다움에 녹아든 유럽 정신을 발견할 수 있을 테니까."

한마디 대답도 없다. —내 영혼은 죽은 것일까?

"고통 속에서만 즐거움을 느낄 만큼 무감각해진 것이냐? 그렇다면 차라리 죽음을 닮은 나라로 달아나자꾸나. 가엾은 영혼아! 내가 모든 준비를 하겠다. 토르네오*로 떠날 여행가방을 꾸리겠다. 가서 더 멀리, 발트 해 끝까지

---

* 발트 해 보스니아 만 최북단에 있는 항구.

가자꾸나. 되도록 삶에서 멀리 떨어져 북극으로 가자. 그곳에서는 태양이 지상을 비스듬하게만 비추어, 따뜻한 낮과 밤의 변화가 그리 심하지 않아, 허무한 반쪽짜리 단조로움을 더한다. 거기서 우리는 긴 암흑의 골짜기에 잠길 수 있을 것이다. 그리고 우리를 위로하는 북극의 햇볕은 지옥의 불꽃 같은 그 장밋빛 꽃다발을 이따금 우리에게 보내줄 것이다!"

마침내 영혼이 폭발한다. 그리고 내게 적절한 한마디를 던졌다. "어디든 좋다! 어디든 괜찮아! 이 세상 밖이기만 하다면!"

49 가난뱅이들을 때려죽이자!

나는 보름이나 방에 틀어박혀, 그 무렵 유행하던(16~17년 전 일이다[*1]) 책들에 파묻혀 있었다. 스물네 시간 이내에 민중을 행복하고 현명하고 부유하게 하는 방법을 다룬 책들이었다. 나는 빈민들에게 노예가 되라고 충고하고, 자신들은 모두 왕위를 빼앗은 왕이라고 설명한 사회복지사업가들의 노작들을 모두 소화했다—아니, 삼켰다는 표현이 맞겠다. 따라서 그 무렵 내가 혼미 또는 몽매에 가까운 정신 상태에 있었다 해도 전혀 놀랄 일이 아닐 것이다.

나는 지금 막 사전에서 훑어본 착한 여인들의 뻔한 상투어구보다 조금 더 고상한 관념의 막연한 씨앗을 지혜 깊숙이 가둬둔 채로 느꼈던 것 같다. 그러나 그것은 관념의 관념, 즉 어디까지나 막연한 무언가에 지나지 않았다.

나는 심한 갈증을 느끼며 밖으로 나왔다. 시시한 책에 열을 올릴수록 신선한 바깥 공기를 마시고 싶은 욕구가 늘어나는 법이다.

술집에 막 들어서려는데 한 거지가 내 앞에 모자를 내밀었다. 그는 정말이지 인상적인 눈빛을 하고 있었다. 정신이 물질을 움직이고 최면술사의 눈이 포도를 익게 하는 일이 가능하다면, 왕위라도 뒤집을 수 있을 것 같은 눈빛이었다.

동시에 나는 내 귀에 속삭이는 익숙한 목소리를 들었다. 어디든지 나와 동행하는 착한 '천사' 또는 착한 '악마'의 목소리였다. 소크라테스에게도 착한 '악마'가 있었는데 나라고 왜 착한 '천사'를 가지지 못하겠는가? 소크라테스처럼, 꼼꼼한 의사 레뤼와 신중한 의사 바야르제[*2]가 서명한 미치광이 증명서를 받을 명예를 왜 가지지 못하겠는가?

그러나 소크라테스의 악마와 나의 악마 사이에는 다음과 같은 차이가 있

[*1] 생시몽, 푸리에, 푸르동 등으로 대표되는 사회주의적 사조의 최전성기였던 2월 혁명(1848년) 무렵을 가리킴.

[*2] 루이 프랑시스크 레뤼(1804~1877)와 쥘 가브리엘 프랑수아 바야르제(1806~1891). 모두 19세기 프랑스의 유명한 정신과 의사. 레뤼는 《소크라테스의 다이몬에 관하여》(1836)라는 제목의 논문에서 소크라테스를 미친 사람으로 단정했으며, 천재와 광기를 혼동하는 이 학설에 바야르제도 동조했다.

다. 소크라테스의 악마는 그를 보호하고 경고하고 금지하기 위해서만 나타나는 데 반해 내 악마는 적극 충고하고 암시하고 설득하기 위해 나타난다는 점이다. 가엾은 소크라테스에게는 금지하는 악마밖에 없었지만, 내 악마는 위대한 긍정의 악마요 활동의 악마요 전투의 악마이다.

아무튼 그 목소리가 이렇게 속삭였다. "남과 동등함을 증명하는 자만이 남과 동등하며, 자유를 완벽하게 정복한 자만이 자유를 누릴 가치가 있다."

나는 곧바로 거지에게 덤벼들었다. 주먹 한 방에 그의 한쪽 눈이 이내 공처럼 부풀어올랐다. 그의 이를 두 개 부러뜨린 대신, 나도 손톱 하나가 빠졌다. 나는 타고난 체력이 약한 데다 권투도 정식으로 배운 적이 없었으므로, 이 노인을 순식간에 때려죽일 만큼 내가 강하다고 생각하지 않았다. 따라서 한 손으로 그의 멱살을 잡고 다른 한 손으로 목젖을 누르고서 그의 머리를 벽에 여러 번 힘껏 짓찧었다. 한 가지 말하자면, 나는 미리 주위를 슬쩍 둘러보고, 이렇게 외딴 교외에서는 경찰의 감시로부터 충분히 오랫동안 안전할 수 있음을 확인해두었다.

이어서 어깨뼈가 부러질 만큼 힘껏 그의 등을 발로 차서 이 쇠약한 육순 노인을 쓰러뜨리고는, 땅에 떨어져 있던 몽둥이를 주워서, 소고기를 두드려 부드럽게 하려는 요리사처럼 집요하게 그를 두들겨 팼다.

그때 갑자기─오, 기적이다! 오, 자기 학설의 탁월함을 증명한 철학자의 희열이로다! ─이 늙은 송장이, 그처럼 형편없이 망가진 기계가 그러리라고는 절대로 상상도 할 수 없는 힘으로 벌떡 일어나는 것이었다. 이 늙어빠진 떠돌이는 내게는 길조로 보였던 증오의 눈빛으로 내게 달려들어 내 두 눈을 때려 멍들게 하고, 이를 네 개나 부러뜨리고, 내가 휘둘렀던 몽둥이로 나를 사정없이 후려쳤다. ─내 과감한 치료법으로 나는 그에게 자존심과 생기를 곧바로 되찾아준 것이다.

나는 그에게 이제 싸움은 끝났다는 내 의사를 전달하기 위해 계속해서 몸짓을 보내고, 스토아학파의 궤변가 같은 만족감을 느끼며 일어나 이렇게 말했다.

"당신은 나와 동등하오! 부디 내 지갑을 당신과 나누는 영광을 허락해주시오. 그리고 당신이 진정한 박애주의자라면, 당신 동료가 당신에게 구걸할 때, 내가 지금 당신 등에 시도했던 학설을 그들에게 적용해야 함을 꼭 기억해두시오."

그는 내 학설을 이해했다는 것과, 내 충고에 따르겠다는 것을 굳게 맹세했
다.[*3]

---

*3 초고에서는 끝머리에 "이를 어떻게 생각하나, 시민 프루동 군?"이라는 한 줄이 있었던 것으로
보인다. 로베르 코프는 푸르동이 죽은 다음 날인 1865년 1월 19일에 보들레르가 혁명 명제에
관한 이 역설적 시를 구상했을 가능성이 있다고 보고 있다.

50 착한 개들
―조셉 스테벤스*1 씨에게

나는 현대 젊은 작가들 앞에서조차 뷔퐁*2에 대한 내 존경심을 부끄러워한 적이 없다. 그러나 오늘 내가 도움을 청하려 하는 것은 저 장려한 자연을 묘사한 영혼이 절대로 아니다.

그보다 나는 기꺼이 스턴*3에게 이렇게 호소하겠다. "하늘에서 내려오라. 아니면 에리시온의 들판*4에서 올라오라. 그리하여 내 마음에 사는 착하고 불쌍한 개에게 그대에게 어울리는 노래를 지을 수 있게 영감을 주어라, 비길 데 없는 감상의 익살꾼이여! 후세의 기억 속에서 언제나 그대와 동행하는 그 유명한 나귀를 타고 오라. 특히 그 나귀 입술에 불멸의 마카롱을 살짝 물리는 것을 잊지 말도록!"

학구적인 뮤즈는 저리 비켜라! 그런 얌전 빼는 노파에게는 볼일 없다. 나는 친근감 있고, 시민적이고, 활발한 뮤즈를 청한다. 내가 착한 개, 불쌍한 개, 진흙투성이 개, 그들의 동무인 가난뱅이와 그들을 다정한 눈으로 바라보는 시인을 제외하고는 모두가 흑사병 환자나 벼룩 끓는 거지 대하듯 내쫓는 개를 노래할 수 있도록 도와주러 올 뮤즈를 청한다.

쳇, 겉멋만 부리는 교만한 네발 달린 짐승들! 덴마크산 개, 스패니얼, 땅개 따위의 개들! 귀여움받으리라는 확신이나 있는 듯이 손님 사타구니 사이나 무릎 위로 천방지축 뛰어드는, 아이처럼 소란스러운, 매춘부처럼 멍청한, 때로는 하인처럼 교활하고 퉁명스러운, 건방진 놈들! 특히 그레이하운드라는 이름이 붙은, 뾰족한 코에는 친구의 발자국을 따라갈 만한 후각도 없고, 납작한 대가리에는 도미노 놀이를 할 만한 지능도 없는, 네발 달린 뱀처럼

---

*1 조셉 스테벤스(1819~1892). 벨기에의 동물 화가. 브뤼셀에서 보들레르를 따뜻하게 대접한 아서 스테벤스의 형. 1857년 이후 파리에서 열린 살롱에 여러 차례 입선했다.

*2 조르주 루이 르클레르 뷔퐁(1707~1788). 프랑스의 박물학자. 저서로 《박물지》, 《문체론》이 있다.

*3 로렌스 스턴(1713~1768). 영국의 작가. 소설 《신사 트리스트럼 샌디의 생애와 의견》에는 나귀와 마카롱에 관한 묘사가 나오며, 《풍류 여정기》의 주인공은 나귀를 타고 온 나라를 돌아다녔다.

*4 사후 낙원(샹젤리제).

하는 일 없이 몸이나 떨고 있는 멍청이!

너희 골치 아픈 기생충들은 개집으로 돌아가라!

너희는 보드라운 쿠션이 잔뜩 깔린 개집으로 꺼져라! 내가 찬양하는 것은 지혜롭고 착한 어머니와 진짜 보호자가 필요해서, 가난뱅이나 떠돌이나 광대처럼 본능이 감탄스러울 만큼 날카로워진 진흙투성이 개, 못 먹는 개, 집 없는 개, 떠돌이 개, 어릿광대 같은 개다!

내가 노래하는 것은 비참한 개들이다. 드넓은 도시 바닥에 구불구불한 곡선을 그리며 빗물 웅덩이 사이를 쓸쓸하게 헤매는, 버림받은 사나이에게 깜박이는 성스러운 눈으로 "나를 데려가요. 그러면 우리 둘의 불행에서 하나의 행복이 만들어질 거예요!"라고 말하는 개다!

"개들은 어디로 가는가?" 네스토르 로크플랑*5이 예전에 어느 불멸의 문예란에서 외친 적이 있다. 정작 그는 잊었겠지만, 나와 아마도 생트뵈브는 오늘날까지도 그 질문을 기억한다.

주의 깊지 못한 인간들아, 개들이 어디로 가느냐고 물었나? 개들은 볼일을 보러 간다.

일 약속도 가고, 사랑의 줄다리기를 하러도 간다. 안개 속을 헤치고, 눈 속을 가로질러, 진흙땅을 건너, 삼복더위 속을, 퍼붓는 빗속을, 벼룩에 열정에 욕망에 의무에 떠밀려, 가고 오고 쏜살같이 달리고 마차 아래로 빠져나간다. 우리처럼 아침 일찍 일어나 삶을 찾아 쾌락을 좇아 달린다.

어떤 개는 교외 폐허 안에서 자며, 날마다 같은 시간에 팔레루아얄 음식점 문 앞으로 구걸하러 온다. 또 어떤 개는 멍청한 남자들도 이제 거들떠봐주지 않아서 그 한가한 마음을 짐승에게 돌린 육순 노처녀가 자비심으로 준비해 준 밥을 나눠 먹으러 2킬로미터가 넘는 거리를 떼 지어 달려간다.

또 어떤 개는 숲으로 달아난 흑인 노예처럼 며칠 동안 시골을 버리고 사랑에 미쳐 도시로 나가서는, 화장은 잊었지만 새침하게 굴어도 매몰차지는 않은 예쁘장한 암캐 주위를 한 시간이나 깡충깡충 뛰어다닌다.

개들은 수첩도 없고, 노트도 없고, 지갑도 없지만, 아주 정확하다.

---

*5 네스토르 로크플랑(1804~1870). 네르발 및 보들레르와 친했던 비평가로, 〈피가로〉 편집장과 파리 오페라극장의 지배인을 지냈으며, 〈콩스티튀시오넬〉의 극평란을 맡았다. 생트뵈브의 〈월요 한담〉은 로크플랑의 극평과 같은 지면에 연재되었다고 한다.

그대들은 게으른 벨기에산 개를 아는가? 나처럼 그대들도 그 용감한 개들이 고기 장수, 우유 장수, 빵 장수의 수레에 매여 의기양양하게 짖으며, 말과 겨루는 데서 오는 자랑스러운 기쁨을 표현하는 것을 찬양한 적이 있는가?

여기 더 진화한 단계에 속하는 개 두 마리가 있다! 부디 내가 그대들을 부재중인 광대의 방으로 안내하기를 허락하기 바란다.*6 방에는 휘장이 없는 색칠한 나무 침대, 빈대에 누더기가 된 이불, 짚으로 엮은 의자 둘, 주물 난로 하나, 망가진 악기 한두 개가 있다. 오! 애처로운 가구이다! 그러나 영리한 저 두 배우를 보라. 화려하긴 하지만 다 해진 옷을 입고, 음유 시인이나 군인 같은 모자를 쓰고, 타오르는 난로 위에서 부글부글 끓고 있는—안에 꽂아놓은 기다란 숟가락이, 공사 준공을 알리며 하늘로 높이 솟아오른 깃대처럼 꼿꼿하게 서 있는—이름 모를 작품을 마법사처럼 유심히 감시하는 저 둘을.

이렇게 열성적인 배우들이 영양가 많은 진한 수프로 배를 채워야만 무대에 설 수 있는 것은 당연하지 않은가? 온종일 관객의 무관심을 견디고, 네 명분도 더 되는 수프를 혼자서 먹어 치우는 광대의 부당한 행위를 참아야 하는 이 불쌍한 배우들에게 약간의 육욕을 허락하지 않을 텐가?

나는 이 모든 네발 달린 철학자를, 온순하고 순종적이고 헌신적인 노예들을, 인간의 행복에 지나치게 몰두하는 공화정부가 개의 명예도 소홀히 하지 않을 여유를 갖는다면, 공화국 제정 사전도 하인*7이라는 칭호를 부여할 그들을, 얼마나 자주 부드럽게 미소 지으며 감동에 찬 눈길로 바라보았는지 모른다!

또한 나는 착한 개, 불쌍한 개, 진흙투성이가 된 채 고통받는 개들에게 틀림없이 어딘가에(그러나 그곳이 어디인지 누가 알랴?) 그 큰 용기와 인내심과 노동을 보상해줄 특별한 천국이 있다고 얼마나 자주 생각했는지 모른다. 스베덴보리*8는 터키인에게도 그들만의 천국이 있고, 네덜란드인에게도 그들만의 천국이 있다고 단언했지 않은가!

---

*6 이 부분은 조셉 스테벤스가 1857년 파리 살롱에 출품한 《광대의 안내》라는 그림에 관한 묘사이다.

*7 대혁명 무렵 고용주, 하인, 하녀 등의 호칭은 평등 정신에 어긋난다고 보아 이 단어가 쓰였다.

*8 에마누엘 스베덴보리(1688~1772). 스웨덴의 정신주의 사상가. 저서 《참 그리스도교도》에 천국에 있는 네덜란드인 및 이슬람교도를 논한 부분이 있다.

베르길리우스*9나 테오크리토스*10의 작품 속 목동들은 노래 겨루기의 상으로 맛 좋은 치즈, 장인이 만든 피리, 젖통이 잔뜩 부푼 암염소를 기대했다. 불쌍한 개를 노래한 옛 시인은 보답으로 가을의 햇살과 성숙한 여인의 아름다움과 생마르탱의 여름날*11을 생각하게 하는, 화려하지만 빛바랜 멋진 조끼를 받았다.

그때 비야에르모사 거리의 그 술집에 있었던 사람들은 그 화가가 그 시인에게 얼마나 급하게 조끼를 벗어주었던가를 잊지 못할 것이다.*12 그만큼 화가는 불쌍한 개를 노래하는 것이 선하고 올바른 일임을 잘 이해했던 것이다.

영화로웠던 시절 이탈리아의 멋진 폭군도 성스러운 아레티노*13에게 고귀한 소네트나 희대의 풍자시의 대가로, 때로는 보석으로 치장한 단검을 때로는 궁정 외투를 하사했다.

그 시인은 그 화가의 조끼를 입을 때마다 착한 개, 철학자 같은 개, 생마르탱의 여름날, 아주 성숙한 여인의 아름다움을 떠올리지 않을 수 없다.*14

---

*9 마로 푸블리우스 베르길리우스(기원전 70~기원전 19). 로마 최고의 시인. 작품으로 《전원시》, 《농경시》, 필생의 대작 《아이네이스》가 있다. 《신곡》에서는 등장인물이 되어 단테를 지옥·연옥으로 안내한다.

*10 테오크리토스(기원전 310년 무렵~기원전 250년 무렵). 그리스의 시인으로, 목가의 시조로 여겨진다.

*11 12월 11일 성 마르티노 제사일 무렵의 따뜻한 늦가을 날씨를 말한다. R. 그르니에의 소설 《검은 피에로》 마지막 장에는 생 마르탱의 푸른 날과 성숙한 아름다운 여성이 묘사되어 있어, 이 산문시를 연상케 한다.

*12 브뤼셀에 머무르던 보들레르가 드나들었던 술집(영국인이 경영하던 "프린스 오브 웨일즈")에서 일어난 일. 시인이 조셉 스테벤스가 입은 멋진 조끼를 칭찬하자, 그가 기세 좋게 조끼를 벗어서 "가난뱅이의 개를 소재로 글을 써주겠다는 조건"으로 시인에게 선물했다.

*13 피에트로 아레티노(1492~1556). "신성시인"을 자칭한 이탈리아의 풍자시인. 그의 칭찬을 구하여, 또는 독설이 두려워 그에게 선물을 바치는 유력자가 끊이지 않았다고 한다. 작품으로 《서간집》, 《오라치아》가 있다.

*14 산문시집의 끝을 장식하는 이 시 마지막에 두 번 되풀이되는 "조끼(=우정의 상징), 착한 개들(=가난한 사람들), 생마르탱의 여름날, 성숙한 여인들(=벨기에에서 머물던 시절에 한한 상냥한 빅토르 위고 부인, 뮬리스 부인, 마네 부인 등을 가리키지만, 시인이 평생 사랑했던 어머니와 시의 영감이 되어준 모든 여성을 포함해서 생각해야 할 것이다)의 아름다움"에 대한 오마주는 자신의 인생에 대한 애정 어린 결별의 말이기도 할 것이다.

에필로그

흡족한 마음으로 나는 산에 올랐다.
여기에서는 도시가 훤히 내려다보인다.
병원도, 유곽도, 연옥도, 지옥도, 도형장도.
그곳에서는 온갖 기상천외한 일들이 꽃처럼 피어난다.
오, 내 고뇌의 수호자 사탄이여, 너는 안다,
내가 그곳에 헛된 눈물이나 흘리러 간 게 아니라는 것을.
그러나 나는 늙은 호색한이 늙은 창부에게 그러듯이
지옥의 매력이 끊임없이 나를 젊게 해주는
그 엄청난 창녀에게 취하고 싶다.
네가 감기에 걸려 무겁고 우울한
아침 이불에 싸여 잠들어 있건
섬세한 금줄로 장식한 황혼의 장막 속을 으스대며 걷고 있건
나는 그대를 사랑한다, 오 불결한 수도여!
창녀들이여, 강도들이여, 그대들은 내게 신을 믿지 않는 속인은 절대로 모르는
온갖 쾌락을 이토록 자주 가져다주는구나.

역주
보들레르 그 처절한 서정의 아름다움
보들레르 연보

역주

보들레르는 살아 있는 동안 두 번에 걸쳐 시집 《악의 꽃(Les Fleurs du mal)》을 출판했다. 1857년의 초판과 1861년의 제2판이 그것이다. 1868년에도 레비 서점에서 고티에의 서문이 붙은 제3판이 나왔지만 이는 시인이 죽은 뒤에 출간된 것으로, 보들레르의 의도와는 별개로 손질되어 있으므로 《악의 꽃》의 텍스트로서는 적합하지 않다.

이 시집 《악의 꽃》은 주로 Y.G. 르 단텍이 편집한 플레야드판(1951년)에 기초했다. 오늘날 이것이 보들레르의 의도를 가장 잘 살린 것으로 평가받고 있으며, 교정도 가장 꼼꼼히 되어 있기 때문이다.

고유명사나 고사 가운데 오늘날 상식으로 이해할 수 있는 것은 굳이 주석을 달지 않고 독자 상식에 맡기기로 했다.

그러나 시를 음미하는 데 유익한 열쇠이자 길잡이가 된다고 생각되는 주석은 상세히 달아두었다. 대부분 《악의 꽃》 크레페 편집의 코나르판과 르 단텍 편집의 플레야드 전집판 주석에서 따온 것이다.

《악의 꽃》 Les Fleurs du mal(1861년 제2판)

독자에게 Au Lecteur

1855년 6월, 이 시를 필두로 그 밖에 열일곱 편의 시가 잡지 〈양세계평론〉에 발표되었을 때 표제는 이미 《악의 꽃》이었으며, 다음 경구가 덧붙어 있었다.

사람은 말한다, 짜증나는 일은 망각의 우물에 흘려버리든가 무덤에 파묻는 게 최고라고.
악에 관한 책을 써서 그것을 되살려내면
후세의 미풍양속을 해치게 된다고.
그러나 나는 믿지 않는다, 부도덕의 어머니가 지식이라고도,
미덕이 무지의 딸이라고도.

테오도르 아그리파 도비녜 《비창》 제2권

이 인용구는 시집 《악의 꽃》 초판(1857)에는 첫머리에 남아 있었지만, 제 2판(1861)에서는 없어졌다.

제3판(1868)에서는 이 시의 표제가 〈독자에게〉가 아니라 〈서문〉으로 바뀌어 있는데, 한때는 보들레르의 뜻이 아니라는 이유로 반대 여론이 일었지만, 그 뒤 보들레르가 살아 있는 동안 두 번에 걸쳐 산문으로 《악의 꽃》 서문을 썼으며 더구나 초판과 제2판이 발행된 뒤에 쓰였다는 사실이 알려지면서, 어쩌면 이 시의 제목이 바뀐 것도 보들레르의 뜻일지도 모른다는 인식이 퍼졌다.

우울과 이상 SPLEEN ET IDÉAL

이 장에는 초판 때는 일흔일곱 편, 제2판 때는 여든다섯 편(초판에 있던 세 편을 버리고 여덟 편을 다음 장으로 옮겼으며, 열아홉 편의 신작을 추가했다), 제3판 때는 아흔네 편을 수록했다(순서와 구성은 작가의 의도가 아닐 것으로 추정된다). 《악의 꽃》 전권 가운데 질적으로나 양적으로나 가장 중요한 장임은 분명하다.

1. 축도 Bénédiction
초판에 발표.

2. 알바트로스 L'Albatros
잡지 〈프랑스 평론〉 1859년 4월 10일 호에 발표.
제2판에 수록.
이 시는 1842년 보들레르가 모리스 섬으로 여행 갔을 때 지은 것으로 보

이며, 적어도 그 무렵 항해 중에 얻은 인상을 뒷날 노래한 것임은 분명하다.

단, 제3절은 샤를 아슬리노의 조언으로 1859년에 추가되었다. 이는 샤를이 보들레르에게 보낸 1859년 2월 20일자 편지로 알 수 있다.

3. 비상 Élévation
〈알랑송 신보〉 1857년 5월 17일에 발표.

4. 교감 Correspondances
초판에 발표.

이 시의 주제는 보들레르에게는 꾸준히 친숙한 것이다. 그는 미술평론 〈1846년의 살롱〉에서도 색채와 음악과 향기 사이의 교감을 말한 호프만의 〈크라이슬레리아나〉의 한 구절을 인용했다.

또한 이 시 1절과 2절은 자신의 평론 〈리하르트 바그너와 탄호이저〉에 인용했다.

5. (제목없음) J'aime le souvenir de ces époques nues,
초판에 발표.

6. 등대 Les Phares
초판에 발표.

보들레르는 〈1855년의 만국박람회〉라는 제목의 자작 글에서 이 시 가운데 들라크루아를 노래한 한 구절을 인용했다.

7. 병든 뮤즈 La Muse malade
초판에 발표.

8. 몸 파는 뮤즈 La Muse vénale
초판에 발표.

9. 무능한 수도사 Le Mauvais Moine

잡지 〈의회 통신〉 1851년 4월 9일 호에 〈저승〉이라는 표제하에 다른 시 열 편과 함께 발표. "〈저승〉은 근대 청춘의 정신적 동요의 역사를 이야기하는 작품……"이라는 설명이 붙어 있다.

초판에 수록.

1842년 또는 1843년에 오귀스트 드종에게 보낸 이 시의 원고가 있는 것으로 보아, 아주 초기에 쓰인 작품으로 보인다.

앙셀에게 보낸 편지에는 이 시의 제목이 〈살아 있는 무덤〉으로 되어 있다.

10. 원수 L'Ennemi

잡지 〈양세계평론〉 1855년 6월 1일 호에 〈악의 꽃〉이라는 표제하에 다른 열일곱 편과 함께 발표.

초판에 수록.

11. 불운 Le Guignon

잡지 〈양세계평론〉 1855년 6월 1일 호에 〈악의 꽃〉이라는 표제하에 다른 열일곱 편과 함께 발표.

초판에 수록.

다른 시 열한 편과 함께 1852년 테오필 고티에에게 보내진 것으로 보아, 그 이전에 쓰인 작품임을 알 수 있다.

또한 이 시의 원고는 1917년 파리 클레스 출판사에서 Douze poèmes de charles Baudelaire, publiés en fac-similé sur les manuscrits originaux de l'auteur avec le texte en regard.로 복제판이 출판되었다.

이 시는 대부분 롱펠로의 〈인생찬가(A Psalm of Life)〉와 토마스 그레이의 〈마을 묘지에서 쓴 비가(Elegy written in a country church-yard)〉에서 빌렸다. 즉 1행, 2행, 5행, 6행은 보들레르의 자작이지만 3행, 4행, 7행, 8행과 6행의 절반은 롱펠로가, 마지막 2연은 모두 토마스 그레이가 지은 구절이다. 또한 4행은 히포크라테스를 따랐다고 원고에 씌어 있다.

12. 전생 La Vie antérieure

〈양세계평론〉 1855년 6월 1일 호에 다른 열일곱 편과 함께 발표.

초판에 수록.

앙리 뒤파르크가 이 시에 곡을 붙여 오늘날 자주 불린다.

13. 길 떠나는 집시 Bohémiens en voyage

초판에 발표.

1852년 원고에서는 표제가 〈집시 카라반〉으로 되어 있다.

14. 인간과 바다 L'Homme et la mer

잡지 〈파리 평론〉 1852년 10월 호에 발표.

초판에 수록.

이 시의 표제는 〈자유인과 바다〉였다.

15. 지옥의 동 쥐앙 Don Juan aux enfers

잡지 〈예술가〉 1846년 9월 6일 호에 〈후회하는 사람〉이라는 제목으로 발표.

초판에 수록.

에르네스트 프라롱은 이 시가 1843년 이전 작품으로, 보들레르의 가장 초기작 가운데 하나라고 주장한다.

16. 교만의 벌 Châtiment de l'Orgueil

〈가정 잡지〉 1850년 6월 호에 〈정직한 사람의 술〉(그 뒤 〈술의 혼〉으로 바뀜)과 함께 발표되었을 때는 "최근 발간된 시집 《저승》에서 가져옴"이라는 설명이 붙어 있었다.

초판에 수록.

17. 아름다움 La Beauté

〈프랑스 평론〉 1857년 4월 20일 호에 발표.

초판에 수록.

1857년 7월 13일에 보들레르에게 보낸 편지에서 플로베르는 이 시를 크게 칭찬했다.

18. 이상 L'Idéal
〈의회 통신〉 1851년 4월 9일 호에 〈저승〉 열한 편 가운데 한 편으로 발표.
초판에 수록.

19. 거인여자 La Géante
〈프랑스 평론〉 1857년 4월 20일 호에 발표.
초판에 수록.
프라롱을 따르면, 1843년 이전에 쓰인 아주 초기작.

20. 가면 Le Masque
잡지 〈현대 평론〉 1857년 11월 30일 호에 발표. 그때는 헌사가 없었다.
제2판에 수록.

21. 아름다움에 바치는 찬가 Hymne à la Beauté
〈예술가〉 1860년 10월 15일 호에 발표.
제2판에 수록.

22. 이국의 향기 Parfum exotique
〈알랑송 신보〉 1857년 5월 17일 호에 발표.
초판에 수록.
보들레르는 산문시 〈머리카락 속의 반구〉에서도 이 시와 같은 정서를 노
래했다.
보들레르의 시에는 '장 뒤발의 시'로 불리는 시가 스무 편쯤 있는데, 이것
도 그중 하나이다.
참고로, 이른바 '검은 비너스'인 장 뒤발은 산토도밍고에서 태어난 백인
흑인 혼혈 소녀로, 시인은 스무 살 무렵 어느 봄날, 파리 팡테옹 극장에서
말단 배우로 일하던 그녀와 알게 되어 그 뒤 20년이라는 긴 세월 동안 동거
생활을 계속했다. 말하자면 보들레르에게 숙명의 여인 같은 존재였다. 까무

잡잡한 피부에 생김새가 거칠어 미인이라 할 정도는 아니었지만, 눈과 머리카락이 묘하게 아름답고 애무 잘하는 퇴폐미를 지닌 여성이었다고 한다. 그래서인지 장 뒤발의 시에서는 어느 시에서나 숨 막히도록 강렬한 이 여인의 체취가 느껴진다.

23. 머리카락 La Chevelure
〈프랑스 평론〉 1859년 5월 20일 호에 발표.
제2판에 수록.
장 뒤발의 시.

24. (제목없음) je t'adore à l'égal de la voûte nocturne,
초판에 발표.
프라롱을 따르면, 1843년 무렵에 쓰인 가장 초기작.
장 뒤발의 시.

25. (제목없음) Tu mettrais l'univers entier dans ta ruelle,
초판에 발표.
장 뒤발의 시.

26. 그래도 부족하다 Sed non satiata
초판에 발표.
장 뒤발의 시.
표제의 라틴어는 쥐베날의 시구.

27. (제목없음) Avec ses vêtements ondoyants et nacrés,
〈프랑스 평론〉 1857년 4월 20일 호에 발표.
초판에 수록.
장 뒤발의 시.

28. 춤추는 뱀 Le Serpent qui danse

초판에 발표.

장 뒤발의 시.

29. 썩은 고기 Une charogne

초판에 발표.

프라롱을 따르면, 1844년 이전에 쓰인 초기작.

30. 심연에서 외치다 De profundis clamavi

〈의회 통신〉 1851년 4월 9일 호에 발표. 이 시의 표제는 〈베아트리스〉로
되어 있으며, 〈저승〉 열한 편 가운데 하나.

초판에 수록.

뒤에 〈양세계평론〉 1855년 6월 1일 호에 〈악의 꽃〉이라는 표제로 발표되
었을 때의 표제는 〈우울〉이었다.

장 뒤발의 시 가운데 하나로 보는 설도 있지만, 이 시 가운데 "내 사랑하
는 유일한 '그대'"를 사바티에 부인으로 해석하는 주장도 있으며, 문자 그대
로 '신'을 뜻한다는 주장도 있다.

31. 흡혈귀 Le Vampire

〈양세계평론〉 1855년 6월 1일 호에 〈악의 꽃〉 열여덟 편 가운데 하나로서
발표. 이 시의 표제는 〈베아트리스〉였다.

초판에 수록.

장 뒤발의 시.

32. (제목없음) Une nuit que j'étais près d'une affreuse Juive,

초판에 발표.

프라롱을 따르면, 가장 초기작 가운데 하나.

이 시에 나오는 "못생긴 유대 여인"을 보들레르는 청년 시절에 "내 애인
은 이름난 암사자가 아니다"로 시작하는 시에서 노래했다. 보들레르는 그녀
를 "사팔뜨기"라고 불렀다는데, 프라롱은 그녀의 본명이 사라였던 것으로

기억한다고 말했다.

33. 사후의 회한 Remords posthume
〈양세계평론〉 1855년 6월 1일 호에 〈악의 꽃〉 열여덟 편 가운데 하나로서
발표.
　초판에 수록.
　장 뒤발의 시.

34. 고양이 Le Chat
〈알랑송 신보〉 1854년 1월 8일 호에 발표.
　초판에 수록.
　장 뒤발의 시로 봐야 할 것이다.

35. 결투 Duellum
〈예술가〉 1858년 9월 19일 호에 발표.
　제2판에 수록.
　장 뒤발의 시로 추정된다.

36. 발코니 Le Balcon
〈알랑송 신보〉 1857년 5월 17일 호에 발표.
　초판에 수록.
　장 뒤발의 시.
　클로드 드뷔시가 이 시에 곡을 붙였다.

37. 홀린 사내 Le Possédé
〈프랑스 평론〉 1859년 1월 20일 호에 발표.
　제2판에 수록.
　원고를 따르면 1858년 작.

38. 어느 유령 Un fantôme
　Ⅰ 어둠 Les Ténèbres
　Ⅱ 향기 Le Parfum
　Ⅲ 액자 Le Cadre
　Ⅵ 초상 Le Portrait
〈예술가〉 1860년 10월 15일 호에 발표.
제2판에 수록.
장 뒤발의 시.
이해 뒤발은 알코올 중독으로 인한 류머티즘으로 거동 못하게 되어 뒤보
아 자선병원에 입원·치료했다. 이 시는 이 기간에 지은 것으로 보인다.

39. (제목없음) je te donne ces vers afin que si mon nom
〈프랑스 평론〉 1857년 4월 20일 호에 발표. 이 시의 표제는 〈소네트〉(14
행시)였다.
초판에 수록.
장 뒤발의 시.

40. 언제나 이대로 Semper eadem
〈현대 평론〉 1860년 5월 15일 호에 발표.
제2판에 수록.
이 시 가운데 "호기심 많은 미인"을 사바티에 부인으로 보는 설과, 마리
도브랑으로 보는 설이 있다.

41. 그녀는 고스란히 Tout entière
〈프랑스 평론〉 1857년 4월 20일 호에 발표.
초판에 수록.
보들레르에게 '하얀 비너스'인 사바티에 부인은 부유한 유대인 은행가 모
세르만의 애첩으로, 재색을 겸비한 여인이었다. 호화로운 그 살롱에는 위고,
아버지 뒤마, 고티에, 생트뵈브, 플로베르, 뮈세 등 그 무렵 일류 문인들이
매우 자주 드나들었다. 고티에는 그녀를 추녀 취급했다고 하지만, 보들레르

는 우상처럼 떠받들며, 플라토닉한 연모의 감정을 읊은 열 편 남짓의 시를 1852년부터 장장 5년에 걸쳐 익명 편지와 함께 보냈다. 이 시도 날짜 불명의 편지에 함께 써서 보낸 것이다.

42. (제목없음) Que diras—tu ce soir, pauvre âme solitaire,
초판에 발표.
1854년 2월 16일자 편지와 함께 사바티에 부인에게 보낸 시.
보들레르와 친했던 샤를 바르바라는 1855년에 발행한 자작 소설 《붉은 다리 살인사건》에서 이 시를 인용했지만, 작자 이름은 밝히지 않았다.

43. 살아 있는 횃불 Le Flambeau vivant
1854년 2월 7일자 편지와 함께 사바티에 부인에게 보낸 시. 1857년 4월 20일 호 〈프랑스 평론〉에 발표했다.
초판에 수록.
이 시 7행과 14행은 에드거 앨런 포의 시 〈헬렌에게(To Helen)〉의 두 구절(아홉 번째 구절과 마지막 구절)에서 따온 것이다.

They are my ministers-yet I their slave.
Venuses, unextinguished by the sun!

44. 공덕 Réversibilité
사바티에 부인에게 보낸 1853년 5월 3일자 편지에 첨부한 시. 1855년 6월 1일 호 〈양세계평론〉에 다른 시와 함께 〈악의 꽃〉이라는 표제하에 발표되었다.
초판에 수록.

45. 고백 Confession
사바티에 부인에게 보낸 1853년 5월 9일자 편지에 첨부한 시. 1855년 6월 1일 호 〈양세계평론〉에 다른 시와 함께 〈악의 꽃〉이라는 표제하에 발표되었다.
어느 밤 사바티에 부인과 콩코드 광장을 거닐며 나눈 대화를 바탕으로 지은 시라고 한다.

46. 영혼의 새벽 L'Aube spirituelle

사바티에 부인에게 보낸 1853년 2월 자 편지에 첨부한 시. 1855년 6월 1일 호 〈양세계평론〉에 다른 시와 함께 〈악의 꽃〉 열여덟 편 가운데 하나로서 발표되었다.

초판에 수록.

편지에는 영어로 다음과 같은 문구가 적혀 있었다고 한다.

After a night of pleasure and desolation, all my soul belongs to you.

(쾌락과 절망의 밤을 보낸 뒤 내 영혼은 모조리 당신 것입니다.)

47. 저녁의 조화 Harmonie du soir

〈프랑스 평론〉 1857년 4월 20일 호에 발표.

초판에 수록.

사바티에 부인의 시.

이 시에 클로드 드뷔시와 쇼송이 각각 곡을 붙여 널리 불린다.

48. 향수병 Le Flacon

〈프랑스 평론〉 1857년 4월 20일 호에 발표.

초판에 수록.

사바티에 부인의 시(?).

49. 독 Le Poison

〈프랑스 평론〉 1857년 4월 20일 호에 발표.

초판에 수록.

49편에서 57편까지 아홉 편은 마리 도브랑의 시로 불린다.

마리 브루노라고도 불리는 이 유명 배우는 시인 방빌에게도 사랑받아 그의 시 〈자수정〉에서도 노래되었다. 보들레르가 한때 그녀를 사모한 것은 분명한 사실이며, 그녀에게 영감을 얻어 쓴 시가 아홉 편이나 남아 있다.

50. 흐린 하늘 Ciel brouillé
초판에 발표.
〈독〉과 같은 여성에게서 영감을 얻어 쓴 시.

51. 고양이 Le Chat
초판에 발표.
제2판에는 2부로 나뉘어 있지만, 본디는 그렇지 않았다.

52. 아름다운 배 Le Beau Navire
초판에 발표.

53. 여행으로의 초대 L'Invitation au voyage
〈양세계평론〉 1855년 6월 1일 호에 〈악의 꽃〉 열여덟 편 가운데 하나로서 발표.
초판에 수록.
산문시집 《파리의 우울》에도 같은 표제의 시가 한 편 있다.
앙리 뒤파르크의 유명한 작곡이 있다.

54. 돌이킬 수 없는 일 L'Irréparable
〈양세계평론〉 1855년 6월 1일 호에 〈악의 꽃〉 열여덟 편 가운데 하나로서 발표.
초판에 수록.
이때는 〈금발 미녀에게〉라는 표제였다.
이 시를 완성한 1847년 포르트 생마르탱 극장에서는 〈금발 미인〉이라는 연극이 상연되었는데, 마리 도브랑은 그 주인공을 연기해 호평을 얻었다.

55. 잡담 Causerie
초판에 발표.

56. 가을의 노래 Chant d'automne

〈현대 평론〉 1859년 11월 30일 호에 발표.

제2판에 수록.

잡지에 실렸을 때는 〈M.D.에게〉(마리 도브랑의 머리글자)라는 제목의 헌사가 붙어 있었다.

가브리엘 포레가 곡을 붙였다.

57. 어느 마돈나에게 À une Madone

잡지 〈담계〉 1860년 1월 22일 호에 발표.

제2판에 수록.

보들레르가 즐겨 읽던 18세기 영국 작가 루이스의 소설 《수도사》의 한 구절에서 암시를 얻어 지었다고 추측된다.

58. 오후의 노래 Chanson d'après—midi

〈예술가〉 1860년 10월 15일 호에 발표.

제2판에 수록.

59. 시지나 Sisina

〈프랑스 평론〉 1859년 4월 10일 호에 발표.

제2판에 수록.

60. 나의 프란시스카를 찬양하는 노래 Franciscae meae laudes

〈예술가〉 1857년 5월 10일 호에 발표.

초판에 수록.

이 시는 중세 프랑스에서 널리 쓰이던 속화한 말기 라틴어로 썼다.

또한 초판에는 〈박식하고 신앙심 깊은 부인 모자 만드는 한 여인에게 바치는 시〉라는 부제목이 붙어 있고, 다음과 같은 글이 첨부되어 있다.

"라틴 데카당스 말기 시대의 언어—이제는 변형되어, 한때는 튼튼하고 건강했으나 영적 생활의 준비조차 마친 사람의 마지막 한숨과도 비교되는 언어—가 근대 시의 세계를 이해하고 정열을 표현하기에 묘하게 적당하다는 사실을 독자도 나처럼 느끼지 않을까? 거칠기는 하지만 순수하게 감상적인 시인이었던 카툴루스와 그 일파는 자석의 한쪽 극인 관능밖에 알지 못했지만, 반대편 극에는 신비가 있다. 이 놀라운 언어에서는 문법상 오류나 잘못된 어법마저, 분수를 잊고서 규칙을 경멸하는 정열의 그칠 줄 모르는 자유분방함을 표현하는 듯이 느껴진다. 이처럼, 새로운 의미로 해석된 말은 로마의 아름다움 앞에 무릎 꿇은 북방 야만족의 사랑스러운 서투름을 보여준다. 말장난마저, 혀도 잘 안 돌아가면서 되바라지게 톡톡 끼어드는 어린애 같은 야성미를 보여주지 않는가?"

뒷날 보들레르는 초판에 수록된 이 시를 가리켜 즉흥적인 가치밖에 없다고 말했다.

61. 식민지 출생의 어느 부인에게 À une Dame créole
〈예술가〉 1845년 5월 25일 호에 발표.
초판에 수록.
《악의 꽃》 전권 가운데 가장 오래된 것으로, 작가가 스무 살 때 지은 작품이라고 한다.
이 시의 주제인 '식민지 출생의 어느 부인'은 카르나크 가문 출신의 아돌프 오타르 드 브라가르 부인으로, 수에즈 운하 개통으로 유명한 페르디낭 드 레셉스 자작부인의 어머니에 해당한다.
1841년 보들레르는 인도로 가는 항해 도중 모리스 섬에서 이 부인과 그 남편을 만나 환대를 받았다. 이 시는 그 감사 편지에 곁들여 보낸 것이다.

62. 우울과 방랑 Moesta et errabunda
〈양세계평론〉 1855년 6월 1일 호에 〈악의 꽃〉 열여덟 편 가운데 하나로서 발표.
초판에 수록.
이 시에 나오는 아가트라는 여성이 누구인지 온갖 추측이 난무하지만, 이 시의 분위기상 사바티에 부인으로 보는 설이 가장 유력하다.

63. 유령 Le Revenant
초판에 발표.
장 뒤발의 시.

64. 가을의 소네트 Sonnet d'automne
〈현대 평론〉 1859년 11월 30일에 발표.
제2판에 수록.
이 시에 나오는 마가레트가 누구인지 불명확하다. 르 단텍은 마리 도브랑
으로 보았지만, 괴테의 《파우스트》에 나오는 마가레트가 아닐까 하는 설도
있다.

65. 달의 슬픔 Tristesses de la lune
초판에 발표.
후견인 앙셀에게 보낸 1850년 1월 10일자 편지가 있으므로 그 이전에 쓰
인 시임을 알 수 있다.
플로베르와 생트뵈브가 일찌감치 격찬한 시 가운데 하나이다.

66. 고양이들 Les Chats
〈해적〉 1847년 11월 14일 호에서 샹플뢰리가 인용한 뒤 〈의회 통신〉
1851년 4월 9일 호에 〈저승〉 열한 편 가운데 하나로서 발표.
초판에 수록.
샹플뢰리의 소설 《마리에트 이야기》(1853)에도 인용되었다.

67. 올빼미 Les Hiboux
〈의회 통신〉 1851년 4월 9일 호에 〈저승〉 열한 편 가운데 하나로서 발표.
초판에 수록.

68. 담뱃대 La Pipe
초판에 발표.

69. 음악 La Musique

초판에 발표.

70. 무덤 Sépulture

초판에 발표.

표제가 초판 때는 〈묘비〉, 제2판에서는 〈무덤〉, 제3판에서는 〈저주받은 시인의 무덤〉이다. 우르소프는 제3판의 "저주받은"은 시인이 죽은 뒤 편집자가 멋대로 추가한 것이라고 주장했다.

71. 어느 환상적인 판화 Une gravure fantastique

〈르 프레장(현재)〉 1857년 11월 15일 호에 발표.

이때 표제는 〈모티머의 판화〉였다.

제2판에 수록.

모티머(1740~1779)는 기괴한 소재를 즐겨 썼던 영국의 화가.

72. 쾌활한 망자 Le Mort joyeux

〈의회 통신〉 1851년 4월 9일 호에 〈저승〉 열한 편 가운데 하나로서 발표.

이 시는 〈우울〉이라는 표제였다.

초판에 수록.

73. 증오의 독 Le Tonneau de la Haine

〈의회 통신〉 1851년 4월 9일 호에 〈저승〉 열한 편 가운데 하나로서 발표.
〈양세계평론〉 1855년 6월 1일 호에 〈악의 꽃〉 열여덟 편 가운데 하나로서 다시 실림.

초판에 수록.

74. 금간 종 La Cloche fêlée

〈의회 통신〉 1851년 4월 9일 호에 〈저승〉 열한 편 가운데 하나로서 발표.

이 시의 표제는 〈우울〉이었다.

〈양세계평론〉 1855년 6월 1일 호에 〈종〉이라는 표제로 〈악의 꽃〉 열여덟 편 가운데 하나로서 다시 실림.

　초판에 수록.

　75. 우울 Spleen

〈의회 통신〉 1851년 4월 9일 호에 〈저승〉 열한 편 가운데 하나로서 발표.

초판에 수록.

표제인 spleen은 그 무렵 프랑스 낭만주의자들이 즐겨 쓰던 유행어였다.

　76. 우울 Spleen

초판에 발표.

　77. 우울 Spleen

초판에 발표.

　78. 우울 Spleen

초판에 발표.

　79. 망상 Obsession

〈현대 평론〉 1860년 5월 15일 호에 발표.

제2판에 수록.

〈현대 평론〉에 발표되었을 때는 8행 시구에 주석이 달려 있고, 이 시의
원천을 이루는 아이스킬로스의 〈프로메테우스〉 2행의 일부가 그리스어로 제
시되어 있었다.

　80. 허무의 맛 Le Goût de néant

〈프랑스 평론〉 1859년 1월 20일 호에 발표.

제2판에 수록.

　81. 고통의 연금술 Alchimie de la douleur

〈예술가〉 1860년 10월 15일 호에 발표.

제2판에 수록.

82. 공감되는 공포 Horreur sympathique
〈예술가〉 1860년 10월 15일 호에 발표.
제2판에 수록.

83. 자기 자신을 벌하는 사람 L'Héautontimorouménos
〈예술가〉 1857년 5월 10일 호에 발표.
초판에 수록.
이 시의 표제는 테렌스의 희곡 《자기 자신을 사형하는 자》에서, 주제는 조
제프 드 메스트르의 《상트페테르부르크의 밤》에서 빌려온 것이다.
1925년 1월 1일 호 〈애서가 공보〉에 메릭이 발표한 편지(보들레르가 〈양
세계평론〉 편집원 빅토르 드 마르스에게 보낸 1855년 4월 7일자 편지)를 따
르면 이 시는 시인이 《악의 꽃》 에필로그로 쓸 요량으로 쓴 시의 제2부에 해
당하는 부분이며, 제1부에서는 〈가을의 소네트〉와 비슷한 사상을 노래했다
고 한다.
이 시 마지막 연은 에드거 앨런 포의 시 〈유령의 궁전(The Haunted Palace)〉
가운데 '……And laugh but smile no more'를 본뜬 것이다.

84. 돌이킬 수 없는 것 L'Irrèmèdiable
〈예술가〉 1857년 5월 10일 호에 발표.
초판에 수록.
처음에는 2부로 나뉘어 있지 않았다.

85. 시계 L'Horloge
〈예술가〉 1860년 10월 15일 호에 발표.
제2판에 수록.
포의 소설 《빨간 죽음의 가면》에서 영향을 받은 시로 보인다.
또한 이 시에서 되풀이되는 "떠올려라!"는 포의 시 〈갈가마귀〉에서 되풀
이되는 "Never more"를 연상케 한다.

제2부 파리 풍경 TABLEAUX PARISIENS

이 장은 초판에 없었다. 제2판에서 처음으로 들어간 장으로, 초판의 〈우울과 이상〉에서 빼온 여덟 편과 새로 수록한 열 편을 합쳐 〈파리 풍경〉이라는 제목을 단 것이다.

86. 풍경 Paysage

〈현재〉 1857년 11월 15일 호에 발표.

그때 표제는 〈파리 풍경〉이었다.

제2판에 수록.

작가가 혁명 운동에서 손을 뗀 1852년 이후 작품으로 보인다.

87. 태양 Le Soleil

초판에 발표.

88. 빨강 머리 거지 소녀에게 À une mendiante rousse

초판에 발표.

가장 오래된 작품 가운데 하나. 쿠쟁을 따르면, 보들레르가 스물한 살 때이던 1842년으로 거슬러 올라간다. 1852년이라는 날짜가 기록된 원고에는 〈빨강 머리 거지 소녀의 찢어진 옷〉으로 되어 있다고 한다.

소재가 된 거지 소녀는 기타를 치며 파리 시내를 돌아다니면서 그 무렵 화가나 시인들의 관심을 끈 독특한 존재였다고 한다. 그래서인지 시인 방빌도 이 소녀를 소재로 한 〈거리의 작은 소녀 가수에게〉라는 제목의 소네트를 썼으며, 에밀 드루아가 그린 〈기타 치는 소녀〉라는 제목의 초상화도 있다고 한다.

89. 백조 Le Cygne

잡지 〈담계〉 1860년 1월 22일 호에 발표.

제2판에 수록.

〈담계〉에 발표되었을 때는 베르길리우스의 다음과 같은 시구가 머리말로 적혀 있었다.

Falsi simoentis ad undam.
(가짜 시모이스 강가에서)

90. 일곱 늙은이 Les Sept Vieillards
잡지 〈현대 평론〉 1859년 9월 15일 호에 발표.
이 시는 〈파리의 환영〉이라는 표제하에 〈작은 노파들〉과 함께 발표되었다.
제2판에 수록.
보들레르는 1859년 10월 1일 풀레 말라시에게 보낸 편지에서 "나는 위고에게 〈파리의 환영〉을 바쳤는데, 실은 그중 두 번째 시(〈작은 노파들〉)에서는 위고의 기법을 흉내 내고자 했다⋯⋯"라고 썼다.
한편 이 두 편의 시를 선물 받은 위고는 같은 해 10월 6일에 보들레르에게 다음과 같은 편지를 보냈다.
"⋯⋯시를 두 편이나 선물해주어 정말 고맙네. 사람을 전율케 하는 두 편의 시로 무엇을 이루었나? 자네는 발전하고 있네, 자네는 계속 발전하고 있어. 자네는 예술의 하늘에 어떤 스산한 빛을 던졌네. 새로운 전율을 창조했어."
이 마지막 구절이 특히 유명해서, 오늘날에도 보들레르의 예술을 논하는 자라면 반드시 되새기는 말이 되었다.

91. 작은 노파들 Les Petites Vieilles
〈현대 평론〉 1859년 9월 15일 호에 발표.
제2판에 수록. 앞 해설 참조.

92. 맹인들 Les Aveugles
잡지 〈예술가〉 1860년 10월 15일 호에 발표.
제2판에 수록.
이 시를 호머의 단편소설에서 영감을 받아 쓴 것으로 보는 설이 있다.

93. 스쳐 지나간 여인에게 À une passante
〈예술가〉 1860년 10월 15일 호에 발표.

제2판에 수록.

94. 밭가는 해골 Le Squelette laboureur
⟨담계⟩ 1860년 1월 22일 호에 발표.
이때는 2부로 나뉘어 있지 않았다.
제2판에 수록.
이 시는 보들레르가 풀레 말라시에게 보낸 1859년 12월 15일자 편지에도 쓰여 있다.

95. 저물녘 Le Crépuscule du soir
⟨연극 주보⟩ 1852년 2월 1일 호에 발표.
초판에 수록.
이 시는 ⟨두 개의 어스름⟩이라는 표제로 103번 ⟨새벽 어스름⟩과 쌍을 이룬다. 즉 하나가 "아침 어스름"이며, 나머지가 "저녁 어스름"인 셈이다. ⟨대도시의 두 개의 어스름⟩이라고 쓰인 원고도 남아 있다고 한다.
보들레르는 어머니에게 보낸 편지에서 "……특히 파리다운 풍경입니다……"라고 썼다.

96. 도박 Le Jeu
초판에 발표.

97. 죽음의 무도 Danse macabre
⟨현대 평론⟩ 1859년 3월 15일 호에 발표. ⟨예술가⟩ 1861년 2월 1일 호에 게재.
처음 표제는 ⟨해골⟩이었다는 사실을 보들레르가 ⟨현대 평론⟩의 주간 드 카론에게 쓴 1859년 1월 1일자 편지에서 알 수 있다.
제2판에 수록.

98. 거짓 사랑 L'Amour du mensonge
⟨현대 평론⟩ 1860년 5월 15일 호에 발표.

1860년 원고에는 표지가 〈장식〉으로 되어 있다. 또한 1860년 보들레르가 풀레 말라시에게 보낸 친필 사본과 〈현대 평론〉에는 라신의 〈아탈리〉에서 다음 3행의 시구가 인용되었다.

그리고 그녀는 윤기 내주는 연지와 분도 빌려서,

세월의 흔적을 지우고자

그 얼굴에 정성껏 색칠하고 그렸다.

제2판에 수록.

99. (제목없음) Je n'ai pas oublié, voisine de la ville,

초판에 발표.

프라롱을 따르면 1844년 작(작가 23세).

아버지가 죽고 어머니가 재혼하기까지의 짧은 기간을 보들레르는 어머니와 함께 뇌이유에서 살았는데, 이 시는 그 무렵 유년 시절을 회상하며 지은 것이라고 한다.

100. (제목없음) La servante au grand coeur don't vous étiez jalouse,

초판에 발표.

프라롱을 따르면 1844년 이전 작.

여기서 "당신"은 보들레르의 친어머니(뒷날 오피크 부인)이며, 하녀는 마리에트이다. 보들레르는 이 시에서 노래한 감사의 마음을 평생 잊지 않고 간직했으며, 이 하녀의 이름은 후년에 쓴 후기와 편지에도 자주 등장한다.

101. 안개와 비 Brumes et pluies

초판에 발표.

102. 파리의 꿈 Rêve parisien

〈현대 평론〉 1860년 5월 15일 호에 발표.

그때는 기스에게 바치는 헌사가 없었다. 단, 처음부터 기스에게 바칠 셈으로 썼음은 오늘날 남아 있는 보들레르의 편지를 보면 뚜렷하다.

이것은 보들레르가 사랑하고 동경했던 인공낙원의 환상을 노래한 시이다.

마약으로 황홀경에 빠지면 이런 기분일까?

제2판에 수록.

103. 새벽 어스름 Le Crépuscule du matin

〈연극 주보〉 1852년 2월 1일 호에 발표.

초판에 수록.

프라롱을 따르면 1843년 이전 작(작가 22세).

제3부 술 LE VIN

이 장 수록 내용은 초판 이래 바뀌지 않았다.

104. 포도주의 넋 L'Âme du vin

〈가정 잡지〉 1850년 6월 호에 발표.

이때 표제는 〈정직한 사람의 술〉이었으며, "최근 간행한 시집 《저승》에서"라는 문구가 붙어 있었다.

프라롱을 따르면 1843년 이전 작.

테오도르 드 방빌의 시집 《종유석》(1846) 가운데 〈포도주의 노래〉라는 시의 제사(題詞)로서 이 시 첫 구절이 쓰였다.

또한 《인공 낙원》 가운데 산문 〈포도주와 대마〉라는 제목의 시에는 이 시와 거의 같은 이미지가 쓰였다.

105. 넝마주이들의 술 Le Vin des chiffonniers

초판에 발표.

프라롱을 따르면 1844년 이전 작.

《인공 낙원》 가운데 〈포도주와 대마〉와의 관련성은 앞 해설 참조.

106. 살인자의 술 Le Vin de l'assassin

〈주류업 정보〉 1848년에 발표.

배우 J.H. 테스랑에게 보낸 편지에서 보들레르는 계획 중인 《주정뱅이》라는 제목의 각본 내용에 관해 이야기했는데, 그 분위기는 이 시와 매우 비슷하다.

빌리에 드 릴라당이 이 시에 곡을 붙여 어느 모임에서 스스로 불렀다고 한다. 바그너의 작곡도 있다.

107. 외로운 자의 술 Le Vin du solitaire
초판에 발표.

108. 연인들의 술 Le Vin des amants
초판에 발표.

제4부 악의 꽃 FLEURS DU MAL
초판에서는 총 열두 편의 시가 수록되었지만, 제2판에서는 〈레스보스〉, 〈저주받은 여인들(델핀과 이폴리트)〉, 〈흡혈귀의 변신〉 등 세 편이 빠져 총 아홉 편이 되었다.

109. 파괴 La Destruction
잡지 〈양세계평론〉 1855년 6월 1일 호에 〈악의 꽃〉 열여덟 편 가운데 하나로서 발표.
그 무렵 표제는 〈쾌락〉이었다.

110. 어느 순교의 여인 Une Martyre
초판에 발표.
헌사에 있는 "모 화백"이 누구인지 알 수 없지만, 고야라는 설이 있다.
영국의 시인 스윈번은 이 시를 매우 칭찬했다(1862).

111. 저주받은 여인들 Femmes Damnées(Comme un bétail pensif…)
초판에 발표.
1846년에 보들레르는 자신의 시집 제목을 《레스보스의 여인들》로 할 생각이었다고 하는데, 이 제목을 정당화해줄 여성 동성애를 노래한 시라고는 이 시와 그 밖에 이 시와 같은 제목의 〈저주받은 여인들(델핀과 이폴리트)〉,

〈레스보스〉등 세 편밖에 없다는 것은 기이한 사실이다.

112. 의좋은 자매 Les Deux Bonnes Soeurs
초판에 발표.
무케를 따르면 1843년 무렵 작품.

113. 피의 샘 La Fontaine de Sang
초판에 발표.

114. 우의 Allégorie
초판에 발표.
그로랑을 따르면 1843년 이전 작.
장 뒤발이 모델이리라고 추측된다.

115. 베아트리체 La Béatrice
초판에 발표.
전편처럼 장 뒤발이 모델이라고 알려져 있다.

116. 시테르 섬으로의 어느 여행 Un voyage à Cythère
〈양세계평론〉 1855년 6월 1일 호에 〈악의 꽃〉 열여덟 편 가운데 하나로서
발표.
이 시의 표제는 〈시테르 섬으로의 여행〉이었다.
1852년 초고 여백에는 작가의 주석이 남아 있다.
"이 시의 출발점은 잡지 〈예술가〉에 실린 제라르 드 네르발의 시인데, 그
시를 다시 한 번 찾아보고 싶다."
여기서 말하는 제라르 드 네르발의 시란 〈동방기행〉 제2장이다.
언젠가 경매에 나온 적 있는 이 시의 원고에는 네르발에게 바치는 헌사가
붙어 있었다고 한다.
초판에 수록.

117. 사랑의 신과 해골 L'Amour et le Crâne

〈양세계평론〉 1855년 6월 1일 호에 〈악의 꽃〉 열여덟 편 가운데 하나로서 발표.

방 베벨을 따르면, 이 시의 모티브가 된 것은 네덜란드의 화가 앙리 고르지우스(1558~1616) 작 떡잎의 에칭(산의 부식작용을 이용하는 판화의 한 방법)이라고 한다.

제5부 반역 RÉVOLTE

초판 때는 다음과 같은 메모가 있었지만, 다음 판부터 삭제되었다.

"다음 시 가운데 가장 특질적인 한 편은 이미 파리의 주요 문예잡지에 게재되었는데(〈파리 평론〉에 〈성 베드로의 부인〉이 실렸다), 거기에서는 조금이라도 분별력 있는 사람들에게 진실한 모습 이외의 것으로서는 인식되지 못했다. 다시 말해 무지와 분노를 논증하는 과정을 모사한 것으로 간주된 것이다. 자기 고뇌 계획을 충실히 실행하는 《악의 꽃》의 저자는 여기에서도 완전한 배우 역할을 다하려면 자신의 정신을 온갖 퇴폐와 궤변에 길들일 필요가 있었다고 덧붙여두었다. 이렇게 솔직하게 고백해봤자, 공정한 비평가들이 이 시인을 민간신학자 반열에 끼워줄 리도 없거니와, 시인이 우리 구주이신 예수 그리스도께서, 스스로 영원한 희생을 자처하신 그분께서 오히려 정복자의 역할을, 평등주의를 내세워 침략하는 아틸라 같은 역할을 하지 않았다며 유감스러워했던 것을 비난하지 않을 리도 없다. 아마 그들 모두가 하늘에 대고, 바리새인이라면 누구나 할 감사 기도를 올릴 것이다. '주여, 저를 저 역겨운 시인과 닮지 않게 해주셔서 감사합니다'라고."

118. 성 베드로의 부인(否認) Le Reniement de Saint Pierre

잡지 〈파리 평론〉 1852년 10월 호에 발표.

초판에 수록.

이 시는 1857년 《악의 꽃》이 기소되었을 때 종교모독죄 혐의를 받았지만, 재판 결과 삭제는 면했다. 보들레르가 죽은 뒤 친어머니 오피크 부인은 이 시를 《악의 꽃》 제3판에 수록하지 말아달라고 아슬리노에게 탄원했지만 받아들여지지 않았다.

119. 아벨과 카인 Abel et Caïn
초판에 발표.
이때는 2부로 나뉘지 않았다.

120. 사탄의 신도송(信徒頌) Les Litanies de Satan
초판에 발표.
이때는 마지막 여섯 줄 앞에 지금처럼 "기도"라는 단어 대신 공백 한 줄
이 있었을 뿐이었다. 어떤 초판본에는 여기에 "찬가"라고 기입했다가 그것
을 지우고 "기도"라고 고쳐 쓴 보들레르의 친필 흔적이 남아 있다.

제6부 죽음 LA MORT
초판 때는 총 세 편으로 구성되어 있었지만, 제2판 때 뒤 세 편이 추가되
어 총 여섯 편이 되었다.

121. 연인의 죽음 La Mort des Amants
잡지 〈의회 통신〉 1851년 4월 9일 호에 〈저승〉 열한 편 가운데 하나로서
발표.
빌리에 드 릴라당, 클로드 드뷔시, 쇼송이 곡을 붙였다.

122. 가난한 자의 죽음 La Mort des pauvres
초판에 발표.
1852년 원고에는 표제가 〈죽음〉으로 되어 있다.
모리스 롤리나가 곡을 붙였다.

123. 예술가의 죽음 La Mort des artistes
〈의회 통신〉 1851년 4월 9일 호에 〈저승〉 열한 편 가운데 하나로서 발표.

124. 하루의 끝 La Fin de la Journée
제2판에 발표.
산문시 〈저녁 어스름〉과 같은 모티브가 많이 들어 있다.

125. 어느 호기심 많은 자의 꿈 Le Rêve d'un Curieux

잡지 〈현대 평론〉 1860년 5월 15일 호에 발표.

제2판에 수록.

126. 여행 Le Voyage

잡지 〈프랑스 평론〉 1859년 4월 10일 호에 발표.

제2판에 수록.

《악의 꽃》 가운데 마지막 편.

1859년 옹플뢰르에 있는 어머니를 찾아가 휴양하던 중 이 시를 지었다고
한다.

《떠돌다 정착한 시》 LES ÉPAVES (1866년판)

《떠돌다 정착한 시》 초판에는 〈간행자의 머리말〉이라는 제목으로 서명이
없는 다음 글이 실렸지만, 사실 이는 보들레르가 직접 쓴 글이다.

"이 시집은 대개 금지시와 미발표시로 이루어졌는데, 모두 샤를 보들레르
가 《악의 꽃》의 결정판에 수록해야 한다고 생각하지 않았던 시이다.

이 사실이 이 시집의 제목을 설명해준다.

샤를 보들레르는 이 시들을 무심코 어느 친구에게 보냈는데, 그 친구는 반
드시 출판해야 한다고 판단했다. 그는 이러한 시의 정취를 음미하는 것이 특
기였으며, 자기가 동류라고 믿는 사람들과 자신의 감정을 나누기를 좋아할
나이였기 때문이다.

저자는 약 260명으로 추산되는, 프랑스 전국에 오늘날 존재하는 문학 작
품 독자와 동시에 이 시집의 출판을 고지 받을 것이다. —그와 친분이 두터
운 어느 출판자는 짐승들이 인간에게서 말의 자유를 빼앗아간 이래 그보다
많은 독자가 있으리라고는 생각하지 않는다."

1. 낭만파의 낙조 Le Coucher du soleil romantique

잡지 〈가로수길〉 1852년 1월 12일 호에 발표.

《떠돌다 정착한 시》 원본에는 이 시에 다음과 같은 〈간행자 노트〉가 딸려 있다.

"Genus irritabile vatum(시인이라는 신경과민한 인종)라는 말은 고전파와 낭만파, 현실파와 미사여구파 등등 사이에서 벌어지는 논쟁보다 수 세기나 앞서 존재했음을 알아야 한다……. 이 시집 가운데 샤를 보들레르가 '거역하기 어려운 밤'이라는 말로 문학의 현주소를 말하려 했던 것, 또 '뜻밖의 일' '차가운 달팽이' 따위가 자신과 유파를 달리하는 작가들이라는 것은 명백하다.

이 소곡은 1862년 샤를 아슬리노의 저서 《낭만파의 작은 서가에서 꺼낸 산문집》의 에필로그로서 쓰인 것이었다. 참고로 이 책의 프롤로그에는 테오도르 드 방빌이 쓴 소곡 〈낭만파의 일출〉이 쓰일 예정이었다."

소곡 〈낭만파의 일조〉는 대화체 형식임을 덧붙여둔다.

제1부 《악의 꽃》(초판)에서 삭제된 금지시
PIÈCES CONDAMNÉES TIRÉES DES 《FLEURS DU MAL》

2. 레스보스 Lesbos
줄리앙 르메르 편집의 시화집 《연애시인》(1850)에 발표.
《떠돌다 정착한 시》 원본에는 다음의 〈간행자 노트〉가 실려 있다.
"이 시와 그 뒤 다섯 편은 1857년 경범재판소에서 금지형에 처한 시들이다. 따라서 《악의 꽃》에는 다시 실을 수 없다."

3. 저주받은 여인들(델핀과 이폴리트) Femmes damnées(Delphine et Hippolyte)
초판에 발표.
1857년 경범재판소에서 처벌받은 여섯 편 가운데 한 편.

4. 망각의 강 Le Léthé
초판에 발표.
1857년 경범재판소에서 처벌받은 여섯 편 가운데 한 편.
장 뒤발의 시.

5. 지나치게 쾌활한 여인에게 À celle qui est trop gaie
초판에 발표.
1857년 경범재판소에서 처벌받은 여섯 편 가운데 한 편.
1852년 12월 9일에 사바티에 부인에게 쓴 익명의 연애편지에 첨부한 시.
《떠돌다 정착한 시》 원본에는 다음의 〈간행자 노트〉가 있다.

"재판관은 이 시 마지막 2연에 잔학하고 외설적인 뜻이 담겨 있다고 생각
한다. 본디 이 시집이 띠는 엄숙함은 그런 희롱을 허락하지 않지만, 형법학
자들에게는 '분노'나 '우울'의 뜻으로 쓰인 '독'이라는 단어가 이해하기 어려
운 모양이다.

독을 매독으로 해석한 양심이여, 고민하라!"

생트뵈브는 이 시를 즐겨 낭독하며, 《그리스 시화집》 가운데 가장 아름다
운 시보다 뛰어날지언정 못하지는 않다고 극찬했다.

6. 보석 Les Bijoux
초판에 발표.
1857년 경범재판소에서 처벌받은 여섯 편 가운데 한 편.
장 뒤발의 시.

7. 흡혈귀의 변신 Les Métamorphoses du vampire
초판에 발표.
1857년 경범재판소에서 처벌받은 여섯 편 가운데 한 편.
장 뒤발의 시.
1852년 원고에는 표제가 〈육욕의 가죽 부대〉로 되어 있다.
레미 드 구르몽은 자신의 저서 《문학 산책》에서 이 시를 라신의 《아탈리》
가운데 〈꿈의 장〉과 비슷하다고 지적했는데, 이는 부정할 수 없는 사실이다.

제2부 공손함 GALANTERIES
8. 분수 Le jet d'eau
잡지 〈소평론〉 1865년 7월 8일에 발표.
1853년 이전 작이라고 한다.

〈소평론〉에 게재되었을 때는 후렴이 다음과 같이 되어 있었다.

달빛에 비쳐
꽃으로 피어나
흔들리는
물의 꽃다발
소나기처럼
눈물 흘리네.

클로드 드뷔시는 이 후렴에 곡을 붙였다. 로리나도 작곡했다.

보들레르는 저서 《낭만파 예술》에서 가요시인 피에르 뒤퐁을 논한 글에 이 시인의 〈수상 산책〉이라는 시를 인용했는데, 이 〈분수〉는 그 시와 매우 비슷하다.

9. 베르트의 눈 Les Yeux de Berthe
잡지 〈신평론〉 1864년 3월 1일 호에 발표.

10. 찬가 Hymne
〈현재〉 1857년 11월 15일 호에 발표.
1854년 5월 8일자 익명의 연애편지에 첨부하여 사바티에 부인에게 보낸 시.
가브리엘 포레가 곡을 붙였다.

11. 어떤 얼굴의 약속 Les Promesses d'un visage
《19세기 고답파 신풍자시집》 1866년에 발표.
장 뒤발의 시로 추정된다.

12. 괴물 Le Monstre
장 뒤발의 시.
산문시 〈순수혈통 말〉 참조.

13. 나의 프란시스카를 찬양하는 노래 Franciscae meae laudes
〈우울과 이상〉 60번 참조.

제3부 제목 붙여 읊은 시 ÉPIGRAPHES

14. 오노레 도미에의 초상에 바친 시 Vers pour le portrait de M. Honoré Daumier

《근대회화사》(1865, 샹플뢰리 저)에 발표.

《떠돌다 정착한 시》 원본에는 다음 '간행자의 노트'가 실려 있다.

"이 시는 파스칼의 훌륭한 메달에서 발견되어 샹플뢰리가 그의 책《근대회화사》제2권에서 복각한 도미에의 초상을 위해(1865년 5월 26일에) 쓰였다. 덧붙이자면, 이 책에서 저자는 특유의 뜨거운 이성을 쏟아 이 풍자 화가를 매우 정당하게 평가했다."

15. 롤라 드 발랑스 Lola de Valence

제3판에서 이 사행시에는 "에두아르 마네의 그림(르빌 미술관 소장)이라는 제목으로"라는 부제가 붙어 있다.

《떠돌다 정착한 시》 원본에는 다음 '간행자의 노트'가 실려 있다.

"이 시는 에두아르 마네가 그린 스페인 발레리나 마드무아젤 로라의 훌륭한 초상화에 바치는 찬가로서 지어졌다. 이 초상화도 이 화가의 다른 작품들처럼 세상에 큰 파장을 일으켰다. 보들레르의 뮤즈는 흔히 음란하다고 여겨지기에, 술집에 모인 비평가 가운데에는 '장밋빛과 검은빛이 어우러진 보석'이라는 말에서 외설적인 뜻을 곰들여 찾아낸 이까지 있었을 정도다. 시인은 단순히 '장밋빛과 검은빛'이라는 조합으로써 어둡고도 광기를 지닌 어떤 아름다움, 어떤 성격을 표현하고자 했을 거라는 것이다."

16. 〈감옥에 갇힌 타소〉를 제목으로 Sur Le Tasse en prison d'Eugène Delacroix

〈신평론〉 1864년 3월 1일 호에 발표.

친필 원고 날짜는 1844년 2월.

들라크루아의 이 그림은 1839년에 그려져 같은 해 살롱에 출품되어 낙선, 1844년 시가 주최하는 신년자선 전시회에 출품되었다.

제4부 뒤섞인 시 PIÈCES DIVERSES

17. 목소리 La Voix

잡지 〈현대 평론〉 1861년 2월 18일 호에 발표.

18. 뜻밖의 일 L'Imprévu

잡지 〈가로수길〉 1863년 1월 25일 호에 발표.

이때는 "내 친구 J. 바르베 도르비이에게"라는 헌사가 있었으며, 3부로 나뉘어 있었다. 즉 1부는 1연부터 5연까지, 2부는 6연부터 11연 2행까지, 3부는 그 이하였다.

《떠돌다 정착한 시》 원본에는 다음 '간행자 노트'가 있었다.

"이쯤에서 《악의 꽃》의 저자는 '영생'에 마음을 돌리게 되었다.

마지막이 그렇게 되리라는 것은 알고 있었다.

갓 개종한 사람들이 모두 그렇듯이 그가 아주 엄격하고 광신적이라는 점에 주목해야 한다."

6연 4행과 7연 2행에 관해, "미사와 엉덩이는……미슐레의 《마녀》, 샤를 앙드르의 《마법 연구》, 엘리어스 레비의 《마술범전》 및 기타 마법, 악마학, 악마 전례에 관한 각종 저서를 참고한 것."

19. 속죄 La Rançon

잡지 〈현재〉 1857년 11월 15일 호에 발표.

포레가 곡을 붙였다.

20. 말라바르 출신 여인에게 À une Malabaraise

잡지 〈예술가〉 1846년 12월 13일 호에 〈어느 인도 여인에게〉라는 제목으로 발표.

그때는 피에르 페이예스라는 이름으로 서명되어 있었다.

이 시의 소재가 된 말라바르 출신 여인은 뒤에 나오는 〈머나먼 곳에〉서와 마찬가지로 작가가 모리스 섬으로 여행갔을 때 만났던 오타르 드 브라가르 부인의 몸종으로 추정된다.

제5부 장난삼아 지은 시 BOUFFONNERIES

21. 아미나 보제티의 첫 무대에서 Sur les débuts d'Amina Boschetti

잡지 〈소평론〉 1865년 5월 13일 호에 발표.

22. 외젠 프로망탱에게 À M. Eugène Fromentin

1917년 파스칼 출판사에서 발행한 자크 마들렌 편집의 《악의 꽃》에 있는 이 시의 원고 사진판에서 다음과 같은 헌사를 볼 수 있다.

"프로망탱에게 (지워짐)." 이 표제에 이어지는 몇 줄도 지워져 있지만, 다음 문구를 읽을 수 있다. "프로망탱의, 드 비니의, 플라오의, 아르피니의, 코로의, 그 밖에 모든 유명인의 친구라 자칭하는, 첫 대면임에도 나를 세 시간 반이나 그로브 술집에 붙들어놓고 넋두리를 늘어놓았던 사내에 관해." 이어서 표제 아래에 "어느 수다쟁이 사내에 관해"라는 문구가 있으며, 이는 지워져 있지 않다. 12연 "이 괴물의 이름은 바스토뉴"라는 부분에서는 이름을 '브로뉴', '코로뉴' 등으로 퇴고한 흔적을 읽을 수 있다.

《떠돌다 정착한 시》 원본에는 6연 4행에 관해 다음과 같은 '간행자 노트'가 딸려 있다.

"니부아에가 어째서 이런 곳에 등장하는지 간행자는 어리둥절하다. 단, 보들레르는 각운에 얽매이는 노예가 아니므로, 우리는 이 '수다쟁이 사내'가 니부아에의 작품을 읽은 감상을 참을성 있게 이야기하고 있다는 것을 이해해야 할 것이다."

23. 익살스러운 주막 Un Cabaret folâtre

《떠돌다 정착한 시》 원본에는 다음과 같은 '간행자 노트'가 실려 있다.

"이 악의는 감추려 해도 명백하다. 몽슬레가 외설적인 것, 재미있는 것을 좋아한다고 공언한 사실은 온 세상이 다 아니까. ─어느 날 몽슬레는 보들레르가 새들에게 쪼아 먹히는 사형수를 노래하며 다음과 같은 역겨운 구절을 쓴 것을 비난했다.

허벅지 근처까지 무거운 창자가 흘러나왔다.

'하지만 (시인은 발끈해서 대답했다) 나는 이렇게밖에 쓸 수 없었소. 주제가 그러니까. 당신이라면 이런 이미지 대신 무엇을 쓰겠소?' ─몽슬레 씨가

대답했다. '장미꽃 한 송이!'

그러나 그도 가끔 주체할 수 없이 우울해져서 아나크레온 같은 가면 밑으로 얼굴을 빼꼼히 내밀지도 모른다. 최근 그가 쓴 수필에, 그가 어느 거지 소녀에게 쌀쌀맞게 대했던 것이 마음에 걸려 그 소녀를 찾으러 다녔지만 끝내 발견하지 못하고 쓸쓸해하며 잠자리에 들었다는 글이 있었다. 왠지 진정 다정다감한 사람에게 어울리는 글이다.

그래서 몽슬레가 더 자주 자신의 서정적 기질에 몸을 내맡기려 하지 않고 얼마간 일부러 활발한 체하는 점이 더욱 유감스럽다."

《악의 꽃》 더하기 SUPPLÉMENT AUX FLEURS DU MAL

제1부 《새로운 악의 꽃》 NOUVELLES FLEURS DU MAL (1866년)

1. 자정의 성찰 L'Examen de minuit

잡지 〈가로수길〉 1863년 2월 1일 호에 발표.

그때는 4행 8연으로 나뉘었으며, "내 모든 친구에게"라는 헌사가 달려 있었다.

산문시 〈새벽 1시에〉와 관련이 있다.

2. 어느 금지된 책에 바치는 글 Épigraphe pour un livre condamné

잡지 〈유럽 평론〉 1861년 9월 15일 호에 발표.

보들레르는 이 시를 《악의 꽃》 제2판 처음에 넣으려고 했다. 그 의도를 뚜렷이 기입한 친필 원고 사진 복사판이 잡지 〈필적〉 1865년 1월 1일 호에 실렸다.

3. 슬픈 연가 Madrigal triste

〈해학 잡지〉 1861년 5월 15일 호에 발표.

장 뒤발의 시로 추정된다.

4. 경고자 L'Avertisseur
〈유럽 평론〉 1861년 9월 15일 호에 발표.

5. 반역자 Le Rebelle
〈유럽 평론〉 1861년 9월 15일 호에 발표.
프라롱을 따르면 1843년 이전 작.

6. 머나만 곳에 Bien loin d'ici
잡지 〈신평론〉 1864년 3월 1일 호에 발표.
1859년에는 표제가 〈도로테〉였을지도 모른다. 1859년 12월 15일에 출판자 풀레 말라시에게 보낸 편지에서, 《악의 꽃》 제2판에 넣을 신작 시를 보낸다고 말하며 "〈도로테〉(모리스 섬의 추억)가 완성되면……"이라고 했기 때문이다.
그렇다면 모델은 〈어느 말라바르 여인에게〉와 같은 인물일지도 모른다.

7. 성찰 Recueillement
〈유럽 평론〉 1861년 11월 1일 호에 발표.

8. 심연 Le Gouffre
잡지 〈예술가〉 1862년 3월 1일 호에 발표.
테오필 고티에에게 바친 시이다.

9. 어느 이카루스의 한탄 Les Plaintes d'un Icare
〈가로수길〉 1862년 12월 28일 호에 발표.
제사로서 토마스 그레이의 사행시가 붙어 있었다. 보들레르가 〈불운〉 끝머리에도 빌려 쓴 시이다.

10. 뚜껑 Le Couvercle
〈가로수길〉 1862년 1월 12일 호에 발표.

제2부 보들레르 죽고 나온 시집《악의 꽃》제3판)에 증보된 시(1868년)
POËMES AJOUTÉS À L'ÉDITION POSTHUME

11. 평화의 담뱃대 Le Calumet de paix
잡지 〈현대 평론〉 1861년 2월 28일 호에 발표.
롱펠로의 장편서사시 〈하이어워사의 노래〉 가운데 〈평화의 담뱃대〉를 번안한 작품. 미국의 작곡가 로버트 스테펠이 의뢰하여 지었다.

12. 어느 이교도의 기도 Le Prière d'un païen
잡지 〈유럽 평론〉 1861년 9월 15일 호에 발표.
1연의 "여신이여, ……이 소원을 들어주어라!"는 Diva! suppliciem exaudi! 라는 라틴어로 되어 있다.

13. 모욕당한 달 La Lune offensée
〈예술가〉 1862년 3월 1일 호에 발표.
마지막 1연은 보들레르의 어머니가 모델이 되었다. 따라서 이 시가 어머니 눈에 띄는 것이 두려웠던 시인은 제2판에 수록하기를 꺼렸다고 한다.

14. 테오도르 드 방빌에게 À Théodore de Banville
저자가 죽은 뒤 나온 판(제3판) 가운데 유일한 미발표작이 바로 이 시이다.
이 시는 1843년에 출판된 방빌의 시집《여인상(女人像)》에 감동한 젊은 보들레르의 찬사이다.

《파리의 우울》 Le Spleen de Paris

아르센 우세에게 À Arsène Houssaye
〈라 프레스〉(1836년 에밀 드 지라르댕이 창간한 일간지) 1862년 8월 26일 호에 발표.
아르센 우세(1815~1896)는 시인, 소설가, 극작가, 평론가. 〈라 프레스〉,

〈예술가〉의 편집장으로서 19세기 중엽 프랑스 저널리즘에서 중요한 역할을 맡았다. 보들레르와는 오랜 벗이었지만, 산문시 게재에도 소극적인 자세를 보이는 등 둘의 관계가 반드시 좋았다고만은 할 수 없다. 우세가 〈라 프레스〉에 보들레르의 시를 게재하기로 마음먹게 된 계기는 두 사람 모두의 친구로서 보들레르의 산문시를 높이 평가했던 저술가 겸 편집자 피에르 쥘 에첼이 보낸 다음 편지였다고 한다. "……그(보들레르)는 틀림없이 현대에서 가장 독창적인 산문가이자 가장 개성적인 시인이네. 비고전적 내용을 다룬 이 독특한 고전을 잡지가 내버려둔다는 것은 말도 안 되네." 그 결과 1862년 8월 26일과 27일, 9월 24일 호 〈라 프레스〉에 신작 열네 편을 비롯한 스물여덟 편이 게재되었으며, 이때 이 헌사가 추가되었다.

1. 이방인 L'Étranger
〈라 프레스〉 1862년 8월 26일 호에 발표.
이 시는 세상 물정에 밝은 어른과 고독하고 자존심 센 젊은이의 대화로도, 시인과 시인 자신의 영혼과의 대화로도 볼 수 있다. 세상에 대한 시인의 이러한 고독한 타자성 의식은 다른 작품에도 표현되어 있다. 이를테면 《벌거벗은 내 마음》 7("어렸을 적부터 이미 고독의 감정. ……영원히 고독한 운명의 감정")이나 서간("……세상이나 세상이 숭배하는 것에 대해 나는 이방인이라고 느끼는 것을……"—1863년 6월 5일자, 오피크 부인에게) 등이다.

2. 노파의 절망 Le Désepoir de la Vieille
〈라 프레스〉 1862년 8월 26일 호에 발표.
보들레르에게는 "(자연 상태에서)영혼을 육체에서 떨어뜨리는 방법을 모르는"(《벌거벗은 내 마음》 26) 젊은 여성에게 때때로 품은 혐오감(또는 공포)과는 반대로, 늙음과 불행으로 "정화된" 여성에게 보내는 깊은 동정심이 있었다. 이 감정은 이 시집 가운데 〈과부들〉, 〈창문〉이나 《악의 꽃》 가운데 〈작은 노파들〉에도 표현되어 있다. 또한 1851년 8월 26일자 앨범에는 "늙은 여자들, 애인과 남편과 자식과 자신들의 잘못으로 몹시 괴로워하는 이들에게 느끼는 주체할 수 없는 공감……"이라고 적혀 있다.
에드워드 카플란은 이 시를 "노파, 남녀의 차이는 있으나 같은 사회적 소외층을 그린 또 하나의 〈이방인〉이라 불러야 할 시"라고 말했다(Kaplan, E. K. : Baudelaire's Prose Poems -The esthetic, the ethical, and the religious in the Parisian Prowler, Univ. of Georgia Press, 1990).

3. 예술가의 고해 Le Confiteor de I'Artiste
〈라 프레스〉 1862년 8월 26일 호에 발표.

4. 익살꾼 Un Plaisant
〈라 프레스〉 1862년 8월 26일 호에 발표.
이 시집 가운데 〈야생의 여인과 가식적인 연인〉, 〈늙은 광대〉 등 많은 시처럼, 파리 거리에서 눈여겨본 광경일 것이다.

5. 이중 방 La Chambre double
〈라 프레스〉 1862년 8월 26일 호에 발표.
대응하는 운문시로 《악의 꽃》 가운데 〈파리의 꿈〉이 있다. 이 시는 전반과 후반이 강렬한 대조를 이루며 나뉘는데, 이는 보들레르의 전형적인 산문시 기법이다.

6. 누구나 키마이라를 업고 있다 Chacun sa Chimère
〈라 프레스〉 1862년 8월 26일 호에 발표.
보들레르 연구가 자크 크레페 및 작가 겸 평론가 장 프레보는 이 시가 고야의 판화집 《로스 카프리초스(변덕)》 가운데 〈너는 짊어질 수 없으리〉에서 영감을 얻은 것으로 추측한다.

7. 어릿광대와 비너스상 Le Fou et la Vénus
〈라 프레스〉 1862년 8월 26일 호에 발표.
《악의 꽃》 가운데 〈아름다움〉 참조. 보들레르가 제기한 광대로서의 예술가라는 주제에 관해서는 14편 역주 참조.

8. 개와 향수병 Le Chien et le Flacon

〈라 프레스〉 1862년 8월 26일 호에 발표.

〈오물에는 눈이 없다〉(《벌거벗은 내 마음》 34) 사회 안에 놓인 시인의 상태를 우의적으로 표현한 것.

9. 서툰 유리 장수 Le Mauvais Vitrier

〈라 프레스〉 1862년 8월 26일 호에 발표.

아르센 우세의 시 〈유리 장수의 샹송〉에 나타난 감상적 박애주의에 대한 반론으로 쓴 것.

10. 새벽 1시에 À une heure du matin

〈라 프레스〉 1862년 8월 27일 호에 발표.

《악의 꽃》 가운데 〈하루의 끝〉, 〈자정의 성찰〉(제3판) 참조.

로베르 코프는 이 시가 하나의 가톨릭적 성찰을 나타내는 것이며, 보들레르 작품에서 자주 보이는 이 경향은 어릴 적 종교 교육에서 유래하여 뒷날 조제프 드 메스트르, 알퐁스 라베, 생트뵈브, 조제프 주벨 등의 책을 탐독하며 더욱 강화되었다고 말했다(Kopp, R. (éd) : Petits poëmes en prose(*Le Spleen de Paris*), Notes et variante, Gallimard, 1973).

11. 야생의 여인과 가식적인 연인 La Femme sauvage et la Petit-Maîtresse

〈라 프레스〉 1862년 8월 27일 호에 발표.

12. 군중 Les Foules

〈환상파 평론(환상파 평론)〉 1861년 11월 1일 호, 〈라 프레스〉 1862년 8월 27일 호에 발표.

포의 소설 《군중 속의 남자》에서 영감을 얻었다.

13. 과부들 Les Veuves

〈환상파 평론〉 1861년 11월 1일 호, 〈라 프레스〉 1862년 8월 27일 호에 발표.

생트뵈브는 이 시를 다음의 〈늙은 광대〉와 함께 "보들레르의 소산문시 가운데 두 개의 보석이라 칭할 만한 것"이라고 절찬했다(〈입헌신문〉 1862년 1월 2일 호).

14. 늙은 광대 Le Vieux Saltimbanque
〈환상파 평론〉 1861년 11월 1일 호, 〈라 프레스〉 1862년 8월 27일 호에 발표.
스위스의 문예비평가 장 스타로뱅스키는 이 시와 이 시집 가운데 〈비장한 죽음〉을 언급하면서 다음과 같이 말했다. "광대를 둘러싼 모든 주제를…… 가장 긴밀하게 엮어 보여준 작가는 뭐니 뭐니 해도 보들레르이다. 그가 이 주제를 문학 세계에 들여왔을 때, 그것은 이미 아름다운 주제의 화려한 변주라는 영역을 훌쩍 뛰어넘었다. 그것은 내적 극작법 전개에 호응하는 것이자, 시인과 시의 조건에 관한 엄청나게 복잡한 이미지와 연결되는 것이기도 했다. ……보들레르는 이렇게 하나의 전설(적어도 18세기까지 거슬러 올라가는)을 새로 만들어 깊이를 더했다. 이 전설에 따르면, 배우란 대성공과 겉으로 드러나는 환희 밑에 절망한 영혼을 숨긴 존재이다. 그는 빅토르 위고……보다 비극적 광대의 원형을 정착시키는 데 중요한 역할을 했다. 이런 형태의 광대 이미지는 그 뒤 수십 년에 걸쳐 문학과 회화 안에서 이어졌다(《광대와 같은 예술가의 초상》).

15. 과자 Le Gâteau
〈라 프레스〉 1862년 9월 24일 호에 발표.
루소의 《고독한 산책자의 몽상》을 패러디한 것으로 보이며, 히들스턴은 라마르틴의 유명한 시 〈골짜기〉, 〈고독〉의 패러디로 보았다(《보들레르와 〈파리의 우울〉》).

16. 시계 L'Horloge
〈현재〉 1857년 8월 24일 호, 〈환상파 평론〉 1861년 11월 1일 호, 〈라 프레스〉 1862년 9월 24일 호(마지막 "그런데 부인" 이하는 이 호에서 추가되었다)에 발표.

17. 머리카락 속의 반구(半球) Un Hémisphere dans une Chevelure

〈현재〉 1857년 8월 24일 호, 〈환상과 평론〉 1861년 11월 1일 호(표제는 〈머리카락〉), 〈라 프레스〉 1862년 9월 24일 호에 발표.

시인의 오랜 연인 장 뒤발에게 영감을 얻어 쓴 시이다.

18. 여행으로의 초대 L'Invitation au Voyage

〈현재〉 1857년 8월 24일 호, 〈환상과 평론〉 1861년 11월 1일 호, 〈라 프레스〉 1862년 9월 24일 호에 발표.

《악의 꽃》 가운데 〈여행으로의 초대〉와 같은 주제이며, 괴테의 《빌헬름 마이스터의 도제 수업》 가운데 〈미뇽의 노래〉에서 영감을 얻었다.

19. 가난한 자의 장난감 Le Joujou du Pauvre

〈라 프레스〉 1862년 9월 24일 호에 발표.

시인이 1853년에 발표한 수필 《완구의 도덕》 가운데 한 구절을 산문시로 풀어 쓴 것. 이 두 가지를 비교해서 읽으면, 시인이 산문을 산문시화하기 위해 어떤 노력을 했는지 조금이나마 엿볼 수 있다.

20. 요정들의 선물 Les Dons des Fées

〈라 프레스〉 1862년 9월 24일 호에 발표.

21. 유혹 또는 에로스, 플루토스, 명예의 여신 Les Tentations ou Éros, Plutus et la Gloire

〈르뷔 나쇼날 에 에트랑제(내외평론)〉 1863년 6월 10일 호에 발표.

이 우화적인 시에서 초현실주의에 대한 시인의 관심을 잘 엿볼 수 있다.

22. 저녁 어스름 Le Crépuscule du Soir

《C.F. 드느쿠르—퐁텐블로—풍경, 전설, 회상, 환상》(1855), 〈현재〉 1857년 8월 24일 호, 〈환상과 평론〉 1861년 11월 1일 호, 〈피가로〉 1864년 2월 7일 호에 발표. 《퐁텐블로》에는 같은 제목의 운문시(《악의 꽃》 수록)도 동시에 실렸다.

23. 고독 La Solitude
《C.F. 드느쿠르—퐁텐블로—풍경, 전설, 회상, 환상》(1855), 〈현재〉
1857년 8월 24일 호, 〈환상파 평론〉 1861년 11월 1일 호, 〈파리 평론〉
1864년 12월 25일 호에 발표.

24. 계획 Les Projets
〈현재〉 1857년 8월 24일 호, 〈환상파 평론〉 1861년 11월 1일 호, 〈파리
생활〉 1864년 8월 13일 호, 〈파리 평론〉 1864년 12월 25일 호에 발표.

25. 아름다운 도로테 La Belle Dorothée
〈내외평론〉 1863년 6월 10일 호에 발표.

26. 가난뱅이의 눈 Les Yeux des Pauvres
〈파리 생활〉 1864년 7월 2일 호, 〈파리 평론〉 1864년 12월 25일 호에 발표.

27. 장열한 죽음 Une Mort héroïque
〈내외평론〉 1863년 10월 10일 호, 〈예술가〉 1864년 11월 1일 호에 발표.
"내 머리에 달라붙어 떨어지지 않는 소설 몇 편……을 써볼 생각입니다."
시인은 1863년 6월 3일 오피크 부인에게 보낸 편지에 이렇게 썼다. 그 결과
가 이 시와 산문시 마흔네 편과 같은 단편소설풍의 산문시였을 것으로 보인
다. 젊은 시절 발자크와 스탕달을 탐독한 그에게 소설 창작은 평생 이룰 수
없는 꿈이었다. 광대로서의 예술가라는 주제에 관해서는 산문시 열네 편 역
주 참조.

28. 가짜 돈 La Fausse Monnaie
〈예술가〉 1864년 11월 1일 호, 〈파리 평론〉 1864년 12월 25일 호, 〈19세
기 평론〉 1866년 6월 1일 호에 발표.

29. 너그러운 도박꾼 Le Joueur généreux
〈피가로〉 1864년 2월 7일 호, 〈19세기 평론〉 1866년 6월 1일 호에 발표

(표제는 〈악마〉).

30. 교수형 밧줄 La Corde

〈피가로〉 1864년 2월 7일 호, 〈예술가〉 1864년 11월 1일 호, 〈레벤느망(시사신문)〉 1866년 6월 12일 호에 발표.

이 시는 현실에서 벗어나 '착각' 또는 각성에 의해 열리는 예술의 새로운 가능성을 주제로 하는데, 보들레르는 열두 살 아래인 화가 에두아르 마네(1832~1883)가 자신이 주장하는 '현대성' 이론을 실현하기를 기대했고, 화가는 결국 그 기대에 훌륭히 부응했다. 조르주 바타유는 "우리는 그린다는 예술 이외의 의미 작용을 지니지 않는 회화, 즉 '근대 회화'가 탄생한 공을 마네에게 돌려야 한다. ……'그림이란 이질적인 모든 가치'라는 생각의 거부, 주제의 의미 작용에 대한 무관심은 마네에게서 시작되었기 때문이다"라고 말했다.

31. 적성 Les Vocations

〈피가로〉 1864년 2월 14일 호에 발표.

32. 티르소스 Le Thyrse

〈내외평론〉 1863년 12월 10일 호에 발표.

"……보들레르가 주장하는 또 하나의 특징은 의태의 힘, 창조자에게 (그가 원하는 대로 자기 자신인 동시에 타자임을) 허락하는 힘이다(산문시 12). 이 문제에 관해 가장 귀중한 주제를 던져주는 것은 단연 〈티르소스〉이다. 여기서 보들레르는 표현을 결정하는 의지와 그와 관련한 상대적 표현이 지니는 여성적 가치를 주의 깊게 공준화했다. 그렇지만 구성된 작품 안에서는 의지에서 발생한 것(즉 구조와 같은 것)과 더 소재적인 것, 오로지 환상에서 발생한 것에 똑같은 역할을 주었다. 충분히 주의를 기울여 해석하면, 거기서 그가 전통이 요구하듯이 예술의 수단을 목적에 복종시키기를 거부했음을 알 수 있을 것이다. 어쨌든 그는 이 시를 쓰며, 특히 그의 시집 전체에 적용할 수 있는 은유를 남기려고 의식했던 게 분명하다(조르주 블랭 《보들레르의 사디즘》)."

33. 취해라 Enivrez-vous
〈피가로〉 1864년 2월 7일 호에 발표.

34. 벌써! Déjà!
〈내외평론〉 1863년 12월 10일 호에 발표.

보들레르는 시대와 파리가 극적으로 변화하는 19세기 중엽을 살았다. 이시는 그 시대를 암시한다고 봐도 무방할 것이다. 즉 멀어져가는 바다는 잃어버린 옛 파리요, 다가오는 육지는 생성되고 있는 새로운 파리이다.

35. 창문 Les Fenêtres
〈내외평론〉 1863년 12월 10일 호에 발표.

〈Fresh Widow(새 과부)〉라는 제목으로 French Window(프랑스 창문)을 상징한 마르셀 뒤샹의 오브제는 이 시에서 영감을 받은 것이리라. 단, 뒤샹이 암시한 관능성은 이 시에는 나타나 있지 않다. 여기에서 그린 것은 가난 때문에 부유한 여성과는 다른 모습으로 늙어가 "급속히 같은 나이라고는 보이지 않게 되는(자크 슈발리에 《노동자 계급과 위험한 계급》)", 그 무렵 가혹한 노동 조건 아래에 놓여 있던 여성(아마도 재봉사)이다.

36. 그리고픈 욕망 Le Désir de peindre
〈내외평론〉 1863년 12월 10일 호에 발표.

37. 달의 은총 Les Bienfaits de la Lune
〈가로수길〉 1863년 6월 14일 호에 발표, 죽은 뒤 〈내외평론〉 1867년 9월 14일 호에 게재.

〈가로수길〉에서는 〈산문시〉라는 제목 아래 이 시가 무제로 Ⅰ로서 실리고, 〈어느 쪽이 진짜 그녀인가?〉가 Ⅱ로서 실렸다. 〈내외평론〉에서는 "B 양에게"라는 헌사가 붙는다. 이 "B 양"은 〈수프와 구름〉에 나오는 여성과 같은 여성으로 보이며, 따라서 〈베르트의 눈〉에 나오는 베르트이다. 그렇다면 산문시 37편, 38편, 44편, 그리고 아마도 36편은 베르트(그리고 장 뒤발에게 조금)에게서 영감을 얻은 시가 된다. 베르트에 관해서는 피슈아와 지글러가 다음과 같이 말했다. "시인이 마지막 애인이 되는 이 여성을 만난 것은 아마도 카지노나 어느 대기실에서였을 것이다. 베르트라는 이름은 장 뒤발이 1838년~1839년에 포르트 생앙투안 극장에서 단역으로 출연했을 때의 예명으로 보이며, 〈베르트의 눈〉이라는 시는 아주 초기에 이 장 베르트를 위해 쓰였을 가능성이 있다. 프라롱은 〈내 아이의 눈〉이라는 제목의 시를 시인이 암송하는 것을 '1843년 이전에' 들은 적이 있다고 확언했는데, 바로 이 시가 뒷날 또 다른 베르트, 즉 얼마간 남성을 연상케 하는 선 굵은 얼굴과 암갈색 풍성한 머리카락을 가진 통통하고 젊고 아름다운 아가씨에게 바쳐진다. 실제로 1863년~1864년의 이 베르트는 20년 전 장 뒤발과 매우 비슷하며, 그녀 역시 단역 여배우였다. 보들레르는 브뤼셀에서 이 시를 정서하며 하나의 몽타주를 만들었다. 중간이 자필 원고, 상단이 오른쪽을 바라본 베르트의 초상, 하단이 〈수프와 구름〉—죽은 뒤 발표된 산문시—의 원형이 되는 원고, 왼쪽을 바라본 베르트의 초상, 다음과 같은 헌사로 이루어진 삼 연화 형식으로 이루어진 것이었다. '무시무시하고 작은/미치광이 여인에게, 양녀로 삼을 만한 딸을 찾고 있으면서, 베르트의 성격도 양자 관계에 관한 법률도 공부하지 않았던 더 미친 사나이의 추억. 브뤼셀, 1864년.' ……《떠돌다 정착한 시》라는 시집 교정쇄에…… (보들레르는) 이 젊은 여성과의 친밀한 관계와 그녀와 가까웠음을 암시하는 다음과 같은 글을 썼다가 연필로 지웠다. '우리는 베르트의 소문을 들은 적이 있는 것 같다. 틀림없이 그녀는 신앙과는 별개로 얼마간 미덕을 지니고 있다. 그러나 특히 그녀가 갖고 있는 것은 정절의 반대를 이루는 미덕이다. 시인은 특별한 안경과 망원경을 가졌기에 다른 사람들은 보지 못하는 것을 본다는 말은 사실이다.' ……이 정절이 결여된 베르트가 실재했다는 사실에는 의심의 여지가 없지만, 1863년에 시인의 삶에 나타난 이래 1864년 이후 홀연히 사라진 그녀의 정체가 무엇인지는 불분명하다."

38. 어느 쪽이 진짜 그녀인가? Laquelle est la vraie?
〈가로수길〉 1863년 6월 14일 호에 발표, 죽은 뒤 〈내외평론〉 1867년 9월 7일 호(표제는 〈이상과 현실〉)에 게재.
산문시 37편 역주 참조.

39. 순수혈통 말 Un Cheval de race

〈피가로〉 1864년 2월 14일 호에 발표.

《떠돌다 정착한 시》 가운데 〈못생긴 여자〉와 같은 주제를 다루고 있다. 여성을 표현하는 데 경마 용어를 쓰는 유행이 시작된 것은 1830~1840년대부터이다. 발자크도 《고리오 영감》에서 〈순수혈통 말〉, 〈순수혈통 여자〉라는 표현에 관해 설명했다.

40. 거울 Le Miroir

〈파리 평론〉 1864년 12월 25일 호에 발표.

"거울—자기 집중—불쾌"를 그린 이 시는 "항구—자기 무산—유쾌"를 그린 다음 산문시 41편과 대조를 이룬다. 히들스턴은 "비니의 〈목자(牧者)의 집〉에 묘사된, 금단의 나무 열매를 먹은 벌로 자기애에 열중하여 타락한 인간상이 이 시의 모순을 돋보이게 하고, 숨은, 그러나 중대한 상호 텍스트를 제공한다"고 말했다.

41. 항구 Le Port

〈파리 평론〉 1864년 12월 25일 호에 발표.

어머니의 별장이 있었던 프랑스 북부 노르망디의 항구 마을 옹플뢰르에서 본 바닷가 풍경으로 추측된다. 시인은 1858년부터 1860년까지 이 마을에서 몇 차례 짧게 머물렀다. 산문시 40편 역주 참조.

42. 애인들의 초상 Portraits de Maîtresses

죽은 뒤 〈내외평론〉 1867년 9월 21일 호에 게재.

보들레르는 연극을 좋아해서 대본을 쓰려고 몇 차례 계획했다. "그러나 시인에게 희곡을 써내려갈 감각과 인내력이 없었던 것도 사실이다. 이 창작 체험은 오히려 다른 분야에서 열매 맺었다. 산문시 〈애인들의 초상〉이 그 예이다(피슈아, 지글러)."

43. 정중한 사격수 Le Galant Tireur

〈내외평론〉에 게재를 거부당하고, 죽은 뒤 간행된 《전집》에 수록됨.

44. 수프와 구름 La Soupe et les Nuages

〈내외평론〉에 게재를 거부당하고, 죽은 뒤 간행된 《전집》에 수록됨.

45. 사격장과 묘지 Le Tir et le Cimetière

죽은 뒤 〈내외평론〉 1867년 10월 11일 호에 게재.

46. 후광의 분실 Perte d'Auréole

〈내외평론〉에 게재를 거부당하고, 죽은 뒤 간행된 《전집》에 수록됨.

47. 수술칼 아가씨 Mademoiselle Bistouri

〈내외평론〉에 게재를 거부당하고, 죽은 뒤 간행된 《전집》에 수록됨.

48. 이 세상 밖이라면 어디에라도 ANY WHERE OUT OF THE WORLD
N'importe où hors du monde

죽은 뒤 〈내외평론〉 1867년 9월 28일 호에 게재.

이 제목은 영국의 시인 토마스 후드의 시 〈탄식의 다리〉에서 따왔다. ANY WHERE는 ANYWHERE의 오기로 보인다.

49. 가난뱅이들을 때려죽이자! Assommons les Pauvres!

〈내외평론〉에 게재를 거부당하고, 죽은 뒤 간행된 《전집》에 수록됨.

조르주 블랑은 "연민이란 약자의 책략임을 알기에 보들레르는 니체의 긴 모색을 필요로 하지 않았다"고 말했다.

50. 착한 개들 Les Bons Chiens

〈벨기에 독립〉 1865년 6월 21일 호, 〈소평론〉 1866년 10월 27일 호, 〈르 그랑 주르날〉 1866년 11월 4일 호, 〈내외평론〉 1867년 8월 31일 호에 발표.

에필로그

시인이 죽은 이듬해인 1868년부터 1870년까지 미셸 레비 서점에서 간행된

《전집》의 제4권(1869년)에 수록된 《소산문시》의 에필로그로서 발표되었다. 그러나 이것은 편집자 테오도르 드 방빌과 샤를 아스리노가 단독으로 발표한 것으로(새로운 형식의 산문시를 지향한 시집을 운문시로 끝맺는다는 것은 생각하기 어렵다), 실제로는 《악의 꽃》 제2판에 실을 에필로그 초고였을 것으로 추정된다(단, 내용은 "거대한 도시를 자주 드나든 경험"에서 생겨난 이 산문시집에 썩 어울린다). 보들레르는 1860년 7월 초순 풀레 말라시에게 보낸 편지에서 "나는 《악의 꽃》을 다듬고 있습니다. 며칠 뒤에는 소포를 받으실 텐데, 마지막 한 편, 즉 에필로그는 파리에 말하는 형식으로, 잘 마무리되면(낭랑한 삼행시로) 당신도 보고 놀라실 것입니다"라고 썼다. 이 번역서의 원본인 클로드 피슈아 편집의 《전집》 제1권 가운데 《파리의 우울》 마지막 장에는 ÉPILOGUE라고만 쓰여 있으며, 이 시 자체는 1861년판에 넣을 예정으로 쓴 에필로그 초고로서 "《악의 꽃》 미정 원고와 관련 자료" 부분에 실려 있다.

보들레르 그 처절한 서정의 아름다움

근대 운문시의 금자탑 《악의 꽃》

시집 《악의 꽃》은 19세기 중엽 제2제정하의 프랑스에서 활약한 시인 샤를 보들레르(1821~1867)가 남긴 유일한 시집이다.

그 밖에도 《파리의 우울》, 《인공 낙원》 등 두 권이 있지만, 전자는 산문시집이고 후자는 시적 산문집이어서 둘 다 순수한 의미의 시집이라고는 할 수 없다.

이 책에는 162편의 시가 실려 있다. 행 수(시구)로 치자면 대략 4200행이다. 이것이 보들레르가 평생에 남긴 시의 총량이며, 창작 기간은 스무 살부터 마흔 살까지의 20년이다. 결코 많지 않은, 아니 이 적은 양에 독자들은 놀랄 것이다.

수록된 162편 가운데 68편은 14행시(소네트) 형식의 소곡이다. 그 밖에도 14행에 못 미치는 시가 몇 편 들어 있다. 50행이 넘는 시는 15편쯤에 지나지 않는다. 가장 긴 시는 154행의 〈여행〉이며, 이어 〈저주받은 여인들(델핀과 이폴리트)〉가 104행, 〈평화의 담뱃대〉가 97행이다. 보들레르는 결코 많은 작품을 쓰지 않았다. 오히려 적게 쓰는 편이었다.

이 얼마 안 되는 시를 보들레르는 평생 다듬었다. 보들레르만큼 많은 변문(變文)을 남긴 시인도 적다. 그는 세세한 부분까지 신경 썼다. 흠 한 점 없는 완벽한 시구에서까지 '어색함, 억지스러움'을 느꼈으며, '거듭 되새겨보며 온갖 작법을 시도했다(1869년 3월 10일자 편지).' 거의 어느 시에서나 그랬다. 그래서인지 《악의 꽃》에서는 가끔 노력의 흔적은 느껴져도 대충 한 구석은 전혀 찾아볼 수 없다.

보들레르가 자신이 쓴 시를 모아 시집 《악의 꽃》으로 엮은 것은 1857년, 37세 때 일이다. 중학 시절에 라틴어 시작에서 우수한 성적을 거두고 10대 후반에 낭만파 시를 탐독해 스스로 시를 쓰기 시작했으며 20대 초에는 유럽 전통 시작법을 자기 것으로 습득한 조숙한 시인에게 이 시집의 완성은 뜻밖의 늦은 출발이었다. 동시대 시인들과 비교해봐도 좋다. 소년 시절 그가 탐독했던 선배 시인 가운데 하나인 위고가 첫 번째 시집《오드와 잡영집》을 발표한 것은 스물한 살 때이며, 생트뵈브가《조제프 들로름의 생애, 시, 그리고 사상》을 발표한 것은 스물네 살 때이다. 동년배 시인으로는 친구 테오도르 드 방빌이 열아홉 살 때《여인상(女人像)》을, 스물세 살 때《종유석》을 냈다. 당연히 보들레르 자신도 시집 출판에 강한 의욕을 보여 1845년에《레스보스의 여인들》(그 3년 뒤에는《저승》)이라는 제목으로 첫 시집 간행을 예고했다. 친구들의 증언을 따르면, 그 무렵 그는 이미 꽤 많은 시를 완성했다고 한다. 그러나《레스보스의 여인들》도《저승》도 간행되지 못했으며, 앞에서 말했듯이《악의 꽃》이라는 제목으로 시집 한 권이 출판된 것은 그로부터 무려 9년이나 뒤의 일이다! 왜 이렇게 출판이 늦어진 것일까?

이에 관해서는 '한 권의 시집'이라는 것에 대한 그의 독특한 생각을 고려할 필요가 있다. 보들레르는 일정 분량의 시가 모이지 않으면 시집 한 권을 만들 수 없다고 생각했으며, 단순히 주제나 형식의 유사성이나 완성 순서를 기준으로 시집을 엮고 싶어하지 않았다. 1861년 비니에게 보낸 편지에서 그는 이렇게 말했다. "내가 진심으로 원하는 유일한 찬사는 이것이 단순히 시를 모아 놓은 것이 아니라 통일성을 제대로 갖춘 것이라고 인정받는 일입니다." 바로 여기에서 시인의 비범한 생각을 읽을 수 있다. 각 시는 각각 독자의 의미와 가치를 가지며 그 자체로 하나의 완성체를 이루지만, 그것이 시집이라는 더 큰 집합체 속에 배열될 때 다른 시와의 사이에서 새로운 대응과 조화가 생겨 하나의 곡을 연주하게 된다. 이 침묵의 음악이 울리는 것을 확인할 때까지 시인은 조급한 기분을 억누른 채 시를 계속해서 쓰고 시집 구상에 전념해야 했다. 이것이 얼마나 각고의 작업이었는지는 처음 간행을 예고했던 때부터 실제로 출판되기까지 걸린 10여 년이라는 긴 세월이 잘 말해준다.

그러나 보들레르에게 시집 한 권을 엮는다는 것은 그것만으로 그치는 작업이 아니었다. 단적으로 말하자면, 시인이란 자기 영혼과 사상 또는 우주관 모두를 종합적으로 표현한 시집을 평생 한 권 완성하는 것을 유일한 사명이자 최대 명예로 삼아야 한다는 독특한 생각을 그는 시인으로 살기로 결심한 무렵부터 의식적으로 길러왔던 게 분명하다. 중세적 우주관 전체를 한 권의 시집 《신곡》에 담은 단테의 존재는 늘 머릿속에 들어 있었을 것이며, 근대 세계의 지옥과 천국을 노래한 《악의 꽃》을 《신곡》과 똑같은 100편으로 구성한 것은 단순한 우연의 일치가 아닐 것이다. 시대적으로 가까운 모델로서, 18세기적 세계의 궁극상을 파헤친 괴테의 《파우스트》와 시는 아니지만 근대 사회의 모습을 전체성 안에서 분석한 발자크의 《인간 희극》도 그의 머릿속에 들어 있었을 것으로 보인다. 참고로 보들레르의 이러한 전체성 지향은 "그의 정신이 뭐든지 포괄하는 성질의 것(T.S. 엘리엇)"이었던 데에서도 유래

보들레르(1821~1867)

하겠지만, 무엇보다도 그가 본질적·근원적으로 사물을 고찰하고 인간 존재의 궁극 의미를 늘 묻지 않을 수 없는 시인·사상가였던 사실에서 기인할 것이다.

《악의 꽃》이라는 표제는 '악'의 찬가처럼 들려 이 시인의 진의를 흐리고 오해의 씨앗을 뿌린다고 일컬어져왔다. 그러나 이는 나름대로 시인 취향의 표제였다. 1857년 3월 7일자 편지에서 보들레르는 《악의 꽃》의 출판자 풀레말라시에게 "나는 신비로운 표제나 폭발적인 표제가 좋다"고 말했다. 시구 안의 점 하나 쉼표 하나에까지 신경 쓴 이 시인이 하물며 일생의 대표작인 시집의 표제를 아무렇게나 정했을 리 없다. 그 밖에도 '저승', '레스보스의 여인들' 등 시인이 이 시집에 붙이려고 한 번은 예정했던 표제가 오늘날 몇 개쯤 알려져 있는데, 그 신비성과 폭발성에서 《악의 꽃》보다 나은 것이 없다는 판단 아래 이렇게 결정한 것이리라.

1857년 6월, 《악의 꽃》은 출판되었다. 초판은 1320부 발행되었으며, 정가는 3프랑이었다. 제2판은 1861년에 약 1550부 발행되었다. 보들레르는 이 "불길하고 차가운 미의 책은······ 바이런의 시와 더불어 교양 있는 독자의 기억 속에

자리잡아갈 것입니다(7월 9일 오피크 부인에게 보낸 편지)"라며 만족했고,
위고와 플로베르도 뜨거운 찬사를 보냈다.

　오늘날 근대인의 《신곡》이라고까지 일컫는 이 시집도 발행 무렵에는 몇 명
을 빼고는 거의 이해하지 못했다. 불행하게도(보들레르는 늘 불행했다!) 간
행 직후 이 책은 '풍기문란'죄로 고발되어, 2개월 뒤에 열린 재판에서 여섯
편을 삭제하라는 판결을 받는다. 시인이 죽기 1년 전인 1866년에는 보들레
르에게 직접 "《악의 꽃》? 그런 건 기억에서 지워진 시집입니다!" 말한 출판
자조차 있었다고 한다. 기분이 상한 시인이 "웃기는 소리 마시오!"라고 응
한 것은 물론이지만, 지금 보면 그 무렵 《악의 꽃》은 기억에서 지워진 시집
을 넘어 이해조차 되지 못한 시집이었다.

　보들레르가 불행한 삶을 창조의 양식으로 전환한 예술가였다는 것은 사실
이다. 거의 4년 뒤 훨씬 깊이를 더한 시집으로서 다시 완성하지만, 시 여섯
편(피슈아는 "일찍이 프랑스어로 쓰였던 시 가운데 가장 아름다운 시"라고
말했다)이 삭제된 것은 시인에게 크나큰 충격이었을 것이다. 그의 의식 속
에서는 오랜 세월 세심한 주의를 기울여 숙고 끝에 완성한 정밀한 '비밀 건
축물' 전체의 와해를 의미했으리라.

　이리하여 유일한 시집이라는 새로운 설계도에 기초한 재건축을 위해 다시
기나긴 고난의 여정이 시작되었는데, 이때 시대는 크게 변하려 하고 있었다.

제2제정하인 1850년대 후반에서 1860년대에 걸친 1기는 근대사의 전환점이었다고 해도 좋으며, 직접 오늘날과 이어지는 기본 사회 구조의 대부분이 이 시기에 탄생했다. '19세기 수도 파리(벤야민)'에서 가장 극적인 변화가 일어나, 중세의 어두운 그림자에 머물러 있던 파리는 정연하고 밝은 근대 도시로 나날이 빠르게 변모했다. 보들레르는 "이제 옛 파리의 모습은 보이지 않네(도시의 모습은/애석하게도 사람의 마음보다도 빨리 변하는구나)(《백조》)"라고 노래하기도 했다. 이 과도기에 선 것을 스스로 깨달은 시인은 이때, 영혼의 몽상에 깊이 침잠하여 처절한 서정의 아름다움을 낳은 《악의 꽃》 초판의 이른바 내향적 시인에서, 동시대 현실

《악의 꽃》 초판본(1857) 표지
보들레르의 친필 메모가 보인다.

에 맞서서 그 급속한 변화 안에서 새로운 아름다움과 시를 이끌어내는 이른바 외향적 시인으로 스스로 변모했다. 재판이 있은 지 4년 뒤인 1861년에 완성한 《악의 꽃》 제2판에 추가된 32편의 시는 그 결실이며, 시대의 현대성을 도입함으로써 작품에 신선함과 보편성을 주어 《악의 꽃》을 진정한 근대 운문시의 금자탑이라 부르기에 걸맞은 훌륭한 시집으로 만들었다.

보들레르가 죽은 지 30년 뒤인 1896년에 비평가 레미 드 구르몽은 이렇게 말했다.

"현대 문학, 특히 상징주의로 불리는 문학은 모두 보들레르의 영향을 받았다. 다 그런 것은 아니지만, 현대 문학은 외면적 기법에서 볼 때 내면적·정신적 기법, 신비감, 사물이 발하는 언어에 귀 기울이고자 하는 마음, 영혼에서 영혼으로의 호응을 염원하는 점 모두 보들레르의 영향을 받았다고 할 수 있다."

자연을 조용히 관찰하고, 자연에 내재된 세계를 상상케 하는 추론과 비교와 직유를 탐구하는 것, 그러기 위해 사실 파악 수단으로서 직감을 존중하고

한 발 한 발 자연에 다가가다가 마침내는 그것과 합체하는 것, 냄새와 색채와 소리로 동시에 자신을 표명하는 자연을 따라 별종인 예술의 결합을 꾀하는 것(예를 들어 시에 음악을 결합하는), 마침내는 이 신비한 추구, 무궁한 탐구로 사물의 겉모습이 관념과 일치하고 추상이 구상과 일치하는 영역에 이르는 것, 이것이 보들레르의 시작(詩作) 이념이며, 상징주의자로 불리는 1세대 젊은 시인들의 야심이었다.

인간 영혼을 향한 비밀스러운 호소 《파리의 우울》

평생 시집은 한 권뿐이라 규정하고, 그 목표를 이룬 다음에 쓴 시는 다른 시집으로 엮는 것이 아니라 어디까지나 시집 안의 '독특한 틀에 들어맞도록 씀'으로써 그 시집의 궁극적 완성을 꾀해갈 것을 지향하던 시인이 어째서 또 한 권의 시집 《파리의 우울》을 간행하고자 했을까?

《악의 꽃》 제2판에서 특히 주목해야 할 것은 〈파리 풍경〉 장이 새로 들어갔다는 점이다. 거기에 새로 추가된 시 가운데 보들레르 운문시의 극한을 표상하는 몇 편(〈백조〉, 〈일곱 늙은이〉, 〈작은 노파들〉, 〈스쳐 지나간 여인에게〉, 〈파리의 꿈〉 등)은 그야말로 "거대한 도시를 뻔질나게 드나드는……, 거기서 맺어지는 무수한 관계의 착종에서" 태어난 것이며, 이미 내용상 산문시와 뗄 수 없는 관계에 있다고 봐도 무방하다. 그러나 대도시의 다양하고 추상적인 새로운 현실을 더 사실적이고 더 솔직하게 노래하려면 형식을 제약하는 정형 운문시 형태는 표현 형식으로서 꼭 알맞지 않다는 생각이 시인의 감성 안에서도, 사실주의로 기운 시대감각 안에서도 싹트기 시작했다. "낯선 것을 만들어내려면 새로운 형식이 요구되었다."(랭보) 그래서 보들레르가 선택한 것이 '율동과 각운은 없지만 음악적이고, 영혼의 서정적 움직임이나 몽상의 흔들림, 또는 의식의 갑작스러운 경련에도 충분히 대응할 수 있을 만큼 유연하며 거칠기도 한 시적 산문'이었다. 물론 수사를 동원한 서정적인 시적 산문은 어느 시대에나 존재했고, 산문시라 부를 만한 작품이 없었던 것은 아니지만(보들레르는 그중 하나로 베르트랑의 《밤의 가스파르》를 꼽았다), 시(운문)가 아닌 것으로 시(poésie)를 만들어낸다는 역설적 시도가 시 시대에 꼭 알맞은 참신한 시 분야를 개척할 가능성을 그는 통찰한 것이었다. 이리하여 그는 《악의 꽃》의 재구성과 동시에 산문시의 독자성을 내용과 기법 양 측면에서 정밀하게 명확화하는 시도를 하게 된다.

첫 산문시 두 편(《저녁 어스름》과 《고독》)을 발표한 1855년으로부터 2년 뒤, 즉 《악의 꽃》 초판을 출판한 1857년에 보들레르는 이미 《밤의 시》라는 제목으로 산문시집 간행 의도가 있음을 시사했다. 그 4년 뒤인 1861년, 즉 《악의 꽃》 제2판을 완성한 해 12월에 〈라 프레스〉 편집장 아르센 우세에게 편지를 보내, "내가 산문시를 몽상하게 된 지 벌써 몇 년도 넘었다"고 말한 뒤, 제목은 "《고독한 산책자》나 《파리의 배회자》로 하는 게 좋을 것 같다"고 구체적 구상을 밝혔다. 1866년에는 생트뵈브에게

보들레르의 묘(1867년 8월 31일)

편지를 보내 "머잖아 산책 중 부딪히는 갖가지 사건에 광시곡풍 생각을 결부하여 각각의 대상에서 불쾌한 도덕을 도출해내는 새로운 조제프 들로름을 제시할 수 있지 않을까 기대한다"고 썼다. 루소의 《고독한 산책자의 몽상》을 연상케 하는 이들 제목은 파리의 한 다락방에 사는 고독한 시인이 군중 틈에 섞여 이 대도시 구석구석을 떠돌면서, 도중에 만나는 사건 및 가슴에 떠오르는 상념·인상을 서정적, 즉흥적, 우의적으로 기록해나간다는 시집의 물어적 골격이 작가 안에 확실히 완성되어 있었음을 시사한다. 이듬해인 1862년, 보들레르는 '소산문시'라는 제목 아래 처음 출판한 14편을 포함한 20편의 산문시를 〈라 프레스〉에 발표하여 《악의 꽃》 초판 때처럼 새 시집 간행이 머지않았음을 예고했다.

《악의 꽃》과 《파리의 우울》은 집필 과정에서 매우 비슷한 경향을 보인다. 즉 하나의 시집을 구상하고, 그것을 오랜 세월을 들여 각고를 거듭하며 구체화해가는 과정이다. 새로운 표현 형식을 채용함으로써 '평생 한 권뿐인 시집'이라는 원칙을 고수한 경위는 위와 같았다. 그러나 시인의 의식 속에서 자기 영혼의 종합적 표현과 다름없는 이 두 권의 시집은 어디까지나 하나였

다. 《파리의 우울》은 '《악의 꽃》의 짝으로서 만들어졌으며', '결국 그것도 《악의 꽃》(1866년 2월 18일 쥘 토르바에게 보낸 편지)'이었다. 또한 이 시점에서 그는 산문시집에 가까운 완성을 확신했던 것으로 보인다. 드물게 자신감과 포부를 감추지 않았고, 일찌감치 보들레르의 신선함을 꿰뚫어보았던 방빌(이윽고 그의 뒤를 베를렌, 말라르메, 랭보 등이 좇게 된다)은 그의 산문시를 "진정한 문학적 사건"이라며 칭찬했다. 《악의 꽃》 제2판 이후 보들레르가 만년의 모든 시혼을 쏟아부은 것은 틀림없이 《파리의 우울》이며, 이것은 그가 창작 활동 마지막 단계에서 구상한 작품이 되었다. 시인이 이 작품을 완성하려고 얼마나 많은 인내와 노력을 쏟았는지는 그가 남긴 편지에서 소상히 더듬을 수 있다.

그렇지만 심신의 쇠약과 곤궁한 경제 상황은 뜻밖에 심각한 양상을 보이기 시작했다. 자업자득이라고는 하나 그는 오랜 세월 자책에 시달렸으며 건강도 썩 좋지 않았는데, 이 무렵에는 악화 일로를 걸었으며 자살 직전에 내몰릴 만큼 심각했다. 1862년 초 그가 '……요즘은 늘 현기증에 시달린다. 오늘 1862년 1월 23일, 나는 이상한 경고를 받았다. 치매의 바람이 내 위로 불어 지나가는 것을 느낀 것이다(《불꽃놀이》)'라고 쓴 것은 건강상의 위협을 말해준다. 2년 뒤 아픈 몸을 이끌고 벨기에로 여행을 떠난 것은 요컨대 경제 사정상 파리에서 생활할 수 없어졌기 때문이었다. 그로부터 1866년 뇌 발작으로 쓰러지기까지 그는 벨기에를 떠날 수 없었지만, 산문시를 짓기 위해서는 '구경거리와 군중과 음악은 물론 가로등조차도 필요로 하는 이상한 흥분', 즉 파리의 수선스러움이 꼭 필요했던 시인에게 이는 정말이지 다행스러운 사건이었으리라.

결국 보들레르는 살아 있는 동안에 《파리의 우울》을 간행하지 못했다. 지어야 할 시의 제목을 목록으로 작성하고 배열 순서를 계획한 뒤 100편까지 완성하려고 생각했지만, 그가 죽었을 때 완성작은 50편뿐이었다. 이 산문시들은 그가 죽은 뒤인 1869년, 아슬리노와 방빌 교정으로 미셸 레비사(社)에서 출판된 《보들레르 전집》(전7권) 제4권에 《소산문시》라는 제목으로, 시인이 남긴 목차에 따라 수록되었다(참고로 이 전집은 제목과 에필로그를 빼면 시인의 의도를 잘 존중했다고 평가된다). 기존에 이 산문시집을 《악의 꽃》과 비교해 논하는 일이 적었던 것은, 시를 모아놓았을 뿐인 미완의 작품이므로

한 권의 시집으로 보기에 무리가 있다고 평가받았던 데에 한 원인이 있다. 예전에는 이 작품을 순전한 시집으로 보지 않는 견해도 적지 않았다. 그러나 구성과 내용으로 볼 때 《파리의 우울》은 저자가 살아 있을 때 간행하지 못한 작품일지언정 미완의 작품으로 봐서는 안 될 것이다. 보들레르는 어느 시점부터, 특히 벨기에 장기 체류가 확실해진 1865년부터, 의도했던 규모로 이 시집을 완성할 수 있는 시간이 그리 많이 남지 않았을 가능성을 예감했던 것 같다. 50편짜리 목록을 만든 것은 그가 적어도 초판은 그 형식으로 간행해도 좋다고 인정한 것을 증명하는 것 아닐까? 그가 《악

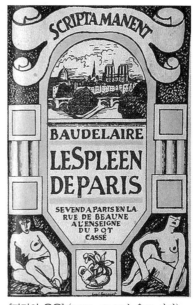

《파리의 우울》(1868~1869년 유고 시집)

의 꽃》에 바랐던 '유일한 찬사'를 '또 하나의 《악의 꽃》인' 《파리의 우울》에도 바라지 않았을 리 없다. 전집에 수록된 시, 즉 현재 읽을 수 있는 시는 시집의 형태를 이루지 않기는커녕, 아주 꼼꼼하게 신경 써서 시를 배열한 또 하나의 '비밀의 건축물' 아닐까? 이 시집 전체를 되풀이해서 읽으면, 완성된 작품이 지니는 정합성, 또는 몇 개의 주제가 다양하게 변주되는 한 음악으로서의 통일성이 느껴질 것이다. '율동과 각운이 없는' 이 언어의 음악은 '부드러운' 협화음과 '삐걱거리는' 불협화음을 모두 갖고 있지만, 작가가 환기하는 '구불구불한' 뱀의 이미지에서는 바그너의 무한선율이 들려오는 듯도 하다. 산문시를 창작할 때 시인이 무엇보다도 바랐던 것은 '마음에 깊이 파고들듯이' 쓰는 것이었다. 나보코프는 "문학은 인간 영혼의 비밀스러운 깊은 곳에 호소하는 말이다"라고 말했는데, 이 말은 고스란히 《파리의 우울》에 적용할 수 있을 것이다.

보들레르 연보

1821년   4월 9일, 프랑스 파리에서 공무원이자 예술 애호가인 아버지 조제프 프랑수아 보들레르(62세)와 어머니 카롤린 아르샹보 뒤파이(28세) 사이에서 샤를 피에르 보들레르(Charles-Pierre Baudelaire) 태어남.

1827년(6세)   아버지 조제프 프랑수아 죽음(2월, 향년 68세).

1828년(9세)   11월, 어머니 카롤린(35세)이 육군 소령 자크 오피크(39세)와 재혼함.

1832년(11세)   의붓아버지 오피크의 전근으로 어머니와 함께 리옹으로 이사. 팬션 들로름(사숙)에서 기숙하며 리옹 루아얄 중학교에 다님.

1836년(15세)   의붓아버지 오피크의 전근으로 어머니와 함께 파리로 이사. 루이 르 그랑 중학교에 기숙생으로 들어감.

1839년(18세)   루이 르 그랑 중학교에서 퇴학당함. 8월, 대학입학자격시험에 합격. 이 무렵부터 젊은 문학가인 네르발, 르콩트 드 릴 등과 어울림. 임질에 걸림.

1841년(20세)   의붓아버지 오피크를 중심으로 열린 친족회의 결정에 따라 인도행 원양항해 기선에 거의 강제로 오르게 됨(방탕한 파리 생활을 끝내게 할 목적으로). 보르도에서 배에 오름.

1842년(21세)   인도로 가던 도중 아프리카 동해안 모리스 섬에서 파리로 되돌아옴. 4월, 성인이 되어 친아버지에게서 거액의 유산을 물려받음. 파리 시내 센 강에 있는 생루이 섬에 방을 빌리고, 이듬해에는 이 섬에 있는 피모당 호텔에서 호화롭게 지냄. '검은 비너스'라는 별명으로 불리던 혼혈 여배우 장 뒤발과 알게 되면서(관계는 그 뒤 10여 년 동안 이어짐) 순식간에 유산 대부분을 탕진함.

1844년(23세) 심한 낭비벽 때문에 부모의 신고로 금치산자로 인정되어, 남은 유산은 법정 후견인에게 관리권이 넘어감.

1845년(24세) 미술비평에 관한 소책자 《1845년 살롱》(1권 72쪽) 출판. 6월, 자살미수.

1846년(25세) 《1846년 살롱》 출판.

1847년(26세) 자전적 소설인 《허풍선이》 출판. 프루동 등과 함께 급진 정치운동에 나섬.

1848년(27세) 2월 혁명에 가담, 〈르 살뤼 퓌블릭〉지를 간행하여 정부 공격을 주장함. 포의 소설을 번역하기 시작함. 유럽에서 최초로 포를 본격 해부한 《에드거 앨런 포, 그의 생애와 작품》 발표.

1850년(29세) 뒷날 《악의 꽃》에 실린 시 대부분이 이해까지 완성됨.

1851년(30세) 루이 나폴레옹의 쿠데타 뒤 정치열이 식어 문필에 몰두함.

1852년(31세) 사바티에 부인의 살롱에 드나들면서도 끊임없이 문예미술 비평글을 씀.

1856년(35세) 포의 단편소설집 《신기한 이야기》 번역·출판함. 풀레 말라시와 시집 《악의 꽃》 출판계약을 맺음.

1857년(36세) 6월 시집 《악의 꽃》 처음 출판. 풍기문란죄로 시집에 실린 시 100편 가운데 6편 삭제명령을 받았으며, 보들레르는 300프랑, 출판자 풀레 말라시는 100프랑 벌금형 받음. 이해쯤부터 산문시를 창작하기 시작. 의붓아버지 오피크 장군 죽음.

1858년(37세) 포의 소설 《아서 고든 핌의 모험》 번역·출판함.

1859년(38세) 《테오필 고티에》 출판.

1860년(39세) 《인공 낙원》 출판. 생활이 어려워짐.

1861년(40세) 애인 장 뒤발과 헤어지고, 오래도록 의절했던 어머니와 화해. 《악의 꽃》을 증보하여 제2판 출간함. 아카데미 프랑세즈 회원에 입후보.

1862년(41세) 아카데미 프랑세즈 회원 입후보를 도중에 단념. 건강이 나빠지고, 신경쇠약 증세가 뚜렷해짐.

1863년(42세) 포의 《유레카》 번역·출판.

1864년(43세)　환경을 바꾸기로 결심하고, 벨기에 수도 브뤼셀로 이사.

1865년(44세)　병고와 가난 사이에서 산문시 퇴고에 힘씀. 고국에 남기고
온 노모를 그리워하는 마음이 커짐. 포의 단편소설집 《괴담
과 실화》 번역·출판.

1866년(45세)　3월, 친구이자 판화가 펠리시앵 롭스, 출판자 풀레 말라시와
함께 옛 수도원을 보러 나뮈르를 방문, 생루 수도원을 구경
하다가 뇌신경 이상을 보이며 기절함. 실어증에 걸림. 급보
를 들은 노모가 파리에서 도착. 9월에 함께 파리로 돌아가
돔 거리에 있는 병원에 입원.

1867년(46세)　8월 31일, 보들레르 파리에서 어머니의 품에 안겨 죽음. 몽
파르나스 묘지에 묻힘.

1868년(사후)　미셸 레비사(社)에서 펴낸 《보들레르 전집》 제1권에 《악의
꽃》 제3판이 출간.

1869년(사후)　미셸 레비사에서 펴낸 《보들레르 전집(전7권)》 제4권에 《소
산문시집》이라는 제목으로 보들레르의 《파리의 우울》이 처음
출간.

옮긴이 박철화(朴喆和)

서울대학교 불어불문학과 졸업. 파리8대학교 대학원에서 현대불문학 전공 졸업. 중앙대학교 공연영상창작학부 문예창작전공 교수. 월간 현대문학에 평론 「황지우론」으로 등단한 뒤 문학평론가로 활동하고 있다. 지은책에 문학평론집 《감각의 실존》《관계의 언어》《우리 문학에 대한 질문》《문학적 지성》《관계의 시학》이 있고, 옮긴책 이스마일 카다레 《H 서류》 마르크 레비 《영원을 위한 7일》 단 프랑크 《보엠》 메리메 《카르멘》《콜롱바》 등이 있다.

World Book 197
Charles−Pierre Baudelaire
LES FLEURS DU MAL/LE SPLEEN DE PARIS
악의 꽃/파리의 우울
샤를 피에르 보들레르/박철화 옮김

1판 1쇄 발행/2013. 5. 20
1판 3쇄 발행/2018. 2. 19
발행인 고정일
발행처 동서문화사
창업 1956. 12. 12. 등록 16-3799
서울 중구 다산로 12길 6(신당동 4층)
☎ 546-0331~6 Fax. 545-0331
www.dongsuhbook.com
잘못 만들어진 책은 바꾸어 드립니다.

*

ISBN 978−89−497−0830−0 04080
ISBN 978−89−497−0382−4 (세트)